KB044625

보고서의 법칙

보고서의 법칙

백승권 지음

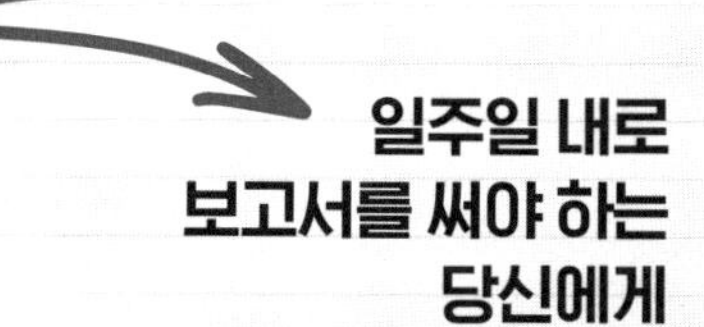

일주일 내로
보고서를 써야 하는
당신에게

바다출판사

들어가는 말

어느 정부 기관의 인재개발원에서 기획보고서 워크숍을 마친 뒤였습니다. 중년으로 보이는 공무원 한 사람이 자신을 소개하며 이렇게 말했습니다.

"전 구청에서 6급 행정직으로 일하고 있습니다. 공무원 생활 15년 만에 이런 강의는 처음 들어봅니다."

"그동안 보고서 강의 안 받아보셨어요?"

"예. 별별 교육을 다 받아봤지만 보고서는 처음이에요. 이런 강의를 공무원 시작할 때 받았으면 그동안 보고서 쓴다고 밤잠 설쳐가며 고생하지 않았을 텐데."

"지금이라도 배우셨으니 다행이네요."

"그것도 그렇지만, 참 허탈한 마음이 드네요. 이렇게 분명한 방법과 길이 있다는 걸 진작 알았다면 제 공직 인생도 달라졌을 텐데."

"교육 다니다 보면 선생님 같은 분들 많이 만납니다."

"……."

이 책은 이런 직장인들을 만나면서 그들의 고민을 풀어주기 위해 노력한 과정의 산물입니다. 1년에 200차례 넘게 강의를 다니다 보니 우리나라 직장인들의 가장 큰 고민 가운데 하나가 보고서 작성이란 사실을 절감할 수 있었습니다. 직장인들은 업무의 전 과정에 걸쳐 보고서를 써야 하지만 그것을 체계적으로 배운 사람은 거의 없습니다. 지도와 나침반 없이 사막을 걸었다고 할까요. 좋은 선배나 상관을 만나면 다행이지만 그런 경우는 흔치 않습니다. 선배나 상관도 비슷한 조건에서 일해왔기 때문에 어떻게 해야 보고서를 제대로 쓰는지 알지 못하는 것은 마찬가지입니다.

보고서를 제대로 쓰지 못하는 것을 개인 능력의 한계로 치부하면 끝날까요? 허준의 《동의보감》에는 '통즉불통, 불통즉통通卽不痛, 不通卽痛'이란 말이 나옵니다. 피와 기의 흐름이 원활해 통하면 아프지 않고, 통하지 않으면 아프다는 뜻입니다. 보고서도 마찬가지입니다. 제대로 쓰이지 않으면 보고자와 피보고자 모두에게 아픈 일입니다. 쓰는 사람은 잘못 써서 괴롭고, 읽는 사람은 읽기 어려워 괴롭습니다. 보고서로 정확한 소통이 불가능하니까 자꾸 불러서 묻고, 그래도 어긋나니 질책하고, 결국 잘못된 판단, 그릇된 실행으로 이어지기 일쑤입니다. 의사결정 과정에서 엄청난 낭비가 발생할 뿐 아니라 보고자와 피보고자 사이에 불신과 갈등의 원인이 되기도 합니다.

저는 이 문제만 해결돼도 직장인의 삶이, 사회 전체가 한결 나아질 것이라 확신합니다. 직장인 모두 보고서를 잘 쓸 수 없지만, 모두 잘 써야만 합니다. 일견 모순처럼 들리는 말이지만 해법은 여기에 있습니다. '잘 쓸 수 있다'는 것은 개인 차원의 능력이지만 '잘 써야만 한다'는 것은 조직 차원의 당위입니다. 따라서 보고서 문제는 개인에게 맡기지 말고 조직 차원에서 접근해야 합니다. 조직 차원에서 해법과 시스템을 만들면 개인 능력의 한계를 뛰어넘어 누구나 일정 수준의 보고서를 작성할 수 있습니다.

다행스럽게 보고서는 다른 글쓰기와 달리 명백한 법칙과 매뉴얼이 있습니다. 한마디로 '루틴routine'한 글쓰기의 세계입니다. 회사의 실정에 맞는 법칙과 매뉴얼을 정하고, 그것을 모든 직원이 체화할 수 있도록 교육과 워크숍을 진행하면 됩니다. 그렇게 되면 좋은 보고서와 나쁜 보고서의 기준이 상관의 주관적 기호나 취향이 아니라 법칙과 매뉴얼이 됩니다. 기준점과 목표점이 분명해야 향상하고 발전할 수 있습니다. 조직 전체의 보고서 수준을 높일 수 있는 가장 효율적인 방법이 바로 이것입니다.

이런 작업의 시초를 연 사람은 노무현 대통령입니다. 2005년 청와대 비서실은 대통령 지시에 따라 '보고서 품질향상 연구팀'을 만들고 6개월여의 작업 끝에 〈보고서 작성 매뉴얼〉을 만듭니다. 2008년 정권 교체로 모든 것이 뒤바뀔 때도 이 매뉴얼은 꿋꿋하게 살아남아 청와대를 넘어 중앙 부처에까지 확산됐습니다. 지금은 지방자치단체, 공공기관, 민간기업에까지 큰 영향을 미치고 있습니다. 이 매뉴얼은 10년이 넘는 기간 동안 그냥 원형에 머물지 않고 보고서를 작성하는 많은 직장인에 의해 진화·발전해왔습니다. 이제 그 경험을 집약해

〈보고서 작성 매뉴얼〉 2.0이 필요한 시점입니다.

이 책《보고서의 법칙》은 이런 맥락을 이어받아 우리나라 보고서 문화를 혁신하기 위해 쓰인 글입니다. 혁신의 내용을 한 장의 지도로 정리했습니다. 보고서에 관한 모든 내용을 '중복되지 않게 빠짐없이' 모았습니다. 보고서를 둘러싼 직장의 현실, 보고서를 쓰는 목적, 작성 원칙, 기본 논리와 형식, 종류별 작성 방법과 팁을 집대성했습니다.《보고서의 법칙》은 글쓰기의 '인사이트insight'를 설파하는 책이 아닙니다. 직장인들이 현업에 적용할 수 있도록 꼼꼼한 '매뉴얼manual'로 설계돼 있습니다. 보고서 작성을 위한 쓸모 있는 도구로 가득 차 있습니다.

이 책은 굳이 처음부터 순서대로 읽지 않아도 됩니다. 대형마트에 상품을 진열하듯 주요 내용을 카테고리로 분류했습니다. 필요한 부분을 얼른 펼쳐보고 곧바로 활용하면 됩니다. 직장인들이 책꽂이에 꽂아두고 필요할 때마다 펼쳐보는 보고서의 백과사전으로 평가받고 싶습니다. 이 책이 나오기까지 인내와 수고를 아껴주지 않은 바다출판사 대표와 편집진에게 깊은 감사의 인사를 드립니다. 강의에서 만난 모든 직장인에게 '당신들이 제 스승이었다'는 사실을 고백하며 고마운 마음을 전합니다.

차례

| 3장 | 보고서는 형식이다

| 4장 | 보고서 종류별 작성 요령

1장

일주일 내로 보고서를 써야 하는 당신에게

글쓰기에 대한 편견과 무지

가장 많이 하지만 가장 모르는 것

직장 업무에서 가장 큰 비중을 차지하는 것은 무엇일까요? 놀랍게도 문서 작성이 업무의 3분의 1을 차지하는 것으로 조사됐습니다. 한국생산성본부가 직장인 473명을 대상으로 설문조사를 실시한 결과(2014년), 전체 업무 중 문서 작성에 투입하는 시간이 29.7%로 가장 높게 나왔습니다. 그밖에 정보 검색·수집(22.3%), 검토·의사결정(19.7%), 회의(16.2%), 보고(12.7%) 순으로 업무 시간을 할애하는 것으로 나타났습니다. 정보 검색·수집과 보고까지 더하면 문서를 작성하고 보고하는 데 전체 업무 시간의 64.7%를 쓰고 있는 것입니다.

한 달에 6건 이상의 기획·제안·발표 문서를 작성하는 직장인이 23.6%, 매달 10장이 넘는 보고서를 만드는 직장인이 21.6%로 나타났습니다. 가장 시급히 개선해야 할 업무 관행으로는 회의 효율화

(50.8%)와 엇비슷한 수준으로 문서 작성의 간소화·표준화(49.0%)가 꼽혔습니다. 취업 관련 포털사이트 '커리어'가 직장인 911명을 대상으로 설문조사를 실시한 결과(2013년) 가장 궁금해 하는 것이 기획서, 보고서 작성법이란 응답(14.4%)이 나왔습니다. 또 다른 조사에서는 직장인의 88%가 '문서 작성에 스트레스를 받은 적이 있다'라고 응답했습니다.

이 설문조사 결과를 한마디로 정리하면 이렇습니다. 직장인이 가장 많은 시간을 할애하는 일이 글쓰기이지만 가장 궁금한 것도 글쓰기라는 것입니다. 가장 궁금하다는 것은 가장 모른다는 것의 다른 표현입니다. 아이러니하게도 가장 많이 하는 일을 가장 모르는 것입니다.

어쩌다 이런 결과가 나왔을까요? 직장인의 일상을 스케치해보겠습니다. 직장인은 어떤 일을 시작하기 위해 기안서나 품의서, 기획보고서를 작성해 상관이나 대표에게 재가를 받습니다. 상관이나 대표의 판단을 돕기 위해 그 일과 관련된 자료나 벤치마킹 리포트를 요약한 보고서를 쓰기도 합니다. 그 일을 실행하면서는 상황보고서를 통해 수시로 진행 내용을 알립니다. 회의가 잡히면 회의보고서를 씁니다. 회의가 끝나면 회의록을 만듭니다. 외부의 지원과 협조가 필요하면 제안서나 공문을 보냅니다. 그 일이 완료되면 결과보고서를 씁니다.

문서는 여기서 끝나지 않습니다. 언론에 알릴 보도자료를 작성하기도 합니다. 이메일은 매일같이 써야 하고 어떨 땐 SNS까지 관리해야 합니다. 만일 행사로 이어진다면 행사기획보고서를 써야 하고 대표의 연설문까지 만들어야 합니다.

이럴 때 당혹스러운 일은 참고할 수 있는 샘플과 매뉴얼이 없다는 사실입니다. 선배들이 남긴 문서나 인터넷을 뒤져보지만 '쓸 만한 족보'는 나타나지 않습니다. 내용은 고사하고 어떤 형식으로 틀을 잡아야 할지 막막합니다. 심지어 다른 회사 친구들의 도움을 받아 가까스로 해결하기도 합니다.

정식으로 보고서 작성 교육을 받은 직장인들은 극소수에 불과합니다. 보고서는 직장 선배의 어깨너머로 배우고 상관에게 깨져가면서 하나씩 익혀가는 것이 돼버렸습니다. 자신도 깨져가면서 보고서를 익힌 직장 선배는 헤매고 있는 후배들에게 온갖 짜증과 구박을 퍼부을 뿐 달리 가르쳐줄 방법을 알지 못합니다. 'Sink or Swim', 죽든 살든 스스로 알아서 해야 합니다.

보고서가 무슨 '우파니샤드(스승과 제자가 무릎을 맞대고 앉아 비의를 전하는 방식)'도 아니고, 대체 이런 직장 풍경은 왜 달라지지 않는 것일까요? 왜 직장에선 보고서 작성 교육을 하지 않고, 샘플과 매뉴얼을 만들지 않는 것일까요?

2014년 직장인들을 대상으로 하는 성인 교육 시장이 2조 원대를 돌파했다고 합니다. 그 가운데 절대적 비중을 차지하는 것은 영어입니다. 문법, 독해, 발음, 회화로 세분화되고 입시, 유학, 비즈니스, 생활로 전문화된 영어 강의가 전국에서 성업 중입니다. 반면 보고서를 비롯한 문서 작성 교육이 차지하는 비율은 미미한 수준입니다. 여기서 한 가지 의문이 생깁니다.

외국을 상대로 한 업무가 아닌 한 직장에서 영어를 써먹을 일은 거의 없습니다. 직장인은 입사 전에 배운 것도 까먹을 만큼 영어와 거리를 두고 삽니다. 영어를 잘하지 못해 무안했던 경험이 있겠지만 그것은 잠깐입니다. 그런 '순간의 쪽팔림'은 고작 몇 년에 한 번뿐입니다.

영어는 직장인에게 일종의 '장롱면허'입니다. 운전대 잡을 일도 거의 없는데 기를 쓰고 면허를 따는 격입니다. 희한한 일은 직장인들이 비장한 각오로 자기계발을 결심할 때 영어학원 수강권부터 먼저 끊는 것입니다. 더 희한한 일은 직장에서 승진자를 선발할 때 영어 시험이나 영어 점수가 결정적이란 사실입니다.

왜 우리는 거의 써먹지도 않는 장롱면허를 따는 데 그 많은 시간과 돈을 들이면서 매일 써먹어야 하는 보고서 작성법은 배우려고도, 가르치려고도 하지 않는 걸까요? 이런 엇박자의 원인이야 여러 가지가 있겠지만 그릇된 국어 교육도 그 하나라고 생각합니다. 국어 교육을 통해 글이란 특별한 재능을 가진 사람들의 전유물이고, 누가 가르칠 수도 없고, 배운다고 나아지는 것도 아니라는 편견을 암암리에 갖게 된 것입니다.

무라카미 하루키의 착각

우리나라 사람들이 초등학교부터 고등학교까지 가장 많은 시간을 들여 배우는 과목은 무엇일까요? 바로 국어입니다. 우리나라 직장인이 가장 어려워하는 것은 무엇일까요? 글쓰기입니다. 아이러니하지 않습니까? 국어를 제일 많이 배우는데 글쓰기가 제일 어렵다! 우리나라 국어 교육은 글쓰기에 별로 도움이 되지 않거나 심지어 장애 요인으로 작용하는지도 모른다는 추론이 가능합니다. 초등학교부터 대학교까지 우리가 어떻게 국어를 배웠는지 복기해보겠습니다.

국어 교과서의 예문은 논설문, 설명문도 있지만 시, 소설, 수필이 대부분입니다. 고전과 현대문 가릴 것 없이 문학 작품이 국어 교과서의 주요 텍스트입니다. 세상에 다양한 종류의 글이 많은데 왜 하필 문학을 텍스트로 국어 교육을 하는 것일까요? 문학이야말로 모국어를 가장 수준 높고 세련되게 구사한 글이기 때문입니다. 모국어를 제대로 사용하기 위해 문학 작품을 배우는 일은 각별한 의미가 있습니다.

여기까지는 좋습니다. 그러나 이 때문에 뜻하지 않은 부작용이 생깁니다. 문학 외에 다른 글을 거의 배우지 않기 때문에 문학을 글쓰기 세계의 전체로 이해하는 것입니다. 문학 외에 다양한 실용 글쓰기 영역이 있고, 실생활에서는 실용 글쓰기가 더 필요한데도 그것을 가르치지 않습니다. 문학 글쓰기라는 우물 안에 갇혀 자라다 보니 우물 밖을 나와 드넓은 글쓰기의 대지를 만나고도 그 차이를 알지 못합니다.

일본 소설가 무라카미 하루키의 에피소드는 이런 문제의 한 단면을 선명하게 보여줍니다. 그는 2015년 출판사 신초샤의 도움으로 '무라카미 씨의 거처村上さんのところ'라는 웹사이트(welluneednt.com)를 한시적으로 열었습니다. 거기에 많은 독자들이 질문을 올리고 하루키는 답을 달았습니다. 어느 날 사쿠라이(23세)라는 대학원생이 질문을 올렸습니다.

"작가님 안녕하세요. 늘 재미있게 작가님의 책을 읽고 있습니다. 저는 현재 대학원생으로 리포트, 발표 원고, 교수님께 보내는 이메일, 편지 등 어쨌든 많은 글을 쓰고 있는데 아무리 생각해도 글 쓰는 게 너무 형편없습니다. 하지만 쓰지 않으면 졸업을 할 수 없기 때문에 어쩔 수 없이 낑낑대며 하고 있습니다. 어떻게 하면 글을 좀더 쉽게 쓸 수 있을까요."

하루키는 이렇게 대답했습니다.

"글을 쓴다는 것은 여자를 말로 유혹하는 것과 같아서 어느 정도까지는 연습으로 잘하게 되지만 기본적으로 재능을 타고나야 합니다. 뭐 어쨌든 열심히 하세요."

하루키의 대답은 "어느 정도까지는 연습으로 잘하게 되지만"이 아니라 "기본적으로 재능을 타고나야 합니다"에 강조점이 있었습니다. 이 대답이 언론에 공개되자 하루키에 대한 비난 여론이 들끓었습니다. 독자들은 "뭐 어쨌든 열심히 하세요"라는 하루키의 말을 '재능이 없다면 열심히 노력해도 힘들 겁니다'라는 냉소로 읽었기 때문입니다.

'무라카미 씨의 거처'는 2015년 1월 31일까지 독자의 질문을 받아 4월 30일까지 하루키의 답변을 올리고 이벤트를 종료했습니다. 아쉽게도 하루키가 이 문제에 어떤 추가적인 답변이나 발언을 했는지 모르겠습니다. 하지만 하루키는 글을 쓰는 데 재능이 중요하다는 생각을 예전부터 지속적으로 피력해왔습니다.

하루키는 《달리기를 말할 때 내가 하고 싶은 이야기》에서 이렇게 썼습니다.

"소설가에게 있어 가장 중요한 자질은 말할 나위도 없이 재능이다. 문학적 재능이 전혀 없다면 아무리 열심히 노력해도 소설가가 되기는 어려울 것이다. 이것은 필요한 자질이라기보다는 오히려 전제 조건이다. 연료가 전혀 없으면 아무리 좋은 자동차도 달릴 수 없다."

— 무라카미 하루키,《달리기를 말할 때 내가 하고 싶은 이야기》

왜 하루키는 재능을 전제 조건이라고 얘기했을까요? 이는 문학의 본질과 관련된 대목입니다. 문학이 누구나 할 수 있는 이야기여선 곤란합니다. 문학은 누구도 할 수 없는 이야기를 그 작가만이 하는 것입니다. 그래야 독자들이 재미와 감동을 느낄 수 있습니다. 독자들은 문학 작품에서 자신의 상식과 예측을 뛰어넘는 세계관, 캐릭터, 플롯, 문체와 만나기를 갈망하니까요.

작가에게는 세상을 바라보는 자기만의 시선이 있어야 합니다. 그것을 표현하는 자기만의 내용, 구성, 문장을 부릴 줄 알아야 합니다. 그 작업은 남의 것이든 나의 것이든 베끼거나 되풀이할 수 없습니다. 창조성과 비반복성이 문학의 심장입니다. 하루키는 그런 이유로 재능 없이 후천적 노력만으로 (직업적) 문학을 하는 것은 어렵거나 불가능하다고 판단한 것입니다.

그런데 하루키는 왜 '무라카미 씨의 거처'에서 비난을 샀을까요? 그것은 '재능'을 강조한 탓이 아닙니다. 하루키는 착각을 한 것입니다. 사쿠라이의 질문을 문학 창작의 잣대로 재단하고 리포트, 발표 원고, 이메일, 편지 작성의 문제를 언급했기 때문입니다. 문학 글쓰기와 실용 글쓰기는 전혀 다른 차원의 문제인데 그것을 똑같이 다룬 것입니다. 글쓰기라고 다 같은 글쓰기가 아닌데 말입니다.

우리나라 국어 교육은 하루키의 착각과 많이 닮았습니다. 국어 교사들이 들려주는 시인, 소설가의 비범한 생애까지 들으면 학생들은 '글이란 아무나 쓰는 것이 아니다' '노력한다고 좋아지지 않는다'는 생각에까지 이르게 됩니다.

사쿠라이는 "아무리 생각해도 글 쓰는 게 너무 형편없습니다. 하지만 쓰지 않으면 졸업을 할 수 없기 때문에 어쩔 수 없이 낑낑대며 하고 있습니다. 어떻게 하면 글을 좀더 쉽게 쓸 수 있을까요"라고 무라카미 하루키에게 도움을 요청했습니다. 하루키는 이 요청에 담긴 현실과 무게를 알아채지 못했습니다.

대입 수시에 제출할 자기소개서를 몇 달째 만지작거리는 수험생, 취업을 위해 이렇게 저렇게 자기소개서를 쓰고 고치는 취업 준비생, 몇 년째 논문이 통과되지 않아 학위를 받지 못하는 대학원생, 영업 결과를 보고하거나 새로운 사업을 벌이기 위해 밤을 새워가며 보고서를 작성하는 직장인, 절실한 도움이 필요해 이메일이나 안내문을 써야 하는 중소 사업자, 모레 예정된 시장님의 연설 준비로 퇴근도 하지 못하고 연설문을 쓰는 공무원, 진행 중인 캠페인과 사업을 언론에 알리기 위해 보도자료를 쓰고 있는 시민단체 간사.

이 사람들은 인생의 결정적 기회마다 글이라는 '암초'를 만납니다. 그리고 이렇게 묻습니다. "어떻게 해야 좋은 글을 쓸 수 있을까요? 아니, 좋은 글까지는 바라지도 않고 어떻게 해야 한 편의 글을 완성할 수 있을까요?" "어떻게 해야 상사에게 깨지지 않는 글을 쓸 수 있을까요?" "어떻게 해야 거절당하지 않는 글을 쓸 수 있을까요?" "어떻게 해야 상대방의 마음을 움직이는 글을 쓸 수 있을까요?"

컴퓨터 앞에서 한 줄 쓰고 한 줄 지우고, 한 줄 쓰고 한숨 내쉬는 작업을 밤새 되풀이하면서 묻고 또 묻습니다. 안타까운 것은 사쿠라이와 같은 우리나라 직장인의 질문이 올바른 해답을 만날 가능성이 거의 없다는 사실입니다. 가르치는 사람이나 배우는 사람이나 오로지 문학의 잣대로 글쓰기의 세계를 이해하고 있기 때문입니다. 사쿠라이가 하루키에게 질문을 한 것도 얼마쯤 그런 오해에 바탕을 두었을 것입니다. 하루키가 소설을 잘 쓰니까 자신의 리포트나 메일에 대해서도 훌륭한 조언을 할 수 있으리라는.

이 착각과 오해에서 벗어나는 것이 보고서 작성의 출발선입니다. 직장인에게 필요한 것은 문학 글쓰기가 아니라 업무 글쓰기입니다. 세상을 살아가기 위한 글쓰기, 세상에서 살아남기 위한 글쓰기입니다.

보고서의 길에는 다행스럽게 분명한 답이 있습니다. 예술이 아니라 기술이기 때문입니다. 보고서의 작성 원리와 방법은 패턴과 공식처럼 명료하고 명백합니다. 운전 기술과 흡사합니다. 그것을 제대로 익히고 반복해서 적용하면 운전처럼 익숙하고 능숙해집니다.

운전이 재능의 영향을 거의 받지 않는 것처럼 보고서 작성도 마찬가지입니다. 시간과 노력을 들이면 모두 일정한 수준에 이르게 됩니다. 사쿠라이처럼 '운전'을 배우기 위해 '카레이서'에게 조언을 구하는 따위의 일만 하지 않는다면 말입니다.

결국, 선택과 배열의 기술

컴퓨터 앞에만 앉으면 하얘지는 머릿속

A 도서관에 근무하는 김 팀장은 다음 주 수요일까지 사업기획보고서를 작성해 도서관장이 주재하는 운영회의에서 발표해야 합니다. A 도서관은 몇 년째 이용객 감소로 중대한 위기를 맞았고, 그에 대한 해결책을 마련하는 임무를 김 팀장이 맡게 됐습니다. 김 팀장에게는 엿새의 시간이 주어졌습니다.

김 팀장은 일단 모레까지 간단한 초안을 작성해 팀 회의에서 먼저 논의하기로 했습니다. 점심을 얼른 먹고 동료들과의 커피 타임도 생략한 채 책상에 앉았습니다. 컴퓨터를 켜고 한글 프로그램을 실행합니다. 빈 창이 뜹니다. 오늘따라 모니터가 더 넓게 느껴집니다. 커서가 껌뻑입니다. 얼른 글자를 처넣으라는 독촉처럼 보입니다.

김 팀장은 지난겨울 동료들과 산행 갔을 때 이런 경험을 했습니다.

산 아래 민박집에서 잠을 자고 이른 새벽 길을 나서려고 문을 열었는데, 온 세상이 하얗게 눈으로 덮였습니다. 어디가 길인지, 어디가 논밭인지, 어디가 계곡인지 분간하기 어려울 만큼 폭설이 내린 것입니다. 김 팀장 일행은 어디로 발을 내디뎌야 할지 몰라 한참 서서 눈만 바라보다 산행을 포기하고 말았습니다.

지금 김 팀장의 머릿속이 그때와 똑같습니다. 폭설이 내린 것처럼 머릿속이 하얘집니다. 커서는 쉬지 않고 깜박이는데 자판에 선뜻 손을 댈 수 없습니다. 자판을 누르면 돌이킬 수 없는 실수를 저지를 것 같은 착각마저 듭니다. 몇 십 분째 커피를 마시며 손가락만 풀고 있습니다. 스마트폰을 자꾸 열어봅니다.

시계를 보니 벌써 한 시간이 흘렀습니다. 세 시간 뒤엔 외부자문위원회 회의가 잡혀 있습니다. 내일 오전엔 외근이 있습니다. 내일 퇴근 전까지 초안을 만들려면 더 이상 지체할 수 없습니다. 이럴 땐 컴퓨터를 끄고 잠깐 바람이라도 쐬고 오는 게 낫지만 그건 쓰고 싶을 때 글을 쓰는 자유인들에게나 해당하는 일. 써야 할 때 쓸 수밖에 없는 직장인에게 그런 사치는 허용되지 않습니다.

일단 손가락을 자판 위에 살며시 얹어봅니다. 일정한 간격으로 배열된 네모난 돋을새김이 느껴집니다. 돋을새김의 윤곽과 윤곽 사이에 작은 허공도 느껴집니다. 오늘따라 그 허공이 벼랑처럼 아득합니다. 어디부터 눌러야 하지? 자판 위에서 길을 잃고 말았습니다.

관장에게 업무 지시를 들을 땐 이렇게 막막할 줄 몰랐습니다. 관련 자료도 모두 훑어봤습니다. 점심을 먹으면서 머릿속으로 기획보고서 내용을 정리했으니 글로 풀어내면 되겠지 생각했습니다. 이 모든 것이 어디로 흩어져버리고 블랙홀 같은 구멍만 남았습니다.

다시 한 시간이 흘렀습니다. 직장 생활을 한 지도 10년이 넘었는데 보고서를 쓸 때마다 이러니 스스로 한심하고 답답할 뿐입니다. 언제까지 이래야 하는지. 이러다 승진은 고사하고 자리보전이나 가능할지 걱정입니다.

참고할 만한 자료를 찾으려 포털사이트에 들어갔습니다. 검색어를 치고 블로그, 카페, 기사, 전문 자료 등으로 분류된 검색 결과를 살펴봅니다. 마땅한 게 없습니다. 우연히 한 블로그에 오토캠핑에 대한 글이 많이 올라온 걸 발견합니다. 평소 궁금한 내용이 잘 정리돼 있습니다. 그 가운데 하나를 클릭합니다. 하나만 보려고 했는데 꼬리에 꼬리를 물고 클릭하고 있습니다.

아뿔싸. 또 한 시간이 지났습니다. 이제 외부자문위원회 회의까지 한 시간밖에 남지 않았습니다. 자료를 살펴봅니다. 중요한 것에 밑줄을 그어보니 종이가 온통 붉은 줄로 물듭니다. 줄 그은 부분을 타이핑해가며 정리해보니 딱히 임팩트 있는 구석이 보이질 않습니다.

오늘도 김 팀장은 허탈한 마음을 안고 사무실을 나섭니다. 일거리를 집에까지 챙겨가지만 조금이라도 진도를 뺄 가능성은 거의 없다는 사실을 잘 압니다. 내일도 상황은 달라지지 않겠지만 모레 팀 회의가 기다리고 있으니 어떻게든 쓰지 않을 도리가 없습니다. 허겁지겁 괴발개발 쓴 다음 부족한 부분은 적당히 말로 때우게 될 것입니다.

정도의 차이는 있겠지만 직장인이라면 누구나 한 번쯤 겪어봤을 상황입니다. 왜 이렇게 된 것일까요? 주어진 자료와 내용에 자신의 생각과 판단을 더해 다른 사람에게 전달하는 일이 왜 이렇게 힘들고 괴로운 것일까요?

선택-요약-배열-표현의 기술

머릿속이 하얘지는 것은 왜일까요? 보고서에 써야 할 내용을 몰라서일까요?

결코 그렇지 않습니다. 보고서를 쓸 땐 이미 보고자에게 많은 자료와 내용이 주어집니다. 상황이 발생하거나 과업이 내려집니다. 상관의 지시가 하달되고 회의를 통해 많은 아이디어와 결정이 교환됩니다. 과거의 보고서, 통계, 언론 보도, 전문 자료, 벤치마킹 자료를 활용할 수 있습니다.

역설적으로 머릿속이 하얘지는 것은 보고서에 써야 할 내용이 너무 많기 때문입니다. 그 가운데 어떤 것을 선택해야 하는데 그 기준을 알지 못하는 것입니다. 이런 상황은 아무것도 모르는 것과 별다른 차이가 없습니다. 차라리 모르는 것이 나을 수 있습니다. 모를 땐 하나씩 찾으면 되니까요.

보고서 작성은 결국 '선택'에서 시작됩니다. 아이디어, 텍스트 중 일정한 기준에 따라 어떤 것은 '선택'하고 어떤 것은 '제외'해야 합니다. 선택한 것은 최대한 요약해 짧게 만들어야 합니다. 상관과 대표의 공감과 동의를 이끌어내기 위해 이것들을 잘 배열해야 하는데, 여기에 구성 전략이 필요합니다. '인지적 노력cognitive demand'을 들이지 않고 내용을 쉽게 이해할 수 있도록 표현해야 합니다.

결국 보고서 작성법은 선택하고 요약하고 배열하고 표현하는 기술이라 정의할 수 있습니다. 선택-요약-배열-표현의 기술만 익힌다면 머릿속이 하얘지는 일은 결코 없을 것입니다. 이런 기술을 모르기 때문에 막연하게 어떻게 시작하고 어떻게 전개하고 어떻게 마무리할 것인가를 고민하는 것입니다. 이럴 땐 시간과 노력을 들여도 성과가 나지 않습니다.

하루를 대충 허비해버린 김 팀장에게 이제 닷새의 시간이 남았습니다. 종전과 같은 방식이라면 컴퓨터 앞을 지킨다고 만족할 만한 보고서가 나올 가능성은 없습니다. 수영법을 배우지 않은 상태에서 열심히 헤엄쳐봐야 주변에 물만 튀길 뿐, 몸은 앞으로 나아가지 않습니다.

김 팀장에게 이렇게 충고하고 싶습니다. "아무리 급할지라도 수영법, 즉 선택-요약-배열-표현의 기술을 먼저 익혀라." 이 기술을 배우기 위해 닷새 가운데 사흘을 투자한다 해도 오히려 이 길이 더 빠르고 확실합니다.

선택-요약-배열-표현의 기술을 언급하기 전에 글쓰기에 관한 오래된 고정관념 한 가지만 짚고 넘어가겠습니다. 이 고정관념을 깨야만 선택-요약-배열-표현의 기술을 적용할 여지가 생기기 때문입니다.

김 팀장이 어려움을 겪게 된 것은 시작부터 잘 쓰려고 했기 때문입니다. 한 줄 쓰고 한 줄 지우고, 두 줄 쓰고 두 줄 지우고, 열 줄 쓰고 갈아엎은 다음 다시 시작하고. 글을 쓸 때 나타나는 익숙한 패턴입니다.

왜 시작부터 잘 쓰려고 할까요? 글은 내용의 전개에 따라 처음부터 차례차례 쓰는 것이라 생각하기 때문입니다. 시작이 잘못되면 중간과 마무리가 모두 삐뚤어진다고 판단하는 것입니다. 좋은 글을 비유할 때 누에고치에서 명주실을 뽑듯이 썼다고 합니다. 시작부터 마무리까지 끊기거나 엉키지 않아야 좋은 글이란 뜻입니다.

과연 그럴까요? 이런 생각은 노트나 원고지로 글을 썼던 시절에 생긴 것으로 추측됩니다. 원고지나 노트에 글을 쓰려면 첫 줄 다음에 다음 줄이 오고, 첫 장 다음에 다음 장이 옵니다. 첫 줄부터 완벽하게 쓰지 않으면 그 부분을 다시 써야 합니다. 중간에 내용을 변경하거나 구성 순서를 바꾸려면 그동안 쓴 종이를 모두 구겨버리고 다시 써야 합니다. 드라마나 영화에서 글 쓰는 장면을 그릴 때면 책상 주변에 구겨진 원고지가 수북하게 쌓여 있는 모습을 보여줍니다.

지금도 그래야 할까요? 컴퓨터로 글을 쓰는 시대에는 전혀 그럴 일이 없습니다. 컴퓨터에 글을 쓰면 단어와 문장을 고치는 것은 일도 아닙니다. 구성 순서를 바꾸고 내용을 옮기는 것도 식은 죽 먹기입니다. 시작도, 중간도, 마무리도 고정된 것이 아닙니다. 다만 현재의 나열 순서일 뿐입니다. 블록으로 지정하고 잘라내기, 붙여넣기만 하면 시작이 끝으로 갈 수 있고, 끝이 시작으로 갈 수 있습니다. 중간의 한 부분을 떼어내 시작으로, 끝으로 보낼 수 있습니다. 끝의 어느 부분과 중간의 어느 부분을 합쳐 새로운 문단을 만들 수 있습니다.

이렇게 접근한다면 시작부터 완벽하게 써야 한다는 부담감을 가질 필요가 없습니다. 글은 누에고치에서 뽑아내는 명주실이 아니라 일종의 덩어리, 블록입니다. 보고서에 써야 할 내용들을 블록처럼 나열하고 그것들을 자유자재 다양한 방식으로 조합할 수 있습니다.

컴퓨터로 보고서를 쓰는 시대에는 한 줄을 쓰지 못했다고 글쓰기를 멈출 필요가 없습니다. 굳이 다음의 한 줄을 이으려 애쓰지 말고 떠오르는 대로 내용의 블록을 만드는 것입니다. 이렇게 쓰기 용이한 것부터 블록을 만들다 보면 좀 전에 잘 풀리지 않았던 블록의 한 줄이 떠오릅니다.

이런 '블록 글쓰기'의 장점은 생각을 머릿속에 가두지 않는다는 점입니다. 비록 거칠지만 생각을 눈에 보이는 글자로 만들면 생산성이 높아집니다. 이것이 비주얼 싱킹visual thinking입니다. 스티브 잡스는 신제품을 개발할 때마다 개발자와 디자이너를 불러 자신의 아이디어를 설명하고 그것을 시제품으로 만들게 했다고 합니다. 생각을 머릿속에 가두는 것보다 눈으로 볼 수 있게 만들었을 때 결과가 더 좋다는 사실을 알았기 때문입니다.

김 팀장의 새로운 보고서 작성법

자, 그러면 선택-요약-배열-표현의 기술 이야기를 본격적으로 해볼까요. 김 팀장은 선택-요약-배열-표현의 기술을 배웠습니다. 이틀이면 그 기술을 모두 이해하고 하루 정도 더 복습하면 그 기술을 체화할 수 있습니다. 이제 기획보고서에 그 기술을 적용해봅니다.

김 팀장에겐 도서관장과 교육청의 지시 사항, 운영회의 결과가 있습니다. A 도서관의 위기 상황을 분석한 지역신문 기사, 외부자문위원회의 권고 내용, 도서관 이용자 현황을 분석한 통계, 이용자의 만족도와 개선점을 물은 설문조사, 전국 도서관 운영 평가 결과, 국내외 도서관 성공 사례를 연구한 벤치마킹 리포트, A 도서관 예산 및 결산

자료도 있습니다.

첫째, 선택의 기준을 세워야 한다(커스터마이징)

여기서 가장 중요한 척도는 바로 의사결정권자, 즉 도서관장이 가장 알고 싶은 내용입니다. 도서관장은 이용객 감소라는 위기 상황을 타개하고 지역민으로부터 사랑받는 도서관으로 거듭나길 바랍니다. 이 물음에 설득력 있는 답을 해야 하는 것이 김 팀장에게 주어진 과제입니다.

김 팀장은 운영회의를 통해 도서관을 특성화하자는 데 의견이 모아졌다는 사실에 주목합니다. 3년 전 A 도서관과 가까운 거리에 B 도서관이 새로 건립됐습니다. 두 도서관 모두 비슷한 콘셉트로 운영되는 지라 시설이 좋은 B 도서관으로 이용객이 몰리는 것은 어쩌면 당연한 결과일지 모릅니다. 시설로는 도저히 경쟁할 수 없습니다. 결국 프로그램을 특성화해 활로를 찾아야 합니다.

김 팀장은 관련 자료를 살펴봅니다. 예전에 보고서를 쓸 땐 관련 자료를 꼼꼼히 살펴보는 작업부터 진행했습니다. 중요하다고 생각하는 부분에 밑줄을 긋거나 그 부분을 수첩에 메모했습니다. 일이 끝나고 나면 자료가 붉은 줄로 가득하고 깨알 같은 메모가 수첩을 가득 채웁니다.

고민은 이때부터 시작됩니다. 중요하다고 생각하는 것들을 모아놓긴 했는데 이것을 엮는 일이 막막합니다. 작은 조각 그림을 한 바구니 받아서 전체 그림을 맞추는 퍼즐 게임 같습니다. 한 부분을 맞추었는데 다른 부분과 맞지 않습니다. 몇 개의 부분으로 나눠 맞추긴 했는데

이 역시 전체적으로 보면 서로 어울리지 않습니다.

이런 작업 방식을 '보텀업bottom-up'이라 부릅니다. 세부적인 데서 출발해 전체를 완성해가는 방법입니다. 이런 방식은 힘은 배로 들고 그 결과는 실망스럽습니다. 선택의 기준이 없기 때문에 초점을 설정할 수 없고, 그것을 중심으로 한 유기적 연결도 불가능합니다.

특성화라는 초점에 따라 그것을 뒷받침할 수 있는 자료를 선별해야 합니다. '톱다운top-down' 방식입니다. 특히 이용자의 만족도와 개선점을 물은 설문조사와 국내외 도서관 성공 사례를 연구한 벤치마킹 리포트에서 많은 시사점을 얻습니다.

둘째, 핵심을 요약한다(핵심 요약)

특성화 방안에 대한 문제의식은 자료 분석을 통해 더욱 구체화됩니다. 특성화 방안은 여러 가지입니다. 어린이, 청소년, 여성 등 이용자별 특성화와 인문, 과학, 직업 등 테마별 특성화로 크게 나뉩니다.

김 팀장은 우선 과학을 특성화한 K 도서관 사례를 집중 분석합니다. 이렇게 방향을 잡은 것은 이용자의 만족도와 개선점을 물은 설문조사 때문입니다. 과학 프로그램을 개설해달라는 응답이 가장 높게 나타났습니다.

A 도서관이 위치한 C 시에는 과학기술 관련 정부 기관이 많아 그 기관의 종사자와 가족들이 상당수 살고 있습니다. 다른 지역보다 과학에 대한 관심이 높을 수밖에 없는 조건입니다. 프로그램을 진행할 때 과학기술 관련 기관의 협조를 받기에도 용이합니다. C 시에는 과학고등학교가 있는데 많은 학생들이 이곳에 진학하기를 희망합니다.

김 팀장은 과학 분야 특성화로 개선 방안의 방향을 잠정 결정했습니다. 나중에 수정되더라도 일단 가결론을 내리는 것이 중요합니다. 과학 분야 특성화로 가야겠다는 결정이 이 기획보고서가 궁극적으로 전하려는 용건이 되는 것입니다. 이 용건을 뒷받침해줄 이유와 근거, 방법을 찾아봅니다.

용건/이유·근거·방법이 이 보고서의 핵심입니다. 피라미드를 만들어 최상단에 '과학 특성화' 결정 내용(용건)을 쓰고 그 아래 이를 설득할 수 있는 이유·근거·방법을 나열합니다. 자료와 아이디어 가운데 이 피라미드를 채울 내용만 추출해 핵심을 구성합니다. 다른 것은 부차적이기 때문에 일단 제쳐둡니다.

도서관 이용자 현황을 분석한 통계, 이용자의 만족도와 개선점을 물은 설문조사, 전국 도서관 운영 평가 결과, A 도서관의 위기 상황을 분석한 지역신문 기사를 통해 A 도서관이 이런 변화를 시도해야만 하는 현재의 상황을 근거로 제시하고 과학 특성화로 갈 수밖에 없는 이유를 설득합니다.

이용자의 만족도와 개선점을 물은 설문조사, 국내외 도서관 성공 사례를 연구한 벤치마킹 리포트, A 도서관 예산 및 결산 자료, C 시의 지역적 특성 등을 통해 과학 특성화의 당위성과 구체적 방법을 도출해냅니다.

셋째, 전략적 배열이 필요하다(두괄식, 카테고리, 개조식)

이렇게 핵심을 정리하고 나면 나머지 내용은 모두 참조에 해당합니다. 김 팀장은 핵심을 정리해 '한 장짜리 보고서One Page Report(OPR)'

로 만듭니다. 나머지 참조 내용은 핵심의 배열 순서에 따라 OPR 뒤에 첨부문서로 붙입니다.

도서관장이 OPR만으로 내용을 파악할 수 있다면 최상의 결과입니다. OPR을 보다가 부족한 부분이 생기면 첨부한 참고 문서의 도움을 받으면 됩니다. OPR과 참고 문서를 하이퍼링크로 연결합니다. OPR을 보다 의문이 생기거나 더 자세한 내용을 알고 싶을 때 그것을 눌러 참고 문서를 볼 수 있도록 합니다.

철저한 두괄식 글쓰기가 필요합니다. OPR과 참고 문서를 나누지 않을 경우 핵심을 기획보고서 맨 앞부분에 배치합니다. 핵심 가운데에서도 용건을 먼저 쓰고 이유·근거·방법을 그 뒤에 적습니다. 한 문장 속에도 핵심 키워드를 앞쪽에 위치시킵니다. 그것을 강조하기 위해 볼드 처리를 하거나 괄호로 묶어줍니다.

예전에 김 팀장은 에세이를 쓰듯이 보고서를 썼습니다. 꼬리에 꼬리를 물고 내용을 전개하는 것입니다. 그런 방식은 정확성과 효율성이 떨어집니다. 김 팀장은 용건을 맨 위에 위치시키고 이유-근거(방법)의 순서에 따라 내용을 카테고리로 분류합니다.

개요-추진 배경-현황 문제점-해결 방안-기대 효과-조치 사항 등의 각 구성 항목 내용 역시 그냥 나열하지 않습니다. 각 구성 항목의 성격을 정확하게 숙지하고 그것에 맞는 내용을 배열합니다. 적소적재가 필요합니다.

각 구성 항목 안에서도 단순 나열이 아니라 카테고리를 활용해 내용을 분류 분석합니다. 개조식 문장 맨 앞의 부호, 즉 약물은 카테고리의 상하 서열을 표시하는 것입니다. 이렇게 보고서의 모든 내용을 카테고리에 따라 정리하면 보고서의 메시지가 파편화되지 않습니다. 김 팀장은 보고서 메시지의 논리 구조를 그대로 유지해 전달할 수 있습니다.

넷째, 직관적 표현을 써야 한다(직관성과 설득력)

도서관장이 기획보고서의 내용을 쉽게 이해하도록 표현해야 합니다. 김 팀장은 핵심을 짧게 써야 한다는 강박관념 때문에 논리를 뒷받침하는 근거(사실, 사례, 통계, 인용)를 대부분 생략했습니다. 도서관장은 보고서를 볼 때면 항상 이렇게 주장하는 근거를 김 팀장에게 물었습니다. 그럴 때마다 김 팀장은 그 내용을 구두로 이야기해야 했습니다.

도서관장에게 반드시 구두로 이야기해야 할 내용이라면 당연히 OPR에 포함시켜야 합니다. 그것을 포함하기 위해 보고서 분량이 늘어나는 것은 책잡힐 일이 아닙니다. 핵심에서 비켜난 내용을 나열하는 것이 문제지요. 어떤 경우는 백 마디 논리적 설명보다 사실, 사례, 통계, 인용을 제시하는 것이 더 효과적일 때가 있습니다. 특히 통계는 정확하고 친절하게 해석해주어야 합니다. 별다른 설명 없이 표와 그래프만 나열하면 이해하기가 더 어렵습니다.

이제 김 팀장의 기획보고서 초안이 마무리됐습니다. 김 팀장은 초안을 한 번 읽어봅니다. 아내에게도 한번 읽어달라고 부탁합니다. 어떤 부분을 읽을 때 입안에서 어색한 느낌이 듭니다. 십중팔구 그 부분은 맞춤법이 틀렸거나 비문일 가능성이 높습니다. 읽을 때 부드러운 느낌이 들 때까지 고칩니다.

이제 팀 동료들의 평가와 조언이 기다리고 있습니다. 도서관장 주재 운영회의 보고가 예정돼 있습니다. 일련의 과정을 거치면서 김 팀장의 기획보고서는 더욱더 완성을 향해 갈 것입니다.

2장

보고서는 패턴이다

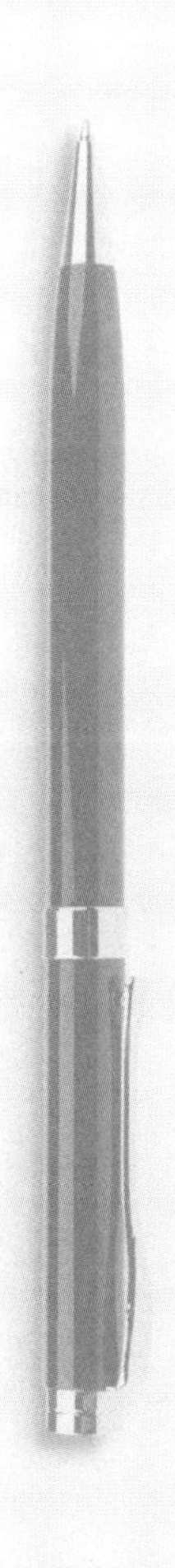

커스터마이징 : 의사결정권자 중심으로 써라

수용자 입장에서 생각하고 행동하라

커스터마이징customizing은 수공업자들이 고객의 요구에 따라 제품을 만들어주는 맞춤 제작 서비스를 이르는 말입니다. 최근 IT 분야에서 고객의 요구에 따라 솔루션이나 서비스를 재구성·재설계할 때 이 개념을 자주 사용하면서 다양한 의미로 쓰이고 있습니다. 이제 커스터마이징은 재료, 기술, 디자인, 콘텐츠를 고객의 요구에 따라 맞춰주는 행위 전체를 통칭합니다.

2011년 남아프리카공화국 더반에서 진행된 프레젠테이션은 커스터마이징의 중요성을 잘 보여주는 사례입니다. 2011년 7월 6일 현지 시각 기준으로 17시 22분. 123차 IOC 총회에서 자크 로게 IOC 위원장이 제23회 동계 올림픽과 제12회 패럴림픽 개최지를 발표했습니다. 일순간 전 세계의 이목이 로게 위원장의 손과 입에 모아졌습니다. 로게 위원장은 엽서를 뜯어 그 안에 든 카드를 보이며 이렇게 호명했습니다.

"평창!"

대한민국 평창이 1차 투표에서 95표 중 63표를 얻어서 독일 뮌헨, 프랑스 안시를 제치고 개최지로 선정되었습니다.

거슬러 가면 10년이 넘는 긴 여정의 결과였습니다. 2010년과 2014년 두 차례 올림픽 개최지 선정에 아쉽게 실패한 후 얻은 결과여서 더욱 감격스러운 순간이었습니다.

두 번의 실패 이후 세 번째에 성공을 거둔 이유는 무엇이었을까요? 여러 가점 요인이 작용했을 것입니다. 그 가운데 빼놓을 수 없는 것은 '더반의 기적'이라 불릴 만한 프레젠테이션이었습니다. 2003년, 2007년의 프레젠테이션과 2011년의 프레젠테이션은 각각 무엇이 달랐을까요?

2003년 7월 3일 체코 프라하에서 열린 제115차 IOC 총회. 캐나다 밴쿠버와 결선 투표까지 치르는 접전을 펼쳤으나 캐나다 밴쿠버가 선정되었습니다. 이날 프레젠테이션은 서울 올림픽과 한일 월드컵을 성공적으로 치러냈다는 개최 능력과 세계 유일의 분단국가에서 열리는 올림픽이 세계 평화에 이바지할 것이라는 두 가지 포인트를 내세웠습니다. 하지만 역부족이었습니다.

2007년 7월 5일 과테말라에서 열린 제119차 IOC 총회. 당시의 프레젠테이션은 2006년 이탈리아 토리노 올림픽에서 삼성전자의 홍보대사로도 활약했던 스키 영웅 알베르토 톰바가 평창 알펜시아 슬로프를 질주한 뒤 눈의 질이 최고라는 장점을 부각했습니다.

이어 쇼트트랙 금메달 4개를 획득한 전이경이 '드림 프로그램'의 역할을 강조했습니다. 드림 프로그램은 평창이 2004년부터 눈이 오지 않는 나라의 청소년들을 초청해 겨울 종목을 가르치며 실시하는 동계 스포츠 보급 운동이었습니다.

그리고 한국전쟁으로 아들을 북한에 두고 온 이영희 할머니의 슬픈 사연이 이어졌습니다. 북한에 사는 아들이 자신을 기억해주길 바라는 마음으로 남긴 머리카락과 유언장이 공개됐습니다. 총회장은 숙연해졌습니다. 세계 유일의 분단국가인 한반도에서 올림픽을 통한 평화 정착과 통일을 강조한 내용이었습니다. 감동적이었지만 평창은 선정되지는 못했습니다.

그리고 2011년 더반. 2018 평창유치위원단은 2003년, 2007년 프레젠테이션을 바탕으로 고민했습니다. 그리고 전략적 판단을 내렸습니다. 철저히 IOC 위원들의 입장에 서자.

동계 올림픽은 하계 올림픽에 비해 참가 국가가 적습니다. 여러 이유가 있겠지만 동계 스포츠를 즐길 만한 환경을 가진 나라가 많지 않기 때문입니다. 적도 부근에 사는 사람들은 눈을 구경조차 할 수 없습니다. 우리나라도 동계 스포츠를 즐길 만한 좋은 기후 조건은 못 됩니다. 겨울도 짧고, 그나마 스키나 빙상을 펼칠 공간도 한정되어 있습니다. 어떻게 생각하면 우리나라는 동계 스포츠의 천국이라 불릴 만한 나라와 동계 스포츠와 전혀 무관한 나라의 경계선상에 있습니다.

동계 올림픽에 하계 올림픽만큼 많은 국가가 참여하길 바라는 것은 IOC 위원들의 오랜 꿈이었습니다. 하지만 마땅한 대안이 없었습니다. 평창유치위원단은 이 점에 주목했습니다. 2004년부터 개발도상국유소년을 대상으로 한 동계 스포츠 보급 운동 '드림 프로그램'에 집중한 이유도 여기에 있었습니다.

눈을 한 번도 본 적 없는 아이들이 스키를 타고 올림픽에 참가한 화면을 영상으로 보여줍니다. 프레젠테이션에서는 이것을 '새로운 지평new horizons'이라고 명명합니다. 이 프로그램을 2004년에 시작해서 계속하고 있다는 것을 강조합니다. 8명의 프레젠터들 모두 '새로운 지평'이라는 말을 반복, 강조합니다.

특히 '피겨 요정' 김연아는 '드림 프로그램'의 성과를 강조하며 "새로운 지평이라는 비전이 남기게 될 유산은 동계 올림픽 경기장보다 더 중요할 것"이라며 "바로 성공과 성취의 가능성이며 이것이야말로 세계 모든 나라 젊은이들에게 필요하고 주어져야 하는 것"이라고 역설합니다.

이렇게 IOC 위원들과 청중들은 '새로운 지평'의 의미와 필요성을 각인하게 됩니다. 그리고 더반의 기적은 드디어 만들어졌습니다.

철저하게 IOC 위원들 입장에서 생각하고 그들이 바라는 것, 그들이 듣고 싶은 것을 프레젠테이션했고 결과는 올림픽 유치였습니다. '커스터마이징' 전략의 승리였습니다. 이렇게 철저하게 수용자의 입장에서 생각하고 행동하는 것이 바로 커스터마이징입니다.

내가 일한 순서, 사장이 알고 싶은 순서

몇 년 전 어느 기업체로부터 보고서 작성 워크숍 의뢰를 받았습니다. 이 회사는 도서관을 대상으로 각종 온라인 솔루션을 판매하는 회사였습니다. 그 회사 대표는 이렇게 요청했습니다.

"직원들 보고서가 너무 길어요. 간단한 내용도 대여섯 페이지를 넘기기 일쑤죠. 다 읽어도 무슨 얘길 하는지 모르겠어요. 제발 우리 직원들 보고서를 다이어트 시켜주세요. 적어도 무슨 얘길 하는지 알아들을 수 있게 지도해주세요"

강의에 앞서 이 회사의 보고서를 10개 정도 받아 미리 살펴봤습니다. 대표의 하소연이 괜한 엄살이 아니구나 싶었습니다. 대부분의 보고서가 장황하고 무슨 말을 하려는지 종잡을 수 없었습니다. 대표가 자신이 알고 싶은 내용을 찾으려면 보물찾기 하듯이 보고서를 뒤져야겠다는 생각이 들 정도였습니다.

그 가운데 하나가 눈에 띄었습니다. '○○ 솔루션 영업 결과'. 새로 개발한 솔루션을 판매하기 위해 대학과 공공기관을 대상으로 영업한 결과를 정리한 보고서였습니다. 6쪽짜리 보고서의 목차와 주요 내용만 훑어보면 이렇습니다.

1. 영업 기간 및 대상
   - ▫ 영업 기간: 2014.1.~2.
   - ▫ 대상: 소형 대학교 20, 중대형 대학교 15, 공공기관 2 등 총 37곳
2. 도서관 전체 반응
   - ▫ 긍정적 반응
     - ◦ 편리하고 직관적인 방식이란 평가 등등

□ 부정적 반응

◦ 이용자의 혼란 예상, 홈페이지가 복잡해질 것이란 반응 등등

3. 대상 유형별 반응

□ 소형 대학교

◦ 기능과 필요성에 대해 매우 긍정적 반응 등등

□ 중대형 대학교

◦ 큰 메리트를 느끼지 못해 회의적 반응

□ 공공기관

◦ 필요성을 거의 인식하지 못함

4. 홈페이지 유지 보수 업체 반응

□ 공통 반응

◦ 추가 개발과 사후 관리에 대한 부담으로 부정적

(※ 이 솔루션은 홈페이지 환경에 연동되기 때문에 홈페이지 유지 보수 업체가 업그레이드를 시켜줘야 적용할 수 있음)

□ 업체별 반응

◦ A사, B사, C사 등등

5. 기대 효과 및 중간 점검 결과

□ 영업적 효과

◦ 이용자의 편의성 증대에 대한 공감대 형성 등등

□ 통계 측면 효과

◦ 수치적 영향까지 판단을 미칠 수 있을지 여부는 판단 보류

□ 중간 영업 점검 결과

◦ 실제 반응은 소형 대학교를 중심으로 70% 정도 우호적

◦ 이 솔루션을 적용하는 데 홈페이지 환경 조성이 장애 요인

6. 향후 전략

□ 소형 대학교를 주타깃으로 잡고 영업 진행

□ 홈페이지 업그레이드 문제는 도서관을 통해 홈페이지 유지 보수 업체를 우회적으로 압박하는 방식으로 해결

흔하게 접할 수 있는 결과보고서입니다. 그런데 이런 질문이 자연스럽게 떠올랐습니다. '이 직원은 어떤 순서로 보고서를 쓴 것일까?' 보고 내용을 자세히 보면 시간의 경과, 일의 진행 순서에 따라 전개되고 있다는 사실을 발견할 것입니다. 즉 이 직원은 그냥 자신이 일한 순서대로 보고서를 쓴 것입니다. 자신이 일한 과정과 결과를 시간의 흐름에 따라 보여주고 있습니다. "사장님, 저 이렇게 일했어요"라고 말하는 것 같았습니다.

회사 대표는 어떻게 읽었을까요? 아마도 자신이 알고 싶은 내용을 찾아내려고 6쪽을 앞뒤로 살펴가며 신경을 곤두세웠을 것입니다. 이렇게 한참 노력을 들인 뒤에야 그것을 찾아냈을 것입니다.

대표가 가장 알고자 하는 내용은 무엇일까요? 아마도 '5. 기대 효과 및 중간 점검 결과'와 '6. 향후 전략'일 것입니다. 대표는 영업 결과가 어떻게 나왔고, 앞으로 어떤 전략으로 영업을 진행할 것인가가 가장 궁금했습니다. 이 보고서는 대표에게 자신이 일한 내용을 설명하

는 데 거의 5쪽을 할애하고 마지막 페이지에 가서야 대표가 알고 싶은 내용을 전달했습니다.

업무의 과정에서 '내가 어떻게 일을 했는가'는 별로 중요하지 않습니다. 물론 개인의 승진이나 성과 평가를 위한 업적 조서를 쓸 때는 예외입니다. 보고자와 의사결정권자가 서로 소통해야 하는 사항은 '어떤 일을 하고 나니 이런 결과, 이런 정보를 얻었다'는 것입니다. 보고자는 의사결정권자에게 이 결과와 정보를 집약적으로 전달하고 이것들이 어떤 근거와 이유에 바탕을 둔 것인지 설명해야 합니다.

이런 보고서가 이 회사만의 특별한 사례일까요? 그렇지 않습니다. 우리나라 보고서의 대부분이 이런 식입니다. 많은 사람들이 보고서를 쓸 때 '저 이렇게 일했어요' 하는 식으로 보고서를 씁니다. 왜 이런 현상이 벌어졌을까요? 대부분의 사람들이 독자가 아니라 자기 중심의 관점에서 보고서를 작성하고 있기 때문입니다.

소설가 데이비드 포스터 월리스는 어느 글쓰기 워크숍에서 '표현적 글쓰기'와 '소통적 글쓰기' 두 세계를 소개하며 그 차이점을 이렇게 설명하였습니다.

> 에세이를 쓰는 사람의 주된 목표가 단순히 자신의 감정을 남과 '나누거나' 자신을 '표현하거나' 달리 무엇이 되었든 여러분이 고등학교에서 배웠을 법한 어떤 기분 좋은 말이라는 뜻은 아닙니다.
>
> 어른들의 세계에서, 창작 논픽션creative nonfiction이란 '표현적expressive' 글쓰기가 아니라 '소통적communicative' 글쓰기입니다. 그리고 소통적 글쓰기의 기본 공리는 독자가 당신(즉 작가)에게 자동적으로 관심을 품진

않는다는 것, 그가 당신을 한 인간으로서 반드시 매력적이라고 느끼진 않는다는 것, 당신의 관심사에 대해서 그도 당연히 깊은 관심을 품진 않는다는 것입니다.

사실 독자가 당신에 대해서, 당신의 주제에 대해서, 당신의 글에 대해서 느끼는 바는 당신이 글로 쓴 언어 그 자체가 그 사람에게 느끼도록 유도한 내용, 오로지 그것뿐일 것입니다.

— 데이비드 포스터 월리스, '포모나 대학교 글쓰기 워크숍', 김명남 옮김

우리는 학교에서 '나의 생각, 경험, 지식, 감정을 잘 드러내면 좋은 글'이라고 배웠습니다. 이렇게 자기 자신의 생각이나 느낌을 표현하는 것에 중점을 둔 글쓰기를 월리스 식으로 정의하면 '표현적 글쓰기' 입니다.

표현적 글쓰기는 자아를 발견하고 정신을 성장시키는 데 큰 도움이 됩니다. 일기가 가장 대표적인 예입니다. SNS, 신변잡기를 다룬 수필, 편지, 자서전이 이런 갈래입니다. 이런 글쓰기는 인생 전 과정에 걸쳐 의미 있고 유용합니다.

하지만 직장 내에서 이뤄지는 업무 글쓰기는 이와는 전혀 다릅니다. 월리스의 정의에 따르면 업무 글쓰기는 '소통적 글쓰기'입니다. 소통적 글쓰기는 자신의 글에 독자가 어떻게 반응하느냐가 관건입니다. 소극적으로는 이해를, 적극적으로는 공감과 동의를 이끌어내야 합니다. 표현적 글쓰기의 중심이 '나'라면 소통적 글쓰기의 중심은 '독자' 입니다.

업무 글쓰기에서 처음부터 끝까지 잊지 말아야 할 것이 하나 있다

면, 그 글을 읽는 사람의 입장에서 내용을 선택, 배열, 표현해야 한다는 것입니다.

도대체 보고서는 왜 쓰는가

보고서는 도대체 왜 쓰는 걸까요? 상관이 시키니까? 내가 업무 담당자라서? 그냥 기록을 남겨야 하니까? 문제가 생길 때 책임을 따지기 위해서? 그냥 요식 행위로? 대부분의 직장인이 떠올리는 현실적인 이유들입니다.

보고서 작성 때문에 오히려 업무에 집중할 수 없다고 푸념하는 직장인도 많습니다. 보고서가 업무의 걸림돌인 셈입니다. 이렇게 거추장스러운 보고서만 쓰지 않는다면 훨씬 더 일을 잘할 것이라 말하는 직장인도 더러 있습니다.

보고서를 쓰는 이유는 여러 가지입니다. 어떤 일을 시작하기 위해, 어떤 상황이나 결과를 알리기 위해, 어떤 자료나 정보를 공유하기 위해, 어떤 사업을 제안하기 위해 보고서를 씁니다. 이런 일들은 모두 아이디어→기획→제안→회의→검토→실행→결과→평가 등 의사결정 과정을 통해 진행됩니다. 이 일련의 의사결정 과정은 결국 어디로 향하는 것일까요? 최고 의사결정권자의 판단을 향하고 있습니다.

결국 의사결정권자의 현명한 판단을 이끌어내기 위해 보고서를 쓰는 것입니다. 비중이 작은 일은 상관이, 비중이 큰 일은 조직의 대표가 주로 최종 의사결정권자가 됩니다. 이렇게 조직의 상관에서부터 대표까지 결재 라인에 있는 사람이 모두 의사결정권자입니다. 만일 외부에 나가는 문서라면 그것을 읽고 판단할 사람들이 의사결정권자가 됩니다.

의사결정권자를 중심으로 놓고 보고서를 작성하면 보고서의 내용과 구성뿐 아니라 단어, 문장, 표현도 달라집니다. 보고자와 의사결정권자는 같은 조직에 몸담고 있지만 나이 차도 있고 문화적 경험, 배경 지식도 다릅니다. 보고자가 자신에게 익숙한 대로 보고서를 쓰면 결과적으로 의사결정권자를 소외시키는 결과를 낳습니다. 무엇보다 의사결정권자의 정보 및 지식 등을 고려해 그가 최대한 이해할 수 있는 언어로 표현해야 합니다.

보고자의 이해관계나 주관적 편견을 배제하고 사실과 의견을 분명하게 구분해야 합니다. 의사결정권자가 필요로 하는 내용이 적시에 제공돼야 합니다. 육하원칙을 지켜가며 정확한 사실과 표현을 구사해야 합니다. 알기 쉬운 일상용어를 사용해가며 쉽게 읽히도록 해야 합니다.

보고서 본문의 활자체나 글자 크기, 레이아웃도 의사결정권자에게 맞춰야 합니다. 중년을 넘긴 의사결정권자가 10포인트 작은 글씨로 쓰인 보고서를 읽기 위해 눈살을 찌푸리게 하지 말아야 합니다.

의사결정권자의 판단은 그 조직의 흥망성쇠를 가릅니다. 의사결정권자가 올바른 판단을 내릴 수 있도록 그 조직의 구성원들은 최선을 다해 상황을 파악하고 유용한 정보를 탐색하며 새로운 일들을 기획해야 합니다.

그런 점에서 보고서는 '더듬이'입니다. 특히 사업기획보고서, 정책기획보고서는 아직 실현되지 않은 미래를 예측하고, 아직 실행되지 않은 대안을 구상해야 합니다. '더듬이'가 제대로 기능하지 않는다면 머리와 몸통이 제멋대로 움직일 것입니다.

조직 내부가 아닌 일반 이용자를 상대하는 글에서도 커스터마이징의 원칙은 마찬가지입니다. 어느 장애인센터 홈페이지의 글입니다.

① A 시가 최초로 성인 발달장애인 특화 시설로 B 장애인센터를 건립해 운영하고 있습니다.
② 국회에서 2017년 7월 26일 제정된 '발달장애인 권리 보장 및 지원에 관한 법률(제14839호)'에 따라 '발달장애인의 사회참여를 촉진하고, 권리를 보호하며, 인간다운 삶을 영위하는 데 이바지함을 목적'으로 합니다.
③ 본 센터의 미션은 사람 중심 관점을 기반으로 사람, 직업, 환경의 조화를 이루어내는 것입니다.
④ 본 센터는 성인 발달장애인을 대상으로 자립 및 교육 활동을 지원하고 돌봄 서비스를 제공합니다.

이 안내문은 ① 운영 주체 ② 법적 근거 ③ 미션 ④ 서비스 순으로 내용을 소개하고 있습니다. 그런데 이 홈페이지를 이용할 고객은 누구일까요? 장애인이거나 장애인 가족일 것입니다. 장애인과 장애인 가족이 가장 알고 싶은 것은 무엇일까요? ④ 서비스입니다. 이 안내문은 '공급자 중심'의 글쓰기입니다. 나 중심의 글쓰기가 조직으로 확대

되면 이렇게 됩니다. '수요자 중심'의 글쓰기로 바꿔야 합니다. 즉 홈페이지 이용자에게 커스터마이징을 한다면 내용의 전개 순서는 이렇게 달라집니다.

④ B 장애인센터는 성인 발달장애인을 대상으로 자립 및 교육 활동을 지원하고 돌봄 서비스를 제공합니다.
③ 본 센터의 미션은 사람 중심 관점을 기반으로 사람, 직업, 환경의 조화를 이루어내는 것입니다.
① 본 센터는 A 시가 최초로 성인 발달장애인 특화 시설로 건립해 운영하고 있습니다.
② 국회에서 2017년 7월 26일 제정된 '발달장애인 권리 보장 및 지원에 관한 법률(제14839호)'에 따라 '발달장애인의 사회참여를 촉진하고, 권리를 보호하며, 인간다운 삶을 영위하는 데 이바지함을 목적'으로 합니다.

무엇을 남길 것인가

보고서는 의사결정 절차를 밟아가는 수단이기도 하지만 그 조직의 기록이자 역사입니다. 다음에 일하는 사람들을 위한 지표나 표본으로 활용됩니다. 기록의 축적은 단순히 쌓아가는 행위가 아닙니다. 계속 수정, 보완되면서 회사가 더 나은 방향으로 발전해가는 토대가 됩니다. 어떤 일을 했다는 결과에만 초점을 맞춘다면 그 보고서는 기록 이상의 의미를 갖기 어렵겠지요.

> 기안서와 보고서는 그 조직이 일을 한 역사의 기록이다. 행정의 과정과 절차, 결정 사항만으로는 역사를 온전히 기록했다고 볼 수 없다. 그 일을 담당했던 사람의 창의적 생각, 일에 대한 사명감과 애정, 의사결정의 생생한 과정 등이 담겨 있어야 살아 있는 기록이 된다. 살아 있는 기록을 많이 가진 조직이 경쟁력과 탁월성, 발전 가능성을 갖는 것은 당연한 일이다.
>
> — 백승권, 《글쓰기가 처음입니다》

어떻게 문서를 쓰느냐가 그 조직의 미래를 좌우합니다. 그걸 보여주는 두 가지 에피소드를 소개합니다.

첫째, 2014년 3월 JTBC에서 방영된 〈다큐쇼〉입니다. 개그맨 이봉원이 일본 요식업계의 전설이자 '장사의 신'으로 불리는 우노 다카시로부터 장사의 기본을 배우는 프로그램이었습니다. 장사를 여러 차례 말아먹은 경험이 있는 이봉원에게 우노가 들려주는 비결은 아주 단순하고 평범했습니다.

> "가게가 성공하려면 장소나 목이 중요하지 않아요. 모두가 즐거운 게 우선입니다. 어깨는 쭉 펴고, 손님과 눈을 맞추는 인사, 따뜻한 배웅을 기본으로 무엇이든지 손님의 입장에서 생각하는 즐거운 가게를 만들어야 합니다."

우노는 또 말했습니다.

"손님에게 물수건을 줄 때도 타이밍을 잘 포착해야 합니다. 상표가 보이게 맥주잔을 놓아야 합니다. 주문을 받을 때 다른 종류도 있다는 사실을 자연스럽게 말하면 친근한 대화를 이끌어낼 수 있습니다. 손님이 다 먹은 빈 그릇을 치울 때도 무리하게 탑을 쌓지 말아야 합니다……."

장사에 대한 우노의 세심한 충고는 놀랍고 감동스러웠습니다. 그러나 더 놀라운 것은 스무 평도 안 되는 작은 가게를 운영하면서 접객을 위한 요령을 일일이 매뉴얼로 만들어 실행하고 있다는 점이었습니다.

이런 매뉴얼이 하루아침에 만들어진 것은 아닐 것입니다. 수없이 많은 시행착오를 겪으며, 그 시행착오를 되풀이하지 않기 위해 기록했을 것입니다. 기록이 축적되었고, 그 과정에서 어떤 유사한 상황들에 공통으로 적용할 수 있는 원리가 발견됐을 것입니다. 그것을 정리해 차곡차곡 쌓은 것이 바로 '매뉴얼'입니다.

둘째, 한국 아르바이트생과 일본 아르바이트생의 차이점입니다. 한국 아르바이트생은 채용되면 바로 첫날부터 현장에 투입됩니다. 사전에 몇 마디 주의사항을 전달받을 뿐, 유니폼을 받는 순간부터 매장에서 벌어지는 다양한 상황에 대한 대응과 대처는 오로지 아르바이트생 개인의 몫입니다.

어떻게 할지 모르는 난감한 상황이 되면 선배나 주인에게 우물쭈물 물어봅니다. 물어볼 새도 없이 이미 벌어진 일은 그냥 몸으로 때우다가 주인이나 선배가 나서서 상황을 수습합니다. 그리고 큰 죄를 지은 것처럼 야단을 맞습니다. 이런 과정을 거치면서 접객 요령을 어깨너머로, 눈치껏 배웁니다.

가끔 쉬는 시간에 선배한테 묻습니다. 선배는 대부분 이렇게 대답합니다.

"나도 일한 지 몇 개월밖에 안 돼 잘 몰라. 그냥 시간이 지나면 다 알게 될 텐데, 뭘."

선배의 말대로 몇 개월이 지나면 일머리가 생깁니다. 문제는 그럴 때쯤 아르바이트생은 그 가게를 그만둡니다. 다시 새로운 아르바이트생이 와서 똑같은 과정과 시행착오를 되풀이합니다. 주인은 음식 맛이나 내부 인테리어에만 신경 쓸 뿐 서비스 품질은 어차피 좋아질 수 없는 것이라고 포기합니다. 곱상하면서 눈치 빠른 아르바이트생이 찾아오기만 기다릴 뿐입니다.

다음은 일본 아르바이트생. 출근 첫날 접객 현장에 바로 투입되지 않습니다. 먼저 매뉴얼을 달달달 외웁니다. 음식이 뒤바뀌었을 때, 물을 엎질렀을 때, 아이들이 음식점 안을 뛰어다니다 넘어졌을 때, 까다로운 손님이 왔을 때, 연인이 이벤트를 하려고 할 때 등 예측할 수 있는 모든 경우에 어떻게 대응하고 대처할지 이 매뉴얼은 상세하게 가르쳐줍니다.

이 매뉴얼은 누가 만든 것일까요? 바로 이 음식점을 거쳐간 많은 아르바이트생의 생생한 경험이 만든 것입니다. 음식점 주인은 아르바이트생의 서빙 시간이 줄어들지라도 그들에게 매뉴얼을 외우게 하고 서빙 경험을 꼼꼼하게 기록하도록 요구합니다.

안타깝게도 우리나라 직장인들은 '한국 아르바이트생'처럼 일하고 있습니다. 우리나라에서 보고서는 의사결정 과정과 책임 소재를 기록하기 위한 요식 행위에 불과합니다. 일하는 사람들의 열정, 문제의식, 고민, 창의성, 경험이 남아 있지 않습니다. 일의 내용이 보고서에 담겨 있지 않습니다. 보고서에 적혀 있지 않지만 말로 주고받은 내용이 있으니 일은 그럭저럭 진행됩니다.

한번 일을 하고 나면 그 경험이 휘발유처럼 날아가고 없습니다. 과거에 그 일을 했던 경험자가 현직에 있지 않으면, 나중에 이와 비슷한 일을 하게 될 때 전혀 새로운 일이 됩니다.

다음은 어느 대기업의 보고서입니다.

2010년 한국채택국제회계기준(K-IFRS) 연말결산 안내

□ 개요

◦ 2010 회계연도 한국채택국제회계기준(K-IFRS)에 의한 연말결산과 관련하여 아래와 같이 협조 요청을 드리오니 해당 부서에서는 기한 내에 결산마감 조치하여 주시기 바랍니다.

◦ 금번 연말결산은 2010년 회사가 도입한 한국채택국제회계기준에 따라 수행되는 첫 연말결산으로 해당 부서의 적극적인 협조로 결산이 적기에 이루어질 수 있도록 협조하여 주시기 바랍니다.

□ 추진 내용

◦ 결산마감 일정

- 2010년 12월 27일(월): ○○○○○○

- 2010년 12월 28일(화): ○○○○○○
- 2010년 12월 31일(금): ○○○○○○
- 2011년 1월 3일(월): ○○○○○○

◦ 2011년 1월 1일 이후에 2010년 관련 비용 계상 엄금함.

◦ 증빙일(전자 세금계산서 발행일)이 2010년 12월 31일 이전 분에 대한 모든 전표는 2010년 12월 31일 이전에 작성 완료.

◦ IFRS 도입으로 모든 계열사가 통합된 결산을 반영하여야 하므로 기존 결산 방식으로 결산을 진행할 수 없음을 알려드리며, 반드시 12월 31일 이전까지 2010년에 반영해야 할 모든 전표는 기일 내에 처리하여 주시기 바랍니다.

◦ 결산과 관련하여 의문 사항이 있거나 재무팀과 협의가 필요한 경우에는 재무팀 ○○○으로 문의 바라며, 해당 업무를 결산에 반영하여야 함에도 불구하고 기일을 놓쳐 결산에 지장을 초래하는 일이 없도록 부탁드립니다. 끝.

이 보고서는 새로운 회계 기준인 국제회계기준International Financial Reporting Standards(IFRS)에 따라 연말결산을 진행한다는 내용을 담고 있습니다. 글로벌 회계 기준을 적용함으로써 국제적 공신력을 확보하고 회계 투명성을 향상시키자는 취지에서 정부가 2011년부터 상장 기업을 대상으로 이 제도를 도입했습니다.

회계 기준을 바꾸는 것은 사옥을 이전하는 것만큼 큰 변화를 불러오는 일입니다. 회계 기준을 어떻게 잡느냐에 따라 흑자와 적자가 엇갈리고 자본과 부채가 달라집니다. 물론 이 기업은 이와 관련한 대응책도 수립하고 교육도 사전에 진행했을 것입니다.

그러나 정작 이를 실행하는 보고서에는 추진 일정, 기한 내 처리의 중요성만 언급돼 있습니다. 결론적으로 새로운 회계 기준은 이전과 무엇이 다른지, 새로운 회계 기준을 왜 도입했는지, 구체적으로 어떻게 다른 방식으로 결산해야 하는지 명시하지 않습니다. 다만, 필요한 사항은 재무팀으로 문의하라고 적혀 있을 뿐입니다.

결국 보고서에 담겨야 할 중요한 내용을 재무팀과의 구두 협의나 문의로 해결하라는 취지입니다. 연말결산이 끝나고 나면 구두 협의나 문의는 연기처럼 허공에 흩어질 것입니다. 나중에 회계 기준 변경처럼 유사한 중대 사안이 발생했을 때, 이 보고서를 꺼내봤자 참고할 내용이 없을 것입니다.

보고서는 단순한 기록 이상의 의미가 있습니다. 보고서를 제대로 쓰지 않는다면 경험이라는 무형의 자산을 낭비하는 것이나 마찬가지입니다.

핵심 요약 :
짧을수록 좋다

단단익선, 짧을수록 좋다

현대카드 보고서 작성의 핵심은 "보고서는 짧고, 쉽게 쓰라!"입니다. 현대카드에서 주고받는 보고서는 5장을 넘지 않지만 그 내용은 100장짜리 보고서보다 훨씬 알찹니다. (중략) 현대카드 보고서에는 핵심이 명확하게 표기되어 있고, 짧지만 디테일하게 표현되어 있습니다. 보고서를 간략하게 작성한다고 해서, 핵심 내용과 디테일을 놓치지 않는다는 말입니다. 또 했던 이야기를 반복하지 않습니다. 핵심을 명확하게 드러냈다면 했던 이야기를 반복해 시간을 낭비할 필요가 없습니다.

〈현대카드가 일하는 방식 50 PRIDE BOOK〉에 실린 내용입니다. 보고서를 작성할 때 가장 강조하는 원칙이 바로 짧게 쓰는 것입니다. 단단익선短短益善!

짧으면 짧을수록 좋은 것이 보고서입니다. 그래서 대부분의 직장에선 직원들에게 가급적 보고 내용을 '한 장짜리 보고서One Page Report(OPR)'나 '한 장짜리 제안서One Page Proposal(OPP)'로 만들 것을 주문합니다. 물론 OPR, OPP가 물리적으로 한 장만을 의미하는 것은 아닙니다. 최대한 짧은 분량에 핵심을 담으라는 뜻입니다.

삼성그룹은 1993년 이건희 회장의 신경영 선언 때부터 '1매 Best'라는 캐치프레이즈를 내세웠습니다. 2005년 포스코 이구택 회장은 두 장이 넘는 보고서는 받지 않겠다고 직원들에게 선언했습니다. 청와대와 중앙부처는 아무리 장문의 보고서라도 반드시 그 핵심 요지를 한두 장으로 정리해 요약전으로 맨 앞에 붙이도록 하고 있습니다.

김동연 경제부총리는 2017년 6월21일 기획재정부 확대간부회의에서 보고 과정의 비효율을 줄이기 위해 세 가지 사항을 강조했습니다. 첫째, 풀Full 보고서가 아니라 키워드 중심으로 작성하라. 둘째, 짧은 페이퍼 또는 구두로 신속하게 논의하자. 세 번째, 지시가 불분명하면 직원이 고생한다. 지시를 명확하게 하라.

왜 이렇게 짧게 쓸 것을 강조하는 걸까요? 그 이유는 대략 두 가지입니다.

첫째, 의사결정에 필요한 시간을 줄여 업무의 효율성을 높일 수 있기 때문입니다. 신속한 의사결정으로 시간과 비용을 절감할 수 있습니다. 의사결정의 지체로 중요한 기회를 잃어버릴 위험도 피해갈 수 있습니다.

포스코건설은 2011년부터 한 장짜리 보고서를 확대하고 첨부 문서는 메신저나 이메일로 전달하도록 조치하면서 그 이유를 이렇게 밝혔습니다. '문서 작업을 최소화해 직원들이 자신의 역량을 다른 창의적 인 활동에 쏟아부을 수 있도록 할 것.'

현대카드도 '짧고 쉬운 보고서 쓰기'를 시행하게 된 이유를 이렇게 설명하고 있습니다. "급변하는 환경 때문입니다." 불확실한 요소가 많은 금융 시장에서 고객에게 필요한 서비스를 빠르게 제공하기 위해 현대카드는 '짧고 쉬운 보고서 쓰기'를 시작했습니다. 핵심만 간단히 작성하는 보고서를 통해 현대카드는 의사결정 시간은 줄이는 대신 고객을 위해 행동하는 시간을 늘렸습니다.

둘째, 의사결정권자의 시간은 그 조직의 가장 큰 자산이기 때문입니다. 의사결정권자가 보고서를 읽고 그 내용을 파악하는 데 몇 시간씩 허비하는 것은 조직의 경쟁력을 떨어뜨리는 행위입니다.

대통령이나 장차관, 기관장, 기업 대표나 임원이 보고서를 읽는 데 몇 시간을 사용했다고 칩시다. 그 시간 동안 그들은 다른 중요한 일을 미루거나 건너뛰어야 합니다. 반대로 보고서를 읽는 시간적 부담 때문에 보고서를 제대로 읽지 않고 의사결정을 내린다면 이것 또한 큰 문제입니다.

영국 총리 윈스턴 처칠은 취임한 지 3개월 만에 영국 내각과 스태프들에게 이런 편지를 보냅니다.

문서명: 간결함

작성자: 총리

일을 하기 위해 우리는 수많은 문서를 읽어야 합니다. 대부분의 문서가 지나치게 깁니다. 이건 시간 낭비입니다. 우리의 에너지를 핵심 사안에 집중해 써야 하는데 말입니다.

저는 내각 여러분과 스태프들에게 보고서를 더 짧게 쓸 것을 요구합니다.

1. 짧고 간단명료한 문단으로 핵심 포인트를 잘 전달하는 보고서를 만듭시다.
2. 만약 보고서가 복잡한 요소들에 관한 심층적 분석이나 통계에 기반하고 있다면 이들은 첨부자료appendix로 가야 합니다.
3. 가끔은 모든 내용을 일일이 다 적은 보고서보다는 핵심 키워드만으로 이뤄진 보고서가 더 나을 때가 있습니다. 세부 사항을 적은 자료를 준비하고 있다가 필요할 때 구두로 설명하면 됩니다.
4. 이런 문장들은 이제 그만 사용하도록 합시다. "다음과 같은 사항들을 명심하는 것 역시 중요합니다." "실행 가능성에 대해 고려해야 할 사항들이 있습니다." 이렇게 두루뭉술한 표현들은 단지 글을 길게 만드는 불필요한 군더더기일 뿐입니다. 단어 하나로 얼마든지 대체 가능한데 말입니다. 짧은 표현—대화체라도 좋습니다—을 사용하기를 주저하지 맙시다.

제가 제안하는 보고서는 기존의 관공서 용어와 비교하자면 처음에는 거칠고 서툴러 보일 수 있습니다. 그러나 시간 절약은 매우 중요한 일이며 핵심 포인트를 간결하게 작성하는 원칙은 사고를 한층 명료하게 하는 데 분명히 도움이 될 것입니다.

W.S.C.

다우닝 가 10번지

1940년 8월 9일

한 나라의 최고 지도자가 취임한 지 얼마 지나지 않아 보고서 문제를 강조한 것은 퍽 이례적입니다. 그렇지만 더 눈길을 끄는 것은 이 편지를 보낸 시점입니다. 1939년 9월 1일 독일이 폴란드를 침공하면서 인류 역사상 가장 큰 규모의 전쟁인 제2차 세계대전이 발발합니다. 이듬해인 1940년 5월 처칠은 네빌 체임벌린의 사임으로 총리직을 갑자기 맡습니다. 6월 10일 이탈리아가 영국에 선전포고를 하고 8월 15일 마침내 독일 공군이 영국을 공습합니다. 처칠의 1940년 8월 9일자 편지는 독일 공습 엿새 전에 발표된 셈입니다.

이런 긴박한 전쟁 상황에서 처칠은 영국 공무원들에게 보고서 이야기를 꺼낸 것입니다. 지금 눈앞에서 전쟁이 벌어지고 있는데 전쟁을 지휘하기에도 여념이 없을 총리가 한가하게 보고서 타령을 하고 있다니. 놀라운 일 아닙니까?

처칠의 생각을 미루어 짐작하면 이럴 것입니다. 일선 공무원들의 보고서가 짧아져야 최고 의사결정권자인 자신에게 오는 보고서도 짧아질 것이라고, 그래야 전쟁을 비롯한 국정 전반을 효율적으로 관리할 수 있을 것이라고. 처칠은 의사결정에 걸리는 시간을 줄이고 보고의 정확성을 높이는 것이 전쟁에서 승리하는 길이라 판단했을 것입니다.

놀랍게도 처칠의 편지는 보고서 작성의 모든 이슈를 응축하고 있습니다. 보고서는 결국 길든 짧든 핵심 포인트를 전달하는 것입니다. 핵심 포인트가 잘 드러나게 하려면 분석이나 통계 같은 복잡한 요소들을 뒤로 빼내 짧고 압축적으로 표현해야 합니다. 그래야 보고서가 제시하고 있는 메시지와 문제의식이 명료하게 드러납니다.

코끼리를 냉장고에 집어넣는 방법

예전에 코끼리를 냉장고에 집어넣는 방법이란 우스개가 유행했던 적이 있습니다. 많은 사람들이 아는 것처럼 그 우스개의 답은 '냉장고 문을 연다→코끼리를 집어넣는다→문을 닫는다'입니다. 요즘엔 다양한 버전이 계속 만들어져 인터넷을 떠돌더군요.

수학자: 코끼리를 미분해 넣은 뒤 냉장고 안에서 적분한다.

자기계발 전문가: "너는 냉장고에 들어갈 수 있어"라고 코끼리에게 긍정 마인드를 심어준다.

대학 교수: 대학원생이나 조교에게 시킨다.

약간 썰렁하지만 재밌는 우스개입니다. 이 우스개가 OPP나 OPR을 쓰는 상황과 비슷하다면 믿을 수 있을까요? 보고서를 쓸 때 우리 앞에 놓여 있는 상황을 재현해보면 아마 공감이 갈 것입니다.

1. 상관의 업무 지시 혹은 긴급 사안 발생
2. 회의 결과
3. 예전의 보고서, 각종 통계
4. 언론 보도, 벤치마킹 자료
5. 관련자의 면담이나 인터뷰

이렇게 복잡하고 이질적인 것들이 보고서의 재료입니다. 이것들은 커다란 코끼리에 비유할 수 있습니다. 우리에게 허용된 보고서의 크기는 겨우 한두 페이지입니다. 작은 가정용 냉장고에 비유할 수 있습니다. 결국 OPP나 OPR을 작성하는 것은 코끼리를 냉장고에 집어넣는 것과 다르지 않습니다.

코끼리를 냉장고에 집어넣기. 상상 속에서는 다양하고 재치 있는 방법이 많겠지만 현실에선 어떨까요? '미션 임파서블Mission: Impossible' 입니다. 결국 가능한 방법은 좀 잔인하긴 하지만, 코끼리를 냉장고에 들어갈 크기로 잘라서 일부를 넣을 수밖에 없습니다.

OPP나 OPR도 그렇습니다. 1부터 5까지 복잡하고 이질적인 것들 가운데 일부분을 선택해 한두 페이지에 담아냅니다. 당신이 생각하기에 가장 중요하다고 판단한 것들입니다. 그것으로 통과되면 좋겠죠. 그러나 그런 일은 결코 벌어지지 않습니다.

보고서를 상신한 뒤 30분도 지나지 않았는데 부장이 당신을 부릅니다. 불길한 예감이 엄습합니다. 마치 죄라도 지은 것처럼 부장의 책상 앞으로 갑니다. 부장은 보고서를 손으로 탁탁 치며 이렇게 말합니다. "도대체 무슨 용건이야? 아무리 읽어도 알 수가 없잖아." 그때부터 보고서에 담았던 내용, 담지 못했던 내용 가리지 않고 주저리주저리 설명합니다.

10분쯤 설명을 들은 뒤에야 비로소 부장은 보고 내용을 파악합니다. 그리고 한마디 지청구를 빼놓지 않습니다. "아니, 그러면 지금 말한 내용을 보고서에 집어넣어야지, 그걸 빼면 어떡해? 말로 다 설명할 거면 보고서는 뭐하러 쓰나?" "한 장으로 정리하다 보니 불가피하게……" 부장은 '뭐, 이런 친구가 다 있나' 하는 표정으로 바라보지만, 당신은 분통이 터지기 일보 직전입니다. '누가 그 내용을 빼고 싶어 뺐나?' 이것이 OPR을 둘러싼 직장 내 익숙한 풍경입니다.

당신은 분명 가장 중요해 보이는 내용들로 OPR을 구성했습니다. 그런데 이야기를 나누다 보니 부장이 알고 싶은 내용은 그게 아니었습니다. 내가 중요하다고 생각하는 내용과 부장이 알고 싶은 내용이 서로 엇갈린 것입니다. 당신은 충분히 설명했는데 부장은 그 설명만으로는 알 수 없다는 반응을 보입니다.

당신은 이 문제를 관점, 관심사, 성향, 기호의 차이 문제로 접근할 수도 있습니다. 부장과 살아온 것, 경험한 것이 다르니까 차이가 나는 것은 어쩌면 당연한 일이겠죠. 하지만 그렇게 접근하면 답이 나오지 않습니다. 당신의 상관은 계속 바뀔 것이고 당신이 상관의 관점, 관심사, 성향, 기호를 모두 파악할 때쯤 그는 이미 다른 사람의 상관이 돼 있을 것입니다. 상관이 부장 한 사람만 있는 것도 아닙니다. 층층시하. 모든 상관을 만족시키는 것은 불가능한 일입니다.

궁수나 사수를 한번 떠올려보세요. 그들은 언제나 자신의 자세에 집중합니다. 작은 호흡까지도 닫을 만큼 흔들리지 않아야 합니다. 그래야 저 멀리 있는 과녁과 표적을 정확히 맞힐 수 있습니다. 설사 과녁이나 표적이 움직인다 해도 마찬가지입니다. 자세만 흔들리지 않는다면 재빨리 하늘로 날아오르거나 숲 사이를 움직이는 표적도 맞힐 수 있습니다.

핵심의 법칙: 용건(결론·주장)-이유·근거

OPR을 쓰는 이유에 충실해야 합니다. 의사결정권자가 가장 빠른 시간 내에 현명한 판단을 내릴 수 있도록 핵심을 추출해야 합니다. 핵심은 보고받는 사람에 따라 본질이 바뀔 수 없습니다. 보고받는 사람이 누구더라도 동일합니다.

핵심에는 일정한 법칙이 있습니다. 이 법칙에 따라 OPR을 만들어야 합니다. 문자, 숫자, 이미지로 이뤄진 텍스트의 세계에선 아무리 방대한 크기라도 핵심은 단 몇 줄 혹은 한두 페이지로 요약할 수 있습니다. 이것은 예외 없이 모든 텍스트에 적용되는 법칙입니다.

핵심은 그 글의 용건(결론·주장), 그리고 이유·근거로 구성됩니다. 이것이 핵심의 법칙입니다. 이 법칙에 따라 OPR을 작성하면 내가 중요하다고 생각하는 내용과 부장, 대표가 알고 싶은 내용이 한 채널에서 만납니다.

용건(결론·주장)

모든 글은 독자에게 궁극적으로 전하려고 하는 내용이 있습니다. 업무용 글쓰기의 관점에서 보면 용건이고, 논리적 글쓰기의 관점에서 보면 결론·주장입니다. 업무용 글쓰기는 그것이 아주 명시적인 형태로 드러나는 반면, 문학적 글쓰기나 개인적 글쓰기는 암묵적 혹은 모호한 형태로 드러납니다.

용건(결론·주장)은 문서를 통해 전하고자 하는 최종적 결정이나 궁극적 판단입니다. 새로운 일을 벌이기 위한 OPP(기획서·제안서)는 결정을, 기존에 진행 중이거나 완료된 일의 상황과 결과를 공유하기 위한 OPR(보고서)은 판단을 담게 됩니다. 용건(결론·주장)의 성격에 따라 기획서·제안서와 보고서가 갈라집니다.

이유·근거

용건(결론·주장)은 독립적으로 제 역할을 하지 못합니다. 그것의 정당성을 뒷받침하거나 설득력을 높이기 위한 동반자가 필요합니다. 그것이 이유·근거입니다. 이유·근거가 제대로 제시되지 않으면 용건(결론·주장)은 공허한 관념에 불과합니다. 용건(결론·주장) 없이 이유·근거만 제시돼도 공허하긴 마찬가지입니다. 용건(결론·주장)과 이유·근거는 서로 짝이 됐을 때 비로소 생명력을 갖습니다.

이유는 추상적이고 보편적입니다. 논리, 개념, 추론 등이 그것들입니다. 근거는 구체적이고 개별적입니다. 사실, 사례, 통계, 인용, 비유 등이 그것들입니다. 논리적 위계로 보면 이유는 상위에 위치하고 근거는 하위에 위치합니다.

그렇다면 글에서 핵심core을 추출한 뒤 남는 부분을 무엇이라 부를까요? 그것은 참고reference입니다. 참고는 독자가 핵심을 더 풍부하고 자세하게 이해할 수 있도록 돕는 조력자 역할을 합니다. 핵심에 충실히 봉사하지 않는 참고는 군더더기입니다. 이런 군더더기는 과감하게 덜어내야 합니다.

핵심(용건·결론·주장/이유·근거)이 무엇인지, 참고가 무엇인지 신문 칼럼을 예로 들어 설명하겠습니다.

> 배우 박신혜는 한 배달앱 광고에서 이런 투정을 한다. "왜 배달 음식 주문만 통화를 할까. 스마트폰으로 옷 살 때 통화해? 책 살 땐? 영화표 살 땐?"
>
> 광고가 전달하는 뜻은 간단하다. '전화 주문 없이도 음식 배달이 가

능하다'는 것이다. "자장면 두 그릇이요" "오리지널 치킨 한 마리요" 등등 여타의 말이 필요 없이 원하는 메뉴를 손가락으로 꾹꾹 누르고 결제만 하면 된다. 수수료 때문에 부정적 인식도 더러 있지만 배달 애플리케이션을 통한 매출 규모는 연 1조 원대로 성장하고 있다고 한다.

편리함으로 치자면 작년 중반부터 선풍적인 인기를 끌고 있는 셀카봉만 한 것도 없다. 길게는 1m까지 늘어나는 봉 끝에 휴대폰을 고정하는 셀카봉은, 여러 사람이 함께 이탈자 없이 사진을 찍을 수 있다는 장점이 있다. 상하좌우 다양한 각도에서 여러 가지 연출도 가능하다. 시사주간지 《타임》이 지난해 최고의 발명품 중 하나로 꼽기도 했던 셀카봉은 최근 줌 기능까지 탑재해 편리함을 더해가고 있다. 셀카봉의 출현과 함께 유명 관광지에서 흔히 들을 수 있던 "사진 좀 찍어주실래요?"라는 말은 서서히 자취를 감추고 있다.

《탈무드》에는 "입은 말을 통해서 사람의 육신이 공간 속에서 겪는 문제를 해결할 수 있게 해주며, 사람은 말을 함으로써 공간 속에 자기 자리를 잡고 타인과 관계를 맺으며 살아가게 된다"고 적혀 있다. 하지만 손이 곧 입이 된 디지털 사회에서 사람은 '말'이라는 매개체 없이도 손가락 움직임 하나로 배달 음식을 주문하며, 어느 누구의 도움 없이도 혼자서 사진을 찍고 길을 찾을 수 있게 됐다. 더불어 타인에게 말 걸기는 더욱 어려워지는 단절의 시대가 함께 찾아왔다. 여느 때보다 더 타인과의 소통을 강조하지만 가장 쉽고 흔한 소통조차 사라지고 있는 모순된 사회. 디지털 사회의 편리함 속에 잊고 있는 것은 과연 무엇일까.

— 한겨레, 김양희 기자, 〈배달앱 · 셀카봉의 슬픈 이면〉

이 칼럼에서 글쓴이가 전하려고 하는 용건(결론·주장)은 무엇일까요? 칼럼 뒷부분에 있습니다. '디지털 사회의 편리한 도구 때문에 타인에게 말 걸기가 더욱 어려워지는 단절의 시대가 찾아왔으며 타인과의 소통을 강조하지만 가장 쉽고 흔한 소통조차 사라졌다'입니다. 그렇다면 그 용건(결론·주장)을 뒷받침해주는 이유·근거는 무엇일까요? 배달앱과 셀카봉의 사례입니다. 이 글의 핵심을 요약하면 이렇습니다.

> 용건(결론 · 주장): 디지털 사회의 편리함 때문에 타인에게 말 걸기가 더욱 어려워지는 단절의 시대가 찾아왔다.
>
> 이유 · 근거: 배달앱 때문에 전화 통화를 하지 않고도 원하는 메뉴를 손가락으로 눌러 음식을 배달시킬 수 있다. 셀카봉 때문에 "사진 좀 찍어주실래요?"라는 부탁의 말을 하지 않고도 혼자서 사진을 찍을 수 있다.

《탈무드》는 근거 같지만 참고에 가깝습니다. 탈무드가 근거가 되려면 독자가 용건을 읽고 생긴 의문에 대한 답변이 돼야 합니다. 탈무드는 용건(결론·주장)의 내용을 독자들이 더 풍부하게 이해할 수 있도록 돕는 역할을 할 뿐입니다.

만일 OPP, OPR을 이렇게 썼다면 부장은 어떤 반응을 보일까요? 굳이 당신을 부르지 않아도 필요한 내용을 대부분 전달받았다고 판단할 것입니다. 이렇게 법칙에 따라 핵심을 정리하면 내가 중요하다고 생각하는 것과 부장, 대표가 알고 싶은 것이 한 채널에서 만납니다.

보고서의 출발, 핵심 요약

윤태호의 만화《미생》4권에는 주인공 장그래가 원인터내셔널 직속 선배 김 대리의 지시에 따라 보고 내용을 요약하는 에피소드가 나옵니다.

〈중동 항로와 관련된 특이사항〉

이슬람 최대 명절 중 하나인 라마단이 지난 8월 18일에 끝났습니다. 따라서 중동 항로의 거래량과 실재 적재 비율이 다시 늘어날 것으로 보입니다. (라마단 직전의 실재 적재 비율은 95%에 육박했습니다.) 또한 중동 항로 선사 협의체에서는 2012년 7월 중 컨테이너당 300달러의 성수기 할증료를 부과할 예정이었으나 이를 유예했습니다.

장그래는 밤새 인터넷과 과거 자료를 검색하며 이렇게 수정합니다.

〈중동 항로 관련 이슈〉

라마단(2012.7.20.~12.8.18.) 종료에 따라 중동 항로 물동량 및 소석률 회복이 예상됨. 또한 IRA에서는 2012년 7월 중 적용 예상이던 TEU당 $300의 PSS를 유예함.

김대리는 다시 몇 부분을 첨삭해 이렇게 고칩니다.

〈중동 항로 관련 이슈〉

라마단(2012.7.20.~12.8.18.) 종료에 따라 중동 항로 물동량 및 소석률 회복이 예상됨. IRA가 7월 중 적용 예상이던 PSS(USD 300/TEU)를 유예함.

직장 생활 경험이 거의 없는 윤태호 작가는 이 에피소드의 리얼리티를 높이기 위해 대기업에 다니는 보고서의 달인 몇 사람에게 직접 자문을 받았다고 합니다. 작가가 공을 들인 만큼 많은 직장인들이 이 부분에 큰 공감을 느끼고 있습니다.

이 이야기는 요약의 두 가지 형태를 모두 보여주고 있어 흥미롭습니다.

첫째는 양적 요약입니다. 내용은 그대로 둔 채 조사, 종결어미, 형용사, 부사를 생략하고 짧은 단어, 약어를 사용해 글자 수를 줄이는 것입니다.

중동 항로와 관련된 특이사항

→ 중동 항로 관련 이슈

또한 중동 항로 선사 협의체에서는 2012년 7월 중 컨테이너당 300달러의 성수기 할증료를 부과할 예정이었으나 이를 유예했습니다.

→ IRA가 7월 중 적용 예상이던 PSS(USD 300/TEU)를 유예함.

'~와 관련된'→'관련', '특이사항'→'이슈', '중동 항로 선사 협의체'→'IRA', '성수기 할증료를 부과할 예정'→'PSS', '컨테이너당 300달러'→'USD 300/TEU'로 바꾸었습니다.

양적 요약은 매우 중요한 기술입니다. 그렇지만 양적 요약으로는 핵심과 참고가 분리되지 않습니다.

둘째, 질적 요약입니다. 질적 요약은 그 글에서 핵심과 참고를 분리하고 핵심만 정리하는 것입니다. 이 글에서 용건(결론·주장)은 'IRA가 7월 중 적용 예상이던 PSS(USD 300/TEU)를 유예'이고, 아래 내용이 이유·근거입니다.

> 이슬람 최대 명절 중 하나인 라마단이 지난 8월 18일에 끝났습니다. 따라서 중동 항로의 거래량과 실재 적재 비율이 다시 늘어날 것으로 보입니다. (라마단 직전의 실재 적재 비율은 95%에 육박했습니다.)
>
> → 라마단(2012.7.20.~12.8.18.) 종료에 따라 중동 항로 물동량 및 소석률 회복이 예상됨.

첫 문장을 살펴보겠습니다. 요약에서 생략된 '이슬람 최대 명절 중 하나인'은 문장에서 어떤 역할을 할까요? 이 부분은 라마단을 더 풍부하게 설명하는 참고의 역할을 합니다. 참고 부분을 덜어내니까 '라마단(2012.7.20.~12.8.18.) 종료'라는 핵심만 남게 됩니다. 세 번째 문장 '라마단 직전의 실재 적재 비율은 95%에 육박했습니다'도 '물동량 및 소석률 회복이 예상됨'이란 핵심을 더 풍부하게 이해시키기 위한 참고 부분이라 생략된 것입니다. 장그래는 이렇게 양적 요약, 질적 요약을 거쳐 핵심만 보고할 수 있었습니다.

실제 보고서에 적용해보겠습니다. 국회 사무처가 작성한 〈의원의 영리 업무 종사 금지 강화 방안〉 입법 추진 보고서입니다. 본 보고서의 앞머리에 첨부된 요약 부분이지만 이것도 핵심만 추려내면 더 압축할 수 있습니다.

□ 현황

◦ 현행 〈국회법〉은 국회의원의 겸직을 포괄적으로 허용하면서(〈국회법〉 제29조), 의원의 영리 업무 종사에 대하여는 의원 전체에 적용되는 일반적 규정이 없음.

- 참고로, 국가 공무원의 경우 직업 공무원이라는 특수성이 있기는 하나, 공무 외에 영리 업무, 특히 직무 수행에 지장을 야기하거나 부당한 영향을 미치는 영리 업무에 종사할 수 없도록 명문으로 규정하고 있음.(〈국가공무원법〉 제64조 및 〈국가공무원 복무규정〉 제25조)

◦ 다만, 상임위원의 직무 관련 영리 행위에 대하여 "상임위원이 그 직무와 관련하여 영리 행위를 하지 못한다"고 규정함.(〈국회법〉 제40조의 2)

- 이 규정에 근거하여 〈공직자윤리법〉상의 주식백지신탁이 이루어지고 있는데, 의원이 보유한 주식과 소속 상임위 업무와의 관련성 여부에 따라 주식백지신탁 여부가 결정되고 있음.

□ 문제점

◦ 국회의원에게는 사실상 급여의 형태로 수당 · 입법활동비 · 특별활동비가 지급되고 있고, 보좌진 급여와 국회 청사 내 사무실 운영 경비 등 활동비가 국회 소관 예산으로 지원되고 있으며,

후원회를 통하여 모금된 정치자금을 지역구 사무실 운영 등 정치 활동을 위하여 지출할 수 있음.

◦ 이와 같이 국회의원의 생계 및 정치 활동에 필요한 비용 지원이 이루어지고 있음에도 불구하고, 국회의원 겸직이 포괄적으로 허용되어 있을 뿐만 아니라, 소속 상임위 업무와 관련이 없으면 영리 업무도 사실상 허용된 상황은 일종의 특혜로서 부적절하다는 지적이 제기됨.

◦ 특히, 변호사나 의사 등 전문직종 출신 의원의 경우 임기 개시 후에도 해당 전문직 활동을 휴직(휴업)하지 않고, 관련 사건의 수임이나 고문 등을 통하여 영리 행위를 하는 경우가 발생하고 있는데, 이는 국회의원의 청렴 의무에도 반할 뿐만 아니라 국회의원 지위를 이용한 부적절한 영리적 이득이라는 지적이 계속 제기됨.

□ 개선 방안

◦ 의원의 영리 업무 종사 금지 명문화

- 국회쇄신특위안(2012.11.22. 의결, 2013.1.21. 정희수 의원 대표 발의)에서는 의원의 영리 업무 종사 금지 원칙을 명문으로 규정하면서 "의원 본인 소유의 토지·건물 등 재산을 활용한 임대업 등 영리 업무를 하는 경우" 의장이 윤리심사 자문위원회의 의견을 들어 예외적으로 허용할 수 있도록 하고 있음.

- 그러나 ① 부동산 임대업 이외에는 본인 소유의 재산으로 인한 영리 업무 종사 가능성이 현실적으로 낮고, ② 쇄신특위안

의 내용이 확대 해석될 경우 당초의 취지와 달리 부적절한 영리 업무 종사가 허용될 수 있다는 문제점이 있음.

- 따라서 국회쇄신특위안의 내용 중 의원의 영리 업무가 예외적으로 허용되는 범위를 "본인 소유의 토지·건물을 임대하는 경우"로 보다 명확하게 한정하여 확대해석의 가능성을 차단할 필요가 있음.

◦ 변호사 등 전문직종 사건수임 등 금지 명문화

- 국회쇄신특위안에서는 의원의 겸직과 영리 업무 종사를 원칙적으로 금지하여 변호사 등 전문직종의 경우 의원의 임기 중에는 휴직·사직하거나 해당 업무를 휴업·폐업하도록 규정하고 있음.
- 그러나 이를 보완하여 변호사·변리사·회계사·세무사·의사·약사·간호사 등 각종 전문직종 자격증을 소지한 의원이 관련된 사건을 수임하거나 고문·자문 등의 행위를 통하여 경제적 이득을 취득할 가능성을 일체 차단하도록 법률에 명문으로 규정할 필요가 있음.

이 보고서의 용건은 개선 방안에 담겨 있습니다. 현황과 문제점이 이유·근거입니다. 질적·양적 요약을 하면 핵심(밑줄을 친 부분)이 이렇게 드러납니다.

□ 현황(이유·근거)

◦ 국회법은 의원의 영리 업무 종사에 대해 "상임위원이 그 직무와 관련하여 영리행위를 하지 못한다"는 조항 외에 일반적 규정이 없음(제40조의 2)

□ 문제점(이유·근거)

◦ 국회의원이 수당·입법활동비·특별활동비 등 비용을 지원받으며 후원회를 통해 정치자금을 모금할 수 있는데도 영리 업무가 허용된 상황은 특혜

◦ 특히 변호사, 의사 등 전문직 출신이 임기 중에도 사건 수임 등 영리 행위를 하는 것은 청렴 의무 위반이며 지위를 이용한 부적절한 영리 추구

□ 개선 방안(용건)

◦ 의원의 영리 업무 금지를 명문화하고 예외적으로 허용되는 범위를 '본인 소유의 토지·건물을 임대하는 경우'로 명확하게 한정

◦ 변호사, 의사 등 전문직 출신 의원은 임기 중에 휴직·사직, 휴업·폐업하도록 규정해 경제적 이득을 취할 수 없도록 명문화

요약의 팁, 요약의 효용

OPR을 쓰거나 보고 내용을 요약할 때 알아두면 유용한 몇 가지 사항이 있습니다. 첫째, 요약은 그것만으로도 독자에게 충분한 정보를

전달해야 합니다. 요약은 텍스트 전체를 읽고 난 다음 읽는 것이 아닙니다. 전체 텍스트를 읽지 않고도 핵심을 전달해야 합니다. 어디까지 전달해야 독자가 의문을 갖지 않고 만족스럽게 이해할까, 그 수위를 잘 판단해야 합니다.

둘째, 추상화나 개념화 일변도로 흐르지 않게 해야 합니다. 추상이나 개념은 여러 가지 구체적 사실을 포괄하기 때문에 짧은 분량으로도 많은 정보를 전달할 수 있습니다. 그래서 요약을 하고 나면 추상화나 개념화 일변도의 글이 되기 쉽습니다. 그렇게 되면 독자가 보고서의 내용을 구체적으로 파악할 수 없습니다.

추상화와 개념화의 장점을 살리고 단점을 보완하는 방법은 예시를 넣는 것입니다. 추상과 개념이 포괄하고 있는 구체적 사실 가운데 대표적인 2~3가지를 함께 언급하는 것입니다. 그냥 '비용'이라고 하지 말고 '수당·입법활동비·특별활동비 등 비용'으로, 그냥 '전문직'이라고 하지 말고 '변호사, 의사 등 전문직'이라고 표현하는 것입니다. 항상 추상이나 개념어를 쓸 땐 'A, B, C 등 무엇'으로 표현하는 것이 좋습니다.

셋째, 직관성을 높이기 위해 적절한 부호를 사용하는 것이 좋습니다. 보고서에는 법률이나 규정, 통계, 언론 기사, 책, 참고 자료 등을 인용하는 경우가 많습니다. 그 출처를 밝혀야 하는데 보고서 본문에 넣으면 내용을 파악하는 데 방해가 됩니다. 출처를 본문 문장 맨 끝에 괄호로 묶어 밝히면 됩니다. 문장 내용 가운데 핵심 키워드, 성격, 주체 등을 뽑아 맨 앞 괄호로 처리하면 마찬가지로 직관성이 높아집니다. 괄호 안의 내용을 통해 이 문장이 어떤 내용으로 전개되는지 예측하고 읽기 때문입니다. 화살표나 도형을 사용하는 것도 좋습니다.

요약은 글쓰기의 출발입니다. 글쓰기란 결국 현실과 생각의 요약입니다. 아침에 집을 나서 회사를 다녀오는 행위를 표현하는 데 과연 몇 개의 문장이 필요할까요? 여러 문장을 사용할 수도 있지만 한 문장이면 가능합니다. 심지어 몇 백 년, 몇 천 년의 긴 시간도 한 문장에 담아낼 수 있습니다.

현실은 분절할 수 없고 분리할 수 없습니다. 연속적, 총체적 흐름입니다. 현실을 반영하거나 현실에 반응하는 머릿속 생각도 마찬가지입니다. 글쓰기란 이걸 자르고 분리해 전달할 가치가 있는 것만 추려 전략적으로 재구성하는 것입니다. 그 가치의 기준이 바로 핵심의 법칙입니다.

글을 잘 쓰고 싶은 사람에게 텍스트 요약을 권합니다. 텍스트 요약은 이 프로세스와 원리를 압축적으로 체험하게 만듭니다. 전달하려는 내용 가운데 무엇이 중요하고 무엇이 중요하지 않은지, 무엇을 추려내고 무엇을 버려야 하는지 그 기준을 판단하는 안목을 길러줍니다.

텍스트는 신문 칼럼이 적당합니다. 신문 칼럼은 원고지 10매 내외의 글이기 때문에 큰 부담이 없습니다. 필자의 통찰, 경험, 지식이 고도로 응축된 고영양가의 글이라 내용 자체로도 유용합니다. 시대의 흐름을 반영하고 있기 때문에 시의성도 있습니다.

요약할 때는 반드시 용건(결론·주장)과 이유·근거로 나누는 것이 좋습니다. 이를 논증 요약이라 부릅니다. 논증 요약을 통해 얻을 수 있는 효과는 글의 핵심을 파악하는 능력만이 아닙니다. 글의 구성 전략을 배울 수 있습니다. 용건(결론·주장)의 설득력을 높이기 위해 어떻게 이유·근거를 제시했는지를 자연스럽게 체득하게 됩니다.

다음 칼럼을 용건(결론·주장)과 이유·근거로 나눠 요약해보겠습니다.

과학의 목적이 (불변의 절대) 진리 추구라는 관념은 일신교적 종교관의 유물이라며 "우리가 지금 신봉하는 이론이 나중에 변할 리 없다고 믿고 싶은 유혹을 뿌리쳐야 한다"고 한 이는 《온도계의 철학》과 《과학, 철학을 만나다》를 쓴 저명한 과학철학자 장하석 케임브리지대 석좌교수다. 토머스 쿤도 《과학혁명의 구조》에서 '패러다임'의 선택은 실험·증명이 아닌 설득·동의로 이뤄진다며 절대진리론을 기각했다. 통념을 뒤집는 이런 주장은 당위론이나 윤리학 강의가 아니다. 오랜 과학사 연구의 결과다.

장하석 교수는 다원주의적 과학(관)을 권하는 쪽으로 한 발짝 더 내딛는다. 한 가지만 맞고 다른 것은 틀렸다고 할 게 아니라, 여러 실천체계를 발달시키고 유지하는 게 좋다는 것이다. 다원주의 과학엔 '관용의 이득'과 '상호작용의 이득'이 있단다. 타자의 존재를 존중하는 관용의 유연성은 '예측 불허의 상황에 대비하는 보험'이기도 하다. 관용은 지적 분업도 촉진한다. 예컨대 온도계엔 극저온에서 초고온까지 일관되게 적용할 수 있는 단일 기준이 없다. 수은 온도계는 '영하 40도 밑, 영상 355도 이상'에선 무용지물이고, 기체 온도계도 사정이 크게 다르지 않다. 온도 영역에 따라 다른 기준을 쓰는 이유다. 상호작용에 따른 융합의 이득도 있다. 운전자의 필수품이 된 길 찾기 내비게이션이 그 사례다. 내비게이션의 기반인 지피에스(GPS, 전지구 측위 시스템)에는 뉴턴역학과 양자역학, 상대성이론이 두루 활용된다. 이런 과학적 성과는 '하나만 맞다'는 태도로는 이룰 수 없다.

자연과학이 이럴진대 사람 사는 세상에 무슨 불변의 진리가 있을까. 나는 헌법재판소의 통합진보당 해산 결정에서 아직 취약한 한국 사회의 다양성을 옥죄는 퇴행, 주류 기득권 세력의 시대착오적 폭주를 읽는다. 박한철 소장 등 재판관 8인은 결정 근거의 하나로 '한국 사회의 특수성—남북한의 대립'을 들었는데, 북한은 "미 수복 지구의 반국가단체"일 뿐이다. 두 차례의 정상회담(6·15 공동선언, 10·4 정상선언) 등 화해 협력의 노력·성과는 거론조차 하지 않았다. 이들한테 한국은 아직도 '전쟁 국가'이자 '비상 국가'다. 오직 한 사람, 해산 결정에 반대 의견을 낸 김이수 재판관만이 "북한은 대한민국에서 반국가단체인 동시에 평화적 통일을 위한 대화와 협력의 동반자로서의 성격도 가진다"며 "어느 한 가지만 강조하는 것은 우리 헌법이 예정하고 있는 북한과의 관계에 부합하지 않는다"고 바르게 짚었다. 비유컨대 남과 북은 샴쌍둥이다. 한쪽을 떼어내려다 둘 다 죽는 수가 있다. 위험은 외과수술적 제거가 아닌 관용과 상호작용으로 해소해야 한다. 한국전쟁의 교훈이다.

하지만 헌재 재판관 8인은 진보당 해산 결정으로 10만 당원(당비를 내는 진성당원은 3만 명)을 사실상 '비국민'으로 낙인찍었다. 진보당의 "당원·지지자도 우리 사회의 구성원이므로 국민의 영역에서 떠나보낼 수는 없"고, 그들의 "사상을 없애는 것은 불가능"하다는 김이수 재판관의 지적에는 귀를 닫았다. "소수의 생각과 주장은 다수의 의견이 혹시 그릇된 것인지, 만약 그릇된 것이라면 어떤 측면에서 오류를 가지는 것인지를 지속적으로 성찰하게 하는 거울"이라는 김 재판관의 호소도 외

면했다. 오히려 안창호·조용호 재판관은 진보당 해산 결정에 반대하는 이들을 "광장의 중우, 기회주의 지식인·언론인, 사이비 진보주의자, 인기 영합 정치인"이라고 비난했다. 헌재의 1 대 8 쏠림은 4 대 6 정도라는 일반 시민의 의견 분포보다 극단적이다.

찰스 다윈이 거듭 강조하지 않았던가. 진화란 진보가 아니라 다양성의 증가라고. 다양성의 훼손·위축은 퇴화라고.

— 한겨레, 이제훈, 〈퇴화하는 한국 사회에서〉

요약문

□ 용건(결론·주장)

◦ 진화란 진보가 아니라 다양성의 증가이고 다양성의 훼손·위축은 퇴화다.

□ 이유·근거

◦ 장하석 교수에 따르면 최근 과학적 성과는 하나만 맞다고 주장할 수 없는 다원주의의 정당성을 입증하고 있다.
  - 온도계는 절대기준이 있는 것이 아니라 온도 영역에 따라 다른 기준을 쓴다.
  - GPS는 뉴턴역학과 양자역학, 상대성이론이 두루 활용된다.
◦ 헌재의 통진당 해산 결정은 한국 사회의 다양성을 옥죄는 퇴행이다.
  - 북한을 반국가단체로만 강조하는 것은 헌법과 부합하지 않는다.
  - 10만 당원을 '비국민'으로 낙인찍는 것은 다수 의견의 오류를 지속적으로 성찰하게 하는 소수의견이라는 거울을 깨는 것이다.

두괄식 : 일의 순서와 판단의 순서는 다르다

보텀업과 톱다운: 두 가지 일의 방식

한 대학생이 어떤 정당의 지역구 선거사무소에서 자원봉사를 했습니다. 어느 날 사무국장이 그 대학생을 불러 전지 크기의 종이, 자, 비닐, 매직펜을 사오라고 시켰습니다. 대학생은 문방구에 들러 전지는 크기가 정해져 있으니 그냥 샀고 30센티미터 자와 매직펜을 대충 골랐습니다. 그러나 비닐만은 용도를 몰라 사지 못했습니다.

대학생은 사무실로 돌아와 사온 것을 내보였습니다. 사무국장은 전지가 너무 얇다며 도화지 두께로 바꿔오라 했고, 매직펜은 색깔별, 굵기별로 다양하게 필요하다고 말했습니다. 자는 너무 짧으니 더 긴 것으로 바꾸고 비닐은 책 싸는 용도의 것으로 사오라고 말했습니다.

대학생은 문방구에 들러 사무국장이 말한 대로 바꿀 것은 바꾸고 더 살 것은 더 샀습니다. 대학생이 다시 사온 것을 보고 사무국장은 책 싸는 비닐이 너무 작다며 전지 크기를 다 덮는 것이어야 한다고 짜증을 냈습니다. 대학생도 짜증이 났습니다. '처음부터 전지 크기라고 말할 것이지'라는 생각이 들었습니다.

두루마리 비닐까지 마저 사오자 새로운 미션이 떨어졌습니다. 사무국장이 대학생에게 전지에 표를 그리라는 것이었습니다. 가로 몇 칸, 세로 몇 칸. 난감했습니다. 막상 줄을 그으려고 하니 어느 정도 간격으로 그어야 할지 알 수 없었습니다. 이 정도면 되겠지 생각하고 대충 그렸습니다.

사무국장은 표를 그린 전지 위에 비닐을 씌우고 압정을 박아 벽에 붙였습니다. 비닐 위에 무언가를 적어 내려가더니 불현듯 글자를 지우려 했습니다. 글자가 지워지지 않자 다시 짜증을 냈습니다.

"아니, 이거 왜 유성펜이야? 지워지는 걸 사왔어야지. 썼다 지웠다 할 건데."

대학생은 당황했습니다. 그리고 아까부터 참아왔던 질문을 뱉어내지 않을 수 없었습니다.

"사무국장님! 도대체 뭘 만들려고 그러는 건가요?"

사무국장은 심드렁하게 대답했습니다.

"선거상황판."

대학생은 갑자기 허탈한 생각이 들며 맥이 탁 풀려버렸습니다. 그리고 속으로 이렇게 생각했습니다. '처음부터 선거상황판 만든다고 그러지. 그러면 그거에 맞게 문구 사오고 만들었을 거 아냐. 왜 도대체 업무 지시를 마이크로하게 단세포형으로 하느냐고?'

이 에피소드의 일하는 과정을 도식화하면 이렇습니다.

전지 크기 종이	30cm 자	매직펜	비닐
도화지로 교환	더 긴 것으로 교환	색깔별, 굵기별 추가	책 싸는 용도
표 그림			두루마리 교환
		유성펜 추가	매직펜 글씨 제거
선거상황판			

'웃픈' 에피소드입니다. 당신은 혹시 이런 상사와 일하고 있지 않습니까? 아니면, 당신이 후배들에게 이런 상사는 아닌가요?

마이크로한 단세포형 지시는 결국 여러 차례의 시행착오를 만들어 냈습니다. 지역구 선거사무소에서 벌어진 작은 해프닝이기에 망정이지 정부나 기관, 기업 차원의 일이었다면 어떤 불상사가 벌어졌을지 모릅니다.

마이크로한 단세포형 지시는 전형적인 보텀업bottom-up 방식입니다. 작업자가 일이 끝나고 난 뒤에야 일의 목표와 예상 결과, 전체 프로세스를 겨우 알게 됩니다. 이 에피소드를 톱다운top-down 방식으로 바꾸면 이렇습니다.

선거상황판			
전지 크기 도화지	최대한 긴 자	색깔별 굵기별 매직펜과 유성펜	전지를 덮을 크기의 비닐

선거상황판을 만들겠다는 용건(결론·주장)을 먼저 말했다면 문방구를 여러 차례 들락거리는 시행착오 없이 빠르게 제대로 일이 진행됐을 것입니다. 작업자가 일의 목표와 예상 결과, 전체 프로세스를 제대로 인식하고 일을 추진할 수 있기 때문입니다. 같은 내용이라도 소통의 방식을 어떻게 선택하느냐에 따라 과정과 결과는 이렇게 달라집니다.

미괄식과 두괄식: 두 가지 판단의 방식

글쓰기의 세계도 마찬가지입니다. 같은 내용이라도 어떤 방식을 사용하느냐에 따라 전달되는 내용과 효과가 다르게 나타납니다.

앞서 글의 핵심은 용건(결론·주장)과 이유·근거라고 정의했습니다. 글쓰기나 논리에서 용건(결론·주장)이 뒤에 오면 미괄식, 앞에 오면 두괄식입니다. 미괄식은 보텀업, 두괄식은 톱다운 방식과 같습니다.

미괄식: 이유·근거 → 용건(결론)=보텀업

두괄식: 용건(주장) → 이유·근거=톱다운

두 편의 글을 살펴보고 미괄식과 두괄식의 장단점을 평가하겠습니다.

인터넷 쇼핑몰 바이닷컴에서 알려드립니다. 고객님께서 2017년 7월 8일 23시 50분에 주문한 상품 '무중력 의자 MSFAT33(주문번호 7246504)'

관련 사항입니다. 주문 사항은 판매사인 (주)파워퍼니처에 배송 요청으로 전달됐으나 7월 9~10일 (주)파워퍼니처의 정기휴무인 관계로 월요일인 11일 아침 9시 00분 접수됐습니다. 접수 이후 재고를 파악한 결과 현재 재고가 한 개도 남아 있지 않은 것으로 확인됐습니다. (주)파워퍼니처로 하여금 제작사인 (주)이지체어에 즉시 발주해 해당 상품이 최대한 이른 시일 내에 고객님께 도착하도록 조치했습니다. 다만 (주)이지체어는 중국에 사업장이 소재한 관계로 15일 이상 시간이 소요될 수밖에 없다는 점 양해를 바랍니다. 배송이 지연된 점 깊이 사과드립니다.

이 안내문의 용건(결론·주장)은 '상품 발송이 15일 정도 더 걸릴 것이며 배송이 지연된 점에 대해 사과한다'는 내용입니다. 나머지 전체가 이유·근거에 해당합니다. 즉 상품 배송이 지연될 수밖에 없는 경위를 한참 설명한 뒤 결과와 조치 내용을 말하는 미괄식 방식입니다.

구매자는 처음엔 주문부터 발주까지 일련의 과정을 정리한 내용을 읽으며 도대체 왜 이런 얘기를 열거하는지 이해하기 어렵습니다. 15일 이상 배송이 지연된다는 정보를 만나고 나서야 비로소 그 이유를 납득하게 됩니다. 이런 종류의 글을 제대로 이해하려면 한 번 더 읽는 수고를 들여야 합니다.

글을 읽을 때 우리의 인지력과 주의력은 시간이 갈수록 점점 나빠집니다. 이런 미괄식 글에선 인지력과 주의력이 가장 나빠졌을 때 용건(결론·주장)을 만나는 불상사를 초래합니다. 정신을 바짝 차리지 않으면 이 글이 궁극적으로 무엇을 전하려고 하는지 놓치게 됩니다.

이 글은 기본적으로 구매자를 중심에 놓고 있지 않습니다. 구매자가 알고 싶은 내용은 미뤄두고 판매자 중심의 해명을 길게 늘어놓고 있습니다. 아마도 이런 글을 접한 구매자는 화를 참기 어려울 것입니다. 무책임하게 변명만 늘어놓고 있다는 인상을 지우기 어렵습니다.

다음과 같이 두괄식으로 안내문을 바꾸어볼까요.

인터넷 쇼핑몰 바이닷컴에서 알려드립니다. 고객님께서 주문한 상품 '무중력 의자 MSFAT33(주문번호 7246504)'가 15일 이상 배송 지연될 예정이라 양해를 부탁드리고 사과의 말씀 올립니다. 판매사인 (주)파워퍼니처가 재고를 파악한 결과 현재 재고가 한 개도 남아 있지 않은 것으로 확인됐습니다. (주)파워퍼니처로 하여금 제작사인 (주)이지체어에 즉시 발주하도록 조치했습니다. 다만 (주)이지체어가 중국에 사업장이 소재한 관계로 15일 이상 시간이 소요될 수밖에 없습니다.

이렇게 하면 앞서 제기한 문제들이 모두 풀립니다. 첫 줄만 읽어도 구매자 입장에서 알고 싶은 내용을 명료하게 파악할 수 있습니다. 용건(결론·주장)을 먼저 알렸기 때문에 배송 지연의 이유 혹은 경위를 구구절절 설명하지 않아도 됩니다. 용건(결론·주장)을 돕는 이유·근거만 제시하면 됩니다. 정기 휴무로 월요일에서야 판매처에 접수됐다는 군더더기가 필요하지 않습니다. 이렇게 하면 배송 지연의 이유도 쉽게 납득할 수 있습니다.

다음은 어느 단체의 독립유공자 후손 돕기 본부의 모금 캠페인 글입니다.

1. 가족을 돌볼 여유도, 재산을 모을 겨를도 없이 모든 집과 재산을 독립운동자금으로 사용하며 목숨으로 나라를 지켜주신 독립운동가들은 우리에겐 소중한 광복을 선물해주셨지만, 가족들에게 '가난'이라는 멍에를 물려주었습니다.
2. 많은 독립유공자 후손들이 광복 이후 가산을 모두 빼앗겨 집안은 몰락하였고, 당장 먹고살기도 어려운 형편으로 교육에까지 신경 쓰지 못하다 보니 가난의 대물림은 3대, 4대를 이어가게 되었습니다. 국가보훈처에 따르면 독립유공자 후손 중 직업이 없는 사람이 무려 60%를 넘고, 고정 수입이 있는 봉급생활자는 10%를 조금 웃돈다고 합니다.
3. 거기다 유족 가운데 중병을 앓는 사람이 두 집에 한 집꼴이었고, 중졸 이하 학력이 55%를 넘는다고 합니다. 가난은 의료와 교육의 공백을 낳고, 다시 가난으로 대물림되어 '독립운동을 하면 3대가 망한다'는 것이 현실이 되었습니다.
4. 성균관대학교 서중석 명예교수의 말에 따르면 "대한민국에서 친일파 후손은 선대의 부와 명예를 고스란히 이어받았고, 독립유공자 자손은 선대의 가난과 피해의식을 그대로 이어받아 사는 것이 현실"이라고 합니다.
5. ○○○은 2005년부터 독립유공자 후손 고등학생 40명에게 매년 장학금을 지원하였고(총 350명, 약 2억 7천만 원 장학금 지급), 국내외 독립 유적지를 탐방하는 활동을 해왔습니다. 광복 70주년을 맞는 올해 더 많은 독립유공자 후손들에게 장학금을 지급하고자 합니다.
6. 더 이상 독립유공자 후손 학생들이 '부익부 빈익빈' '빈곤의 대물

림'을 이어받지 않고, 독립유공자의 후손으로서 당당한 꿈을 펼칠 수 있도록 함께해주시기 바랍니다.

1~4를 읽으면 어떤 생각이 들까요? 독립유공자 후손들의 비참한 삶이 안타깝고 그것을 방관하는 우리 사회의 무관심에 부끄러움을 느낄 것입니다. 그러나 이 글을 쓴 용건(결론·주장)은 알 수 없습니다.

5~6을 읽어야 비로소 용건(결론·주장)을 알 수 있습니다. 문제는 이런 글이 끝까지 읽힐 가능성이 없다는 점입니다. 1~4는 대체로 많은 사람에게 알려진 사실입니다. 계속 읽게 만들 별다른 유인 요소도 없습니다.

결국 독자들이 5~6을 읽지 않는다면 이 글의 목적은 달성될 수 없습니다. 잘 쓰고 못 쓰고는 다음 문제입니다. 용건(결론·주장)이 전달되지 않는다면 이런 안내문은 헛수고입니다.

많은 사람들이 착각하는 것이 한 가지 있습니다. 우리는 다른 사람의 글을 끝까지 읽지 않습니다. 한데 글을 쓸 땐 이 사실을 잊어버립니다. 상대방이 끝까지 읽어야 용건을 알 수 있게 글을 쓰는 것입니다. 이러다 보니 제대로 소통이 이뤄지지 않습니다.

이 글은 5~6이 맨 앞으로 와야 합니다. 즉 미괄식에서 두괄식으로 바뀌어야 합니다. 독자들이 5~6만 읽어도 일단 용건은 전달됩니다. 1~4까지 읽는다면 금상첨화입니다. 독립유공자 후손을 도와야 하는 필요성과 의미를 더 깊게 자각하게 될 것입니다. 뒤를 읽을수록 용건의 설득력이 더 높아집니다.

다음은 정부 보고서 〈창조경제혁신센터 구축·운영방안(안)〉입니다.

창조경제혁신센터 구축·운영 방안(안)

Ⅰ 추진 배경

□ 창조경제로의 패러다임 변화가 실질적인 성과로 이어지기 위해서는 **지역 현장으로의 창조경제 확산과 실현**이 중요

- 지역 인재의 창의성을 기반으로 한 창조경제 모델을 확립하여 지역 현장에 창조경제 패러다임을 고루 확산해 나가는 것이 관건

□ 그동안 꾸준한 투자를 통해 **지역 혁신 인프라*가 갖추어져 있어**, 혁신 주체간 **연계·협력할 경우 시너지 창출 가능**

* 예시) 테크노파크(산업부), 중소기업지원센터(지자체), 중소기업진흥공단(중기청), 출연(연) 중소기업지원통합센터(미래부) 등

- 지역에 내재되어 있는 **기존 자원의 효과적인 연계 활용**을 통해 **지역 주도로 지역 맞춤형 발전 모델 발굴·추진 필요**

□ 창업 관련 정책* 발표 및 민간의 참여**등을 통해 **창업 기반은 확대**되고 있으나 **중앙에 편중**

* '글로벌 K-스타트업 2013'('13.5월), '글로벌 창업 활성화 계획'('13.7월) 등

** 청년기업가정신재단, D-camp(은행연합회), K-스타트업(구글 코리아), 패스트트랙아시아(티몬), 스파크랩(개인), 포스코 벤처파트너스, C랩(삼성전자), SK팹랩 등

- 지역 인재의 아이디어가 사업화로 연결되기 위한 **지역 창업생태계 조성 절실**

지역의 자원을 효율적으로 연계·활용하여 지역 인재의 창업활성화, 기업 경쟁력 제고, 제품·서비스의 세계시장 개척 등을 통해 **지역경제 혁신을 이끌어 갈 지역 단위의 창조경제 전진기지 필요**

Ⅱ 추진 방향

비전	지역으로의 창조경제 패러다임 확산을 통해 지역경제 혁신 도모	
추진 전략	기존 자원의 연계를 통한 **지역 혁신 거점 구축**	지역 인재의 **아이디어 사업화·창업 지원**
	• 지역경제의 혁신주체들 간 연계·협업을 통해 지역에 특화된 전략산업 분야의 중소·중견기업 성장을 지원	• 기업가정신 및 기술사업화 교육 등 다양한 프로그램 기획·운영 • 다양한 창조경제 주체간 소통과 협업을 위한 교류 공간 제공·운영

□ **(혁신 거점)** 지역 주도로 선정된 지역별 특화 전략산업 분야의 중소·중견 기업 **성장 및 글로벌 진출을 위한** 관련기관·프로그램 등을 연계·총괄

- 지역내 신산업·신시장 창출을 저해하는 각종 규제개선 사항 등 **지역 경제혁신 아젠다 발굴·추진**
- **관계기관 및 지원사업 연계**를 통해 중소·중견기업의 기술혁신 및 성장사다리 확충 등을 **지원**

□ **(창업 Hub)** 중앙 및 온라인 창조경제타운과 연계, 지역 인재의 창의적 **아이디어 사업화를 통한 창업 지원**

- **기업가정신 및 기술사업화 교육**을 통한 지역 인재의 창업역량 강화
- 예비 창업자 투자자 멘토가 함께 정보를 교류·소통·협업할 수 있는 **개방형 커뮤니티 허브 공간 조성·운영**
- **지역 엑셀러레이터를 육성**하고 중앙·해외 엑셀러레이터와의 **교류·협력** (성공 노하우·사례 공유, 공동 투자 등) 등을 **지원**

◈ **전국 17개 시·도에 '창조경제혁신센터'를 설치**하고 **'창조경제협의회'를 구성·운영**하여 지역 인재의 **아이디어 사업화·창업 및 중소·중견기업의 성장 지원**을 통해 **지역경제 혁신 도모**('15년까지 단계적 추진)

Ⅲ 창조경제혁신센터 운영 계획

1. 지역 혁신 거점

[1] **(연계·협업을 통한 지역 특화 전략산업 분야 기업 육성)** 지역 역량(경제규모, 인프라 등), 기업 현황 및 수요 등을 반영한 지역 특화 전략 산업 분야의 기업을 지역 자원을 결집·연계하여 집중 육성

- 지역 주도로 선정된 지역 특화 전략산업 분야(5개 내외) 기업의 성장 단계별 지원을 위해 효율적인 협업체계 구축

⇨ 산·학·연 전문가 및 전문경영인 중심의 분야별 혁신 커뮤니티 구성·운영을 통해 지역 특화 전략산업 분야의 기업 지원 방안 마련

(지역 특화 전략산업 분야별 혁신 커뮤니티 체계(안))

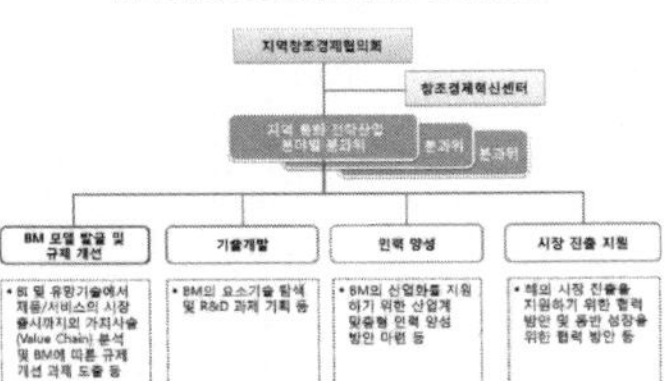

[2] **(중소·중견기업 성장 지원체계 구축·운영)** 지역내 관련기관·조직을 연계하여 각종 기업 애로사항을 온·오프라인에서 지원할 수 있는 지원 체계 구축

(중소·중견기업 성장을 위한 지원체계)

기업	접수	'기업혁신 상담데스크/종합사이트' 운영	연계망	해당 기관
애로사항 접수 (애로기술, 자금 등)	⇨	코디네이터가 애로사항 검토 후 관련기관 송부	⇨	해결 방안 제시 (출연연, 대학 등)

2. 창업 Hub

[1] **(기업가정신 및 기술사업화 교육) 실전 중심의 교육 대상별 맞춤형 교육프로그램**을 개발·도입하여 창의적·기업가적 문화 형성

- 기업가정신, 기술사업화 일반, 창업실무 및 성공 실패 사례 등 교육

※ 지역 창업 전문가(벤처성공인), 출연(연) 기술사업화 분야 연구원, 지역 거점대학 및 과기특성화대 교직원(기술경영학과 교수 등) 등으로 강사 풀 구성

(교육 대상별 맞춤형 프로그램 운영(안))

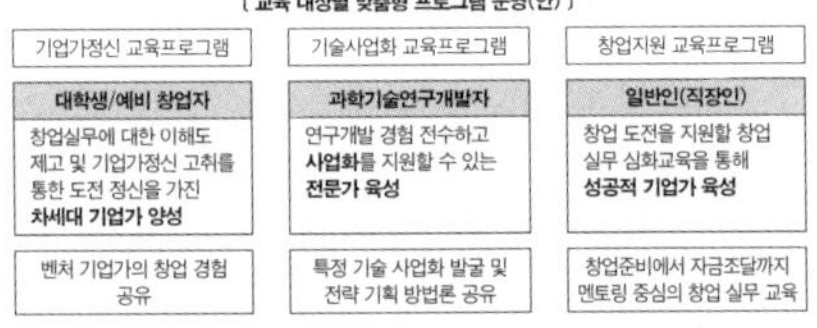

기업가정신 교육프로그램	기술사업화 교육프로그램	창업지원 교육프로그램
대학생/예비 창업자	**과학기술연구개발자**	**일반인(직장인)**
창업실무에 대한 이해도 제고 및 기업가정신 고취를 통한 도전 정신을 가진 **차세대 기업가 양성**	연구개발 경험 전수하고 **사업화를 지원할 수 있는 전문가 육성**	창업 도전을 지원할 창업 실무 심화교육을 통해 **성공적 기업가 육성**
벤처 기업가의 창업 경험 공유	특정 기술 사업화 발굴 및 전략 기획 방법론 공유	창업준비에서 자금조달까지 멘토링 중심의 창업 실무 교육

[2] **(아이디어 사업화 촉진 협력 네트워크 확충)** 지역 인재의 아이디어가 **사업화·창업**으로 이어지도록 **교류·협업** 공간을 조성하고 전문가 창업 지원 멘토링·컨설팅, 기업·투자자와의 상담 등 **다양한 프로그램 운영**

(프로그램 운영계획(안))

구분	프로그램
멘토링 및 컨설팅	• (멘토링) 기술분야 및 투자에 대한 멘토링 실시 • (컨설팅) 법률, 회계, 세무, 특허, 마케팅 등 전문 컨설팅 제공
교육 및 워크숍	• (교육) 기업가정신, 예비 엑셀러레이터 역량강화 등 교육 프로그램 운영 • (워크숍) 글로벌 트렌드, 투자 전문가 세미나 개최
네트워킹 프로그램	• (창업캠프) (예비)창업자와 일반인 대상의 창업캠프 개최 • (교류행사) '엑셀러레이터 데이', '데모데이' 등 개최 • (IR) (예비)창업자와 투자자간 네트워크 형성 및 투자기회 획득
기타	• (영상회의) 영상회의 시스템을 통한 범지역적·글로벌 교류·협업 • (Lunch 데이트) 성공신화를 만든 선배 기업인들과 런치 토크 운영 • (Dinner-Party) 선배창업자, 투자자, 멘토 등과의 만남 행사 개최 • (경진대회) 지역별 창조경진대회 및 컨퍼런스 개최

[3] **(지역내 창업 엑셀러레이팅 강화)** 지역 **엑셀러레이터 발굴·육성** 및 **스타트업 보육·성장 지원**을 통해 **지역 창업 생태계 활성화 도모**

(단계별 육성 방안(안))

(1단계) 지역 엔젤투자자, VC, 기술지주회사 등을 선도 엑셀러레이터*와 연결하여 멘토링 및 교육을 통해 지역 엔젤 네트워크 구축

* 대전 KITE 재단, 고벤처포럼 등으로 자문가단 구성·운영

(2단계) 소규모 투자 자금 지원(정부 매칭)을 통해 발굴된 지역 엔젤투자자, 엔젤클럽 등이 엑셀러레이터로 성장할 수 있도록 지원(엑셀러레이팅 실습)

※ 각종 창업 경연대회 등을 통해 발굴된 우수 창업팀에 공동 투자

(3단계) 보육공간을 구비한 연구중심대학 등과 컨소시엄을 구성하고 글로벌 협력 네트워크 구축 지원*

* 글로벌시장형 창업R&D(중기청), 글로벌엑셀러레이터 육성 프로그램(미래부) 등 연계

[4] **(사업화 지원 플랫폼 구축)** 아이디어가 사업화까지 최소의 시간·비용으로 원스톱 서비스를 제공하는 **「6개월 챌린지 플랫폼」** 구축·운영

- 지역에서 발굴된 우수 아이디어가 **대기업 및 소비자의 사전 검증**을 거쳐 사업화로 이어질 수 있도록 **지원**

(6개월 챌린지 플랫폼 개념 ('민관합동 창조경제추진단' 연계))

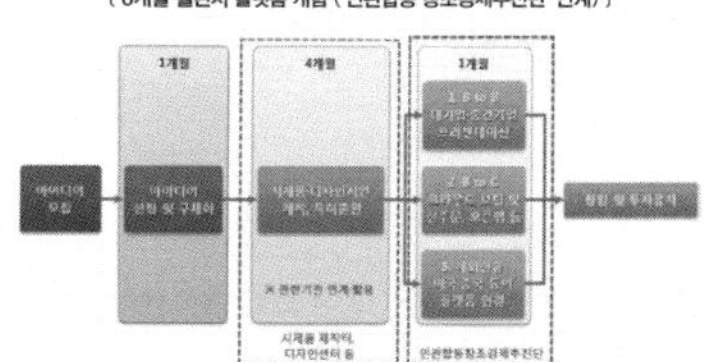

Ⅳ 창조경제혁신센터 구축 계획 및 추진 일정(안)

지역의 경제혁신 주체들을 중심으로 **「창조경제혁신센터」** 구축 및 **「지역창조경제협의회」** 구성·운영

1. 창조경제혁신센터 구축

- **(인원 및 조직)** 지역내 경제단체, 기업, 대학, 출연(연), 지자체 등 지역경제혁신 주체들로 구성(총 10명 내외)하되 파견 및 일부 신규 채용
  - (센터장) 현장 경험, 지역 연고 등을 고려하여 민간 전문가를 초빙
- **(센터 공간)** 사무실, 교류 공간은 필수적으로 조성하고, Fab-Lab 공간 등은 기존 시설(예: 시제품제작터, 창업공작소 등) 활용

2. 지역창조경제협의회 구성·운영

- **(목적)** 지역 특화 전략산업 분야 기업 성장을 위한 아젠다 발굴·추진 및 지역경제 혁신 도모를 위한 각종 현안 협의·추진
- **(구성)** 지역내 경제단체, 기업, 대학, 연구소, 지자체 등의 지도급 인사 30명 내외로 구성하되, 산업계 비중을 가장 높게 구성
  - (회장) 지자체 부단체장 및 민간(경제단체장, 기업CEO 등) 공동회장
  - (당연직 위원) 지역경제 관련 주요 기능을 수행하는 지역기관* 인사

* (예시) 지방 중기청, 테크노파크, 지역발전연구원, 연구개발특구, 거점 대학 등

3. 추진 일정(안)

지역	추진 내용	추진 일정(안)
대전	o 대전창조경제협의회 구성·운영	3월중
	o 대전창조경제혁신센터 개소	3월말
대구	o 대구창조경제협의회 구성·운영	3월중
	o 대구창조경제혁신센터 개소	4월중
기타 지역	o 지역창조경제협의회 구성·운영	4월 이후(단계적 추진)
	o 창조경제혁신센터 개소	하반기(단계적 추진)

Ⅰ 추진 배경은 "지역의 자원을 효율적으로 연계 활용해 지역 인재의 창업 활성화, 기업 경쟁력 재고, 제품·서비스의 세계 시장 개척 등을 통해 지역 경제 혁신을 이끌어갈 지역 단위의 창조경제 전진기지가 필요하다"는 내용입니다. 즉 창조경제 전진기지의 필요성을 강조하고 있습니다.

Ⅱ 추진 방향은 "전국 17개 시·도에 '창조경제혁신센터'를 설치하고 '창조경제협의회'를 구성·운영하여 지역 인재의 아이디어 사업화·창업 및 중소·중견기업의 성장 지원을 통해 지역경제 혁신을 도모한다"는 내용입니다. '혁신 거점'과 '창업 Hub' 전략이 제시됐습니다.

Ⅲ 창조경제혁신센터 운영 계획은 추진 방향에서 제시한 '혁신 거점'과

'창업 Hub' 두 전략에 대해 좀더 자세한 내용을 언급하고 있습니다.

Ⅳ 창조경제혁신센터 구축 계획 및 추진 일정(안)에 가서야 비로소 이 보고서가 전하려는 용건(결론 · 주장)을 만날 수 있습니다. ① 창조경제혁신센터 구축을 위한 인원 및 조직, 공간 ② 지역창조경제협의회의 목적 및 구성 · 운영 방안이 그것입니다.

이 보고서는 미괄식 구성입니다. 이 보고서는 IV를 설명하기 위해 지루하게 원론적인 이야기부터 늘어놓고 있습니다. 결국 II의 하단 상자 내용과 IV가 용건(결론 · 주장)입니다. II와 III은 용건(결론 · 주장)을 좀더 풍부하고 자세하게 설명하고 있습니다. I은 창조경제혁신센터를 구축 · 운영하는 이유 · 근거에 해당합니다.

이렇게 미괄식으로 전개하면 보고서의 초점이 어디에 맞춰진 것인지 헷갈릴 수밖에 없습니다. 창조경제 전진기지의 필요성인지, 창조경제의 비전과 전략인지, 창조경제혁신센터 구축 방안인지 갈피를 잡을 수 없습니다. 의사결정권자는 이 보고서를 다 읽고 난 다음에야 비로소 창조경제혁신센터 구축 방안이 초점이란 사실을 알게 됩니다.

두괄식으로 바꾸면 훨씬 더 명료하고 간단해집니다. 보고서의 시작 부분에 용건(결론 · 주장)인 창조경제혁신센터 구축 방안을 개요로 처리하면 됩니다.

I 개요

▫ 3월부터 전국 17개 시 · 도에 '창조경제혁신센터' 설치, '창조경제협의회' 구성

◦ 창조경제혁신센터 인원 및 조직은 경제단체, 기업, 대학, 출연(연), 지자체 등에서 파견 받거나 신규채용하고 센터장은 민간 전문가 초빙
◦ 지역창조경제협의회는 경제단체, 기업, 대학, 지자체 등 지도급 인사 30명 내외로 구성, 민관이 공동회장

개요가 이 보고서의 초점을 명확하게 가리킵니다. 그것에 따라 나머지 내용의 순서를 바꾸거나 수정하면 됩니다. 개요 뒤에 추진 배경과 IV 창조경제혁신센터 구축 계획 및 추진 일정(안)을 놓습니다. 맨 뒤에 II 추진 방향과 III 운영 계획을 합치고 중복된 부분을 빼면 깔끔한 보고서가 완성됩니다.

다음은 종교평화위원회가 대통령직 인수위원회에 보낸 공문입니다.

1. 무궁한 발전을 기원합니다.
2. 종교평화위원회(이하 종평위)는 우리 사회의 종교차별과 종교편향 사건에 대한 대응, 예방 및 근절 활동을 펼치고 종교평화 실천 활동을 다양하게 전개함으로써 사회통합과 국민화합에 기여하고자 설립한 공식기구입니다.
3. 본 종평위는 최근 제18대 대통령직 인수위원회(이하 인수위)에서 이번 정부조직 개편안 발표를 통해 신설된 '미래창조과학부'의 명칭 사용에 대하여 심각한 우려를 표하는 바 아래와 같이 문제를 제기합니다. 인수위의 조직개편안을 심의, 의결하게 될 각 당의 국회의

원도 본 종평위의 문제제기를 심각하게 고려해주시기 바랍니다.

4. ‘미래창조과학부’라는 명칭은 진화론을 부정하고 창조설을 주장하는 창조과학론을 떠올리게 함으로써 그 종교편향 의도성에 대해 오해를 받기에 충분하다고 생각합니다. 창조과학은 과학계도 인정하지 않는 이론으로 이것은 기독교계에도 나쁜 영향을 끼칠 수 있다고 생각합니다.
5. 또한 최근 인수위 교육과학 분과위원으로 임명된 ○○○ 교수는 진화론을 부정하고 창조론적 교육개혁을 주장하며 교과서 개정을 추진한 한국창조과학회의 일원으로 활동한 바가 있어 그 우려를 증폭시키고 있습니다.
6. 과학기술 발전을 위해 부서를 신설한 것에 대해서는 환영하는 바이나 그 명칭에 있어 창조과학을 직간접적으로 홍보하고 있다고 여겨지며, 기능을 위주로 구체성을 띠어야 할 부서 명칭에 가치지향적인 의미를 담는 것은 부적절하다고 생각합니다. 이는 오해를 불러일으킬 소지가 충분하며, 사회적 혼란을 야기하고 나아가 사회통합을 저해하는 결과를 초래할 것입니다.
7. 이에 본 종평위는 이번 명칭 사용에 대하여 인수위의 공식적인 해명을 요구하는 바이며, 나아가 ‘미래창조과학부’의 명칭을 즉각 개정해줄 것을 강력히 요청합니다. 또한 여야 국회의원도 이러한 우려를 반영해 부서 명칭이 그대로 통과되지 않도록 역할을 해주시기 부탁드립니다.

공문의 시작 부분인 2는 종평위가 어떤 기관인지 설명하고 있습니다. 3은 미래창조과학부 명칭 사용에 대한 심각한 우려를 밝히고 있습니다. 4~6은 미래창조과학부라는 명칭의 부당성을 조목조목 지적하고 이로 인해 빚어질 종교간 갈등을 경고하고 있습니다.

7에는 다양한 요구사항이 혼재돼 있습니다. 인수위의 해명, 미래창조과학부 명칭의 즉각 개정, 국회가 '미래창조과학부' 명칭이 그대로 통과되지 않도록 역할을 해줄 것. 이 공문의 용건(결론·주장)입니다.

해명이라는 저강도 차원의 주문과 명칭 개정이라는 고강도 요구사항이 혼재돼 있습니다. 어떤 요구사항에 초점을 맞춰야 할지 헷갈리게 만들고 있습니다. 국회에 요구할 내용까지 뒤섞여 있어 혼란은 가중되고 있습니다.

이 공문을 받게 될 인수위원회는 종평위의 요구사항이 무엇인지 헷갈릴 것입니다. 용건(결론·주장)이 뒤에 오면서 시작, 중간 부분의 이유·근거에서 언급한 내용을 무리하게 다 담으려다 보니 이렇게 초점이 분산된 것입니다.

'미래창조과학부' 명칭을 즉각 개정해달라는 용건(결론·주장)을 맨 앞에 보내고 나머지 이유·근거, 종평위에 대한 소개를 이어서 나열하면 됩니다. 국회에 대한 요구사항은 삭제하거나 국회에 대해서도 명칭 개정안이 통과되지 않도록 요구하고 있다고 고쳐 인수위를 압박하는 근거로 쓰면 됩니다.

1. 무궁한 발전을 기원합니다.
7. 종교평화위원회(이하 종평위)는 최근 제18대 대통령직 인수위원회(이하 인수위)가 이번 정부조직개편안을 발표하면서 '미래창조과학

부'의 명칭을 사용하는 것에 대해 다른 명칭으로 개정해줄 것을 강력히 요청합니다. 아울러 이번 명칭 사용에 대하여 인수위의 공식적인 해명을 요구합니다(용건).

4. '미래창조과학부'라는 명칭은 진화론을 부정하고 창조설을 주장하는 창조과학론을 떠올리게 함으로써 그 종교편향 의도성에 대해 오해를 받기에 충분하다고 생각합니다. 창조과학은 과학계도 인정하지 않는 이론으로 이것은 기독교계에도 나쁜 영향을 끼칠 수 있다고 생각합니다.
5. 또한 최근 인수위 교육과학 분과위원으로 임명된 ○○○ 교수는 진화론을 부정하고 창조론적 교육개혁을 주장하며 교과서 개정을 추진한 한국창조과학회의 일원으로 활동한 바가 있어 그 우려를 증폭시키고 있습니다.
6. 과학기술 발전을 위해 부서를 신설한 것에 대해서는 환영하는 바이나 그 명칭에 있어 창조과학을 직간접적으로 홍보하고 있다고 여겨지며, 기능을 위주로 구체성을 띠어야 할 부서 명칭에 가치지향적인 의미를 담는 것은 부적절하다고 생각합니다. 이는 오해를 불러일으킬 소지가 충분하며, 사회적 혼란을 야기하고 나아가 사회통합을 저해하는 결과를 초래할 것입니다(근거).

2. 종교평화위원회(이하 종평위)는 우리 사회의 종교차별과 종교편향 사건에 대한 대응, 예방 및 근절 활동을 펼치고 종교평화 실천 활동을 다양하게 전개함으로써 사회통합과 국민화합에 기여하고자 설립한 공식기구입니다.

두괄식을 만드는 방법

다음 칼럼은 미괄식 구성입니다.

올봄, 서울대 인문대학원에서 야간 강의를 들을 기회가 있었다. 그 중 혜초의 《왕오천축국전》에 관한 시간. 교수님이 처음에는 정해진 자료에 따라 강의하다가 점점 관련 연구 이야기를 신나게 하기 시작했다. 당시 인도에 간 구법승이 혜초 외에도 많았는데 그들이 얼마나 살아서 돌아왔는지가 궁금해졌단다. 그래서 온갖 고문헌을 추적해 구법승들의 생환율을 조사하기 시작했다고.

눈을 반짝반짝 빛내며 이 이야기를 하고 있는 교수님을 보며 든 두 가지 생각. '아, 아름답다.' 그리고 '아, 그런데 쓸데없다.' 깨달음의 순간이었다. 인문학의 아름다움은 이 무용(無用)함에 있는 것이 아닐까. 꼭 어디 써먹기 위해서가 아니라 그냥 궁금하니까 그걸 밝히기 위해 평생을 바칠 수도 있는 거다. 물론 구법승 생환율을 토대로 당시의 풍토, 지리, 정세에 관한 연구를 할 수도 있겠지. 그런데 꼭 그런 용도로 연구를 시작하신 것 같진 않았기에 든 생각이다. 실용성의 강박 없이 순수한 지적 호기심만으로 열정적으로 공부하는 것이 학문의 기본 아닐까. 그 결과물이 활용되는 것은 우연한 부산물일 뿐이고. 수학자들은 그 자체로는 어디에 쓸 일 없는 페르마의 마지막 정리를 증명하기 위해 350여 년간 몰두했다. 그 시행착오의 과정에서 많은 수학 이론의 발전이 이루어졌다.

'인문학적 경영' 운운하며 문사철 공부하면 스티브 잡스처럼 떼돈 벌

길이 열리지 않을까 기대하는 CEO들께는 죄송하지만, 잡스는 나중에 뭘 하려고 리드 대학에 가서 인문학 공부를 한 것이 아니다. 그는 그저 히피, 외톨이, 괴짜들과 어울려 쓸데없이 놀다가 한 학기 만에 중퇴한 후 예쁜 글씨 쓰기에 매료되어 캘리그라피 강좌를 청강했다. 매킨토시의 아름다운 서체는 여기서 나왔다. 쓸데없이 노는 시간의 축적이 뒤늦게 화학작용을 일으키곤 하는 것이다.

현재 쓸모 있어 보이는 몇 가지에만 올인하는 강박증이야말로 진정 쓸데없는 짓이다. 세상에는 정말로 다양한 것이 필요하고 미래에 무엇이 어떻게 쓸모 있을지 예측하는 건 불가능하다. 그리고 무엇이든 그게 진짜로 재미있어서 하는 사람을 당할 도리가 없다.

물론 슬프게도 지금 몰두하고 있는 모든 것이 언젠가 쓸모 있어지는 것은 아니다. 그 또한 실용성의 강박에서 벗어나지 못한 로또 긁는 소리다. 하지만 최소한 그 일을 하는 동안 즐겁고 행복했다면 이 불확실한 삶에서 한 가지 확실하게 쓸모 있는 일을 이미 한 것 아닐까.

— 중앙일보, 문유석, 〈쓸데없음의 가치〉

어떻게 하면 두괄식으로 바꿀 수 있을까요?

1. 먼저 칼럼의 논증을 요약합니다. 이 글이 궁극적으로 독자에게 전하고 싶은 용건(결론·주장)과 그것을 뒷받침하는 이유·근거를 찾아내는 것입니다.
2. 그것에 따라 용건(결론·주장) 부분을 먼저 쓰고 이유·근거를 그 다음에 씁니다. 내용 단락의 첫 문장에 핵심 문장을 배치합니다.
3. 핵심 문장은 번호를 매기고 그 아래 관련 내용을 적당한 크기의

덩어리로 뭉쳐놓습니다. 이렇게 내용을 구획화하면 더 명료하게 전달할 수 있습니다.

4. 핵심 문장 부분은 전부 볼드 처리를 합니다. 바쁠 땐 볼드 처리된 부분만 보고도 내용을 파악할 수 있도록 배려하는 것입니다. 전체 글을 읽을 때에도 핵심 문장을 미리 파악했기 때문에 훨씬 빠르고 정확하게 이해할 수 있습니다.

다음과 같이 논증을 요약해볼 수 있습니다.

□ 용건(결론·주장)
  ◦ 쓸데없는 것도 가치가 있음(현재 쓸모 있어 보이는 몇 가지에만 올인하는 강박증이야말로 진정 쓸데없는 짓)

□ 이유·근거
  ◦ 세상에는 다양한 것이 필요하고 미래에 무엇이 어떻게 쓸모 있을지 예측하는 건 불가능
    - 수학자들이 어디에 쓸 일 없는 페르마의 마지막 정리를 증명하기 위해 350여 년간 몰두하는 과정에서 수학 이론이 발전
    - 스티브 잡스의 경우 학교 중퇴 후 캘리그라피에 매료됐고 그것이 매킨토시 서체로 이어짐
  ◦ 최소한 그 일을 하는 동안 즐겁고 행복했다면 그것이 확실한 쓸모 있는 일
    - 서울대 교수의 혜초 시대 구법승 생환율 조사처럼 실용성의 강박 없이 순수한 지적 호기심만으로 열정적으로 공부하는 것이 학문의 기본

두괄식으로 수정해볼까요.

쓸데없는 것도 가치 있다. 오히려 현재 쓸모 있어 보이는 몇 가지에 만 올인하는 강박증이야말로 진정 쓸데없는 짓이다. 그 이유는 대략 두 가지다.

첫째, 세상에는 다양한 것이 필요하고 미래에 무엇이 어떻게 쓸모 있을지 예측하는 건 불가능하기 때문이다.

수학자들은 그 자체로는 어디에 쓸 일 없는 **페르마의 마지막 정리**를 증명하기 위해 350여 년간 몰두했다. 그 시행착오의 과정에서 많은 수학 이론의 발전이 이루어졌다.

'인문학적 경영' 운운하며 문사철 공부하면 스티브 잡스처럼 떼돈 벌 길이 열리지 않을까 기대하는 CEO들께는 죄송하지만, 잡스는 나중에 뭘 하려고 리드 대학에 가서 인문학 공부를 한 것이 아니다. 그는 그저 히피, 외톨이, 괴짜들과 어울려 쓸데없이 놀다가 한 학기 만에 중퇴한 후 예쁜 글씨 쓰기에 매료되어 **캘리그라피 강좌를 청강**했다. 매킨토시의 아름다운 서체는 여기서 나왔다. 쓸데없이 노는 시간의 축적이 뒤늦게 화학작용을 일으키곤 하는 것이다.

무엇이든 그게 진짜로 재미있어서 하는 사람을 당할 도리가 없다. 물론 슬프게도 지금 몰두하고 있는 모든 것이 언젠가 쓸모 있어지는 것은 아니다. 그 또한 실용성의 강박에서 벗어나지 못한 로또 긁는 소리다.

둘째, 최소한 그 일을 하는 동안 즐겁고 행복했다면 이 불확실한 삶에서 한 가지 확실하게 쓸모 있는 일을 이미 한 것이다.

올봄, 서울대 인문대학원에서 야간 강의를 들을 기회가 있었다. 그

중 혜초의《왕오천축국전》에 관한 시간. 교수님이 처음에는 정해진 자료에 따라 강의하다가 점점 관련 연구 이야기를 신나게 하기 시작했다. 당시 인도에 간 구법승이 혜초 외에도 많았는데 그들이 얼마나 살아서 돌아왔는지가 궁금해졌단다. 그래서 온갖 고문헌을 추적해 **구법승들의 생환율을 조사**하기 시작했다고.

눈을 반짝반짝 빛내며 이 이야기를 하고 있는 교수님을 보며 든 두 가지 생각. '아, 아름답다.' 그리고 '아, 그런데 쓸데없다.' 깨달음의 순간이었다. 인문학의 아름다움은 이 무용(無用)함에 있는 것이 아닐까. 꼭 어디 써먹기 위해서가 아니라 그냥 궁금하니까 그걸 밝히기 위해 평생을 바칠 수도 있는 거다. 물론 구법승 생환율을 토대로 당시의 풍토, 지리, 정세에 관한 연구를 할 수도 있겠지. 그런데 꼭 그런 용도로 연구를 시작하신 것 같진 않았기에 든 생각이다. 실용성의 강박 없이 순수한 지적 호기심만으로 열정적으로 공부하는 것이 학문의 기본 아닐까. 그 결과물이 활용되는 것은 우연한 부산물일 뿐이고.

핵심+두괄식=OPP, OPR

다음은 어느 지자체의 보고서입니다. 이 보고서의 내용을 일별하면 이렇습니다. 제목 아래 상자 안 개요에 이렇게 적고 있습니다. '2004년 4월 27일 개소된 건설사업소의 직제 및 분장 사무를 현실에 적합하도록 개선하여 날로 발전하는 건축문화 및 공사품질에 부합하여 공공건축물 품질향상을 도모하고자 함.' 한마디로 직제 및 업무분장을 현실에 적합하도록 개선해달라는 요구입니다. 어떻게 개선해달라는 것인지는 아직 알 수 없습니다.

1~3번에 기구표 및 정원, 현원, 직원 현황, 사무분장표를 정리했습니다. 4번에 건설사업소의 한계, 문제점을 지적하고 있습니다. '본청의 숙련된 기술직 공무원들은 승진의 불이익과 근무평가 등을 이유로 사업소 근무를 기피할 수밖에 없고, 하급직(신규직 및 8, 9급) 직원 배치와 잦은 인사발령으로 경험 축적 기간 부족과 전문성 확보의 어려움 발생.' 5번에 다른 시군 사례가 언급됩니다.

6번에 강화대책, 즉 해결 방안으로 '건설사업소를 도시계획국 산하 과 단위로 편제'하고 '팀 및 인력을 재조정'해달라는 요구가 제시됩니다. 7번은 기대 효과로 '업무 중요도 및 특성에 부합하는 인력으로 개편하여 전문성을 극대화하여 업무역량 증대에 따른 현대화된 건축물

건설사업소 직제변경 계획안

2004년 4월 27일 개소된 건설사업소의 직제 및 분장 사무를 현실에 적합하도록 개선하여 날로 발전하는 건축문화 및 공사품질에 부합하여 공공건축물 품질향상을 도모하고자 함.

1. 기구 및 정·현원

□ 기구

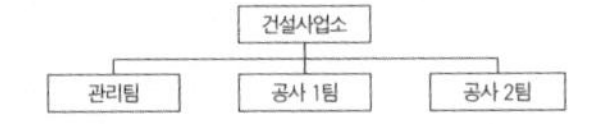

□ 정·현원

직급별 현황

구분	임원	5급	6급	7급	8급	9급	기능직	별정직	계약직
정원	17	1	3	6	2	4	1		
현원	17	1	3	7	3	2	1		
증·감	-			+1	+1	△2			

직렬별 현황

구분	계	일반직						기능직
		행정	시설		공업		통신	
			건축	토목	기계	전기		
현원	17	3	5	4	1	2	1	1

□ 주요 분장 사무

○ 본청, 소속기관 및 하부행정기관 청사 신·증·개축 공사
○ 도서관, 박물관 등 문화시설 공사
○ 사회복지시설 공사

2. 직원 현황

소속	지위(직급)	성명	생년월일	최초 임용일	현직급 임용일	현부서 임용일
건설사업소	소장					
관리팀	팀장					
	행정7급					
	행정7급					
	기능9급					
공사1팀	팀장					
	시설7급					
	공업7급					
	시설7급					
	시설8급					
	공업9급					
	시설9급					
공사2팀	팀장					
	시설7급					
	통신7급					
	시설8급					
	공업8급					

3. 사무분장표

팀명	지위(직급)	성명	분장사무	업무 대행자
건설사업소			○ 소 업무 총괄	
관리1팀			○ 기성검사 현장 확인 ○ 공사입찰 및 용역 계약 ○ 소 서무일반, 지출 ○ 관급자재조달 및 물품관리	
공사1팀			○ 건축분야 설계, 감독지원 ○ 설비분야 설계, 감독지원 ○ 건축전기 및 전기업무 ○ 소방(전기)분야 총괄	
공사2팀			○ 건축분야 공사감독 ○ 통신분야 공사감독 ○ 토목, 소규모 건축분야 공사감독 ○ 전기, 소방분야 공사감독	

4. 건설사업소의 한계(문제점)

□ **건설사업소의 역할**

- ○ 본청, 소속기관 및 하부행정기관 청사 신·증·개축 공사를 효율적으로 수행하고
- ○ 나날이 발전하는 건축 시공기술 및 건축설비 발전에 부응하여 건축미관과 기능 등에서 미래 지향적인 공공건축물 건립을 추진하여 도시미관을 개선하고
- ○ 최적의 예산으로 최고 품질의 공공 건축물 건립을 추진하기 위함.

□ **역할 충실의 어려움**

- ○ 직제상 시 산하 사업소로 편제가 되어 있어 상대적으로 본청(실·과)에 비하여 공사 관련 실무경험과 숙련도가 낮은 공무원이 배치됨으로 전문성 확보에 어려움이 많으며,
- ○ 본청의 숙련된 기술직 공무원들은 승진의 불이익과 근무평가 등을 이유로 사업소 근무를 기피할 수밖에 없고,
- ○ 또한 하급직(신규직 및 8, 9급) 직원 배치와 잦은 인사발령으로 경험 축적 기간 부족과 전문성 확보의 어려움 발생.

□ **사업소 기능 취약**

- ○ 시행령 제77조 1호에 의거 사업소로 운영되어 효율적인 면보다 과단위 업무로 추진되어도 하등의 문제가 없으며 인력 수급 및 업무 협조 측면에서도 효과적인 업무 추진이 가능
- ○ 지방자치법 제114조 및 동법 시행령 제77조 1호에 의한 사업소의 설치기준에 부합되지 않음

> ※ 지방자치법 시행령
> 제77조 (사업소의 설치) 지방자치단체는 다음 각 호의 요건을 갖춘 경우에는 법 제114조에 따라 사업소를 설치할 수 있다. 다만, 일정기간 후에 끝나는 사업을 추진하기 위한 경우에는 사업소를 한시적으로 설치한다.
> 1. 업무의 성격이나 업무량 등으로 보아 별도의 기관에서 업무를 수행하는 것이 효율적일 것
> 2. 사업장의 위치상 현장에서 업무를 추진하는 것이 효율적일 것

5. 타 시 사례

□ **성남시: 도시주택국 시설공사과**

- ○ 시청 내 5급 과 단위로 3개팀(건축1, 2, 기전팀) 15명으로 구성되어 있으며 우리시 건설사업소와 동일한 업무를 추진하고 있음.

□ **부천시: 도시국 시설공사과**

- ○ 시청 내 5급 과 단위로 4개팀(시설행정, 시설공사, 건축시설, 시설물관리) 17명으로 구성되어 우리시 건설사업소와 동일한 업무를 추진하되
- ○ 건축공사의 폭이 넓고 하자관리 및 보상업무를 포함하고 있음.

□ **안산시: 사업소 미래도시개발사업단**

- ○ 5급 사업소로 우리시와의 차이점은 공공개발 업무를 추가하여 5담당 총 23명으로 구성되어 있음.
- ○ 관리담당, 공공개발 1, 2담당, 공사 1, 2담당

□ **고양시: 사업소 건설사업소**

- ○ 4급 사업소로 3개과(개발과, 공사과, 국제전시과)를 두고 있으며
- ○ 우리시 건설사업소와 동일한 업무를 추진하고 있는 공사과는 4개팀(공사1, 2, 3, 4) 총 16명으로 구성되어 있음.
- ○ 3개과 편제

6. 강화대책(개선 방안)

□ **건설사업소 직제를 과(課) 체계로 변경**

- ○ 건축 시설공사를 주 업무로 하고 있는 건설사업소의 업무특성에 맞도록 과 체계 명칭변경
  - 제 1안) 건축시설과
  - 제 2안) 건축공사과
  - 제 3안) 시설공사과

□ **직제 및 편제 조정**

- ○ 건설사업소를 도시계획국 산하 과 단위로 편제하여 경험과 전문성을 갖출 수 있는 부서가 되도록 하여 건축시설공사의 품질향상을 기대

□ **팀 및 인력(직렬) 재조정**

- ○ 과 단위로 변경됨에 따라 부득이 조정되는 관리팀(계약 및 회계 등)의 업무를 재배치하고
- ○ 건축공사 업무 및 규모대비 과다한 시설직(토목분야) 인력을 조정하는 등 현실에 맞도록 인력을 재조정하여 업무효율 증진 도모.
- ○ 인력 및 직렬 조정
  - 관리팀의 행정지원 업무를 2명(행정7 2명)으로 축소 분산배치
  - 업무대비 과다한 시설직(토목분야)을 7급 1명으로 축소 전문화
  - 업무대비 부족한 시설직(건축분야)을 충원하여 건축공사의 품질향상을 기하고 소규모 공사의 자문업무 등을 원활히 수행
  - 건축설비팀 신설에 따른 공업분야(전기·기계) 인력을 충원 날로 증가되는 건축설비(경관조명, 자동제어, 냉·난방 등)분야 품질향상 도모
- ○ 팀 조정(안)

구분		주요업무
당초	관리팀	입찰, 계약, 회계 서무, 관급자재 관련
	공사1팀	본청 및 소속기관 청사 신·증·개축공사, 복지시설 등
	공사2팀	구청청사 신·증·개축공사, 사회 및 문화시설 등
변경	공사1팀	본청 및 소속기관 청사 신.증.개축공사, 복지시설 등
	공사2팀	구청청사 신.증.개축공사, 사회 및 문화시설 등
	건축설비팀	과내 건축설비(전기, 기계, 소방, 통신)

7. 기대 효과

□ 직제 및 인력조정을 통한 업무효율 증대

- ○ 본청 도시계획국 산하 과로 편제됨에 따라 경험과 능력 있는 전문성을 겸비한 분야별 기술직 공무원을 배치하는데 용이하고
- ○ 업무 중요도 및 특성에 부합하는 인력으로 개편하여 전문성을 극대화하여 업무역량 증대에 따른 현대화된 건축물 건립 및 품질향상을 기대함으로 건설사업소 개소 취지에 부합되는 업무추진 가능
- ○ 현대 건축물의 중요 부분인 건축설비(전기, 기계)의 전문성을 극대화할 수 있는 기회를 마련 공공 건축물의 기능 현대화에 일조.
- ○ 아울러 본청에서 업무를 추진함으로 업무 관련 협의 및 추진속도가 단축되어 원활한 업무추진 효과기대

8. 보고자 의견

- ○ 우리시보다 앞서 건설사업소를 운영했던(또는 운영중인) 타 시는 시행착오를 통한 업무 효율을 높이기 위해 4급 사업소 또는 5급의 과(課) 단위로 편제하여 운영되고 있으며
- ○ 향후 사업범위 확대와 기구 조정이 이루어진다면 4급 체계의 사업소(또는 사업단)로 운영되는 것도 가능하다 생각되나
- ○ 우리시 건설사업소의 개소 취지 및 현재 진행 중인 업무를 고려한다면 성남시 및 부천시와 같이 5급 과장 중심의 과 단위로 편제하여 운영하는 것이 가장 현실적이라 판단되므로
- ○ 건설사업소를 직제 및 편제를 도시계획국 산하 건축시설과 3개팀(공사1팀, 2팀, 건축설비팀)으로 조정하여 전문성을 높이고
- ○ 또한 날로 확대되고 중요시 되고 있는 건축설비분야(경관조명, 자동제어, 소방, 통신, 냉난방 등)에 대하여도 중점적으로 확대 보강하여 현대화되고 내실 있는 공공건축물 건립이 가능하도록 하는 것이 바람직하다고 사료됩니다.

붙임 1. 사업소설치·운영에 관한 지침(사본) 1부.
2. 타 시·군 직제현황 4부. 끝

건립 및 품질향상을 기대함으로 건설사업소 개소 취지에 부합되는 업무추진 가능'하다고 전망합니다. 8번은 강화대책의 내용을 되풀이합니다.

이 보고서의 용건은 무엇일까요? 6번 강화대책(8번 보고자 의견)입니다. 이것을 뒷받침하는 이유·근거는 무엇일까요? 문제점과 기대효과입니다. 이렇게 세 부분으로 이뤄진 논리 구조가 이 보고서의 핵심입니다.

> 용건: 건설사업소를 도시계획국 산하 과 단위로 편제하고 팀과 인력을 재조정해줄 것(강화대책).
> 이유·근거: 인사상 불이익 때문에 숙련된 직원이 들어오지 않고 잦은 인사발령으로 전문성 확보가 어려움(문제점). 편제 및 팀과 인력을 재조정하면 전문성이 극대화돼 업무역량이 증대(기대 효과).

이 보고서를 그림으로 표현하면 그림 1과 같습니다. 핵심과 참고가 분리되지 않은 보고서입니다. 전체 내용을 한 체계 속에서 다루고 있고 핵심이 보고서 중간중간에 간헐적으로 등장합니다. 우리나라 보고서 상당수가 이런 유형에 속합니다.

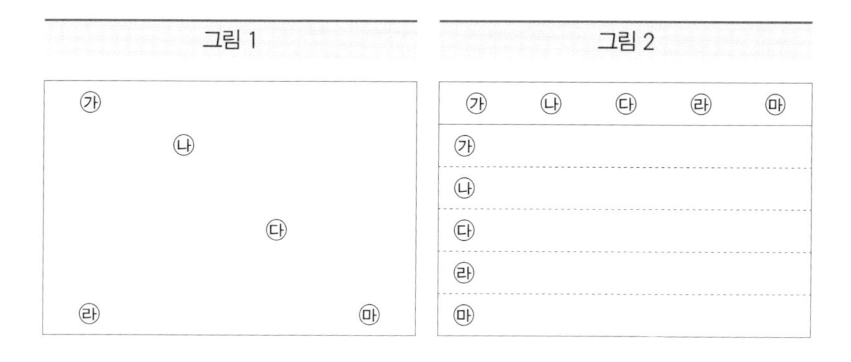

이런 보고서는 의사결정권자를 힘들게 만듭니다. 여섯 페이지 전체를 정독하지 않으면 안 됩니다. 처음부터 끝까지 주의력을 잃지 않고 집중해야만 핵심을 놓치지 않습니다. 이 보고서를 작성하는 사람도 매우 힘들었을 것입니다. 이렇게 많은 내용을 하나의 통일된 구성 체계 속에서 소화하는 것은 결코 쉽지 않은 일입니다. 이 보고서는 쓰기도 어렵고, 읽기도 어렵습니다.

그림 2처럼 핵심을 추출하고 두괄식 구성 방법을 활용해 보고서를 작성해야 합니다. 핵심을 OPP, OPR로 만들거나 맨 앞장으로 보냅니다. 나머지 참고는 핵심의 배열 순서에 따라 첨부 자료로 뒤에 붙이면 됩니다. 핵심과 참고 사이에 하이퍼링크 처리를 합니다.

의사결정권자는 핵심(OPP, OPR)만 읽으면 됩니다. 핵심을 읽다 의문이 생기거나 더 알고 싶으면 하이퍼링크를 눌러 참고를 읽으면 됩니다. 이렇게 핵심과 참고를 분리하면 작성자도 편리합니다. 핵심만 추출하면 나머지 내용을 구성하고 배열하는 문제는 자동으로 해결됩니다.

건설사업소 직제변경 계획안

1. 개요

▫ 건설사업소는 본청 외 사업소로 편제돼 숙련도 높은 공무원들은 근무를 기피하고 잦은 인사발령으로 전문성 확보가 어려움

▫ 전문성 및 업무효율을 증대하기 위해 건설사업소를 본청 내 도시계획국 산하 과로 편제하고 팀 및 인력을 재조정해줄 것을 요청 드림

2. 현황 ☞

▫ 기구: 건설사업소 산하에 공사1팀, 공사2팀, 관리팀(정 · 현원 17명)

▫ 주요 분장 사무 ☞

○ 본청, 소속기관 및 하부행정기관 청사 신 · 증 · 개축 공사

○ 도서관, 박물관 등 문화시설 공사, 사회복지지설 공사

3. 문제점

▫ 건설사업소 전문성 확보 어려움

○ 직제상 시 산하 사업소로 편제, 본청(실 · 과)에 비해 공사 관련 실무경험과 숙련도가 낮은 공무원이 배치

○ 본청 숙련 공무원들은 승진의 불이익 등을 이유로 사업소 근무 기피해 하급직(신규직 및 8,9급) 직원 배치, 잦은 인사발령

○ 지방자치법 제114조 및 동법 시행령 제77조 1호에 의한 사업소의 설치기준에 부합되지 않음 ☞

▫ 우리시와 동급 규모 타 시는 4급 사업소, 5급 과(課) 단위로 편제 ☞

4. 개선 방안 ☞

▫ 직제 및 편제 조정: 건설사업소를 도시계획국 산하 과 단위로 편

▫ 건축설비(경관조명, 자동제어 등) 품질향상 도모 위해 건축설비팀 신설

▫ 관리팀(계약 및 회계 등) 업무를 재배치하고 과다한 시설직(토목분야) 인력 조정

○ 관리팀의 행정지원 업무를 2명(행정7 2명)으로 축소 분산배치

○ 업무대비 과다한 시설직(토목분야)를 7급 1명으로 축소하고 부족한 시설직(건축분야)을 충원

○ 건축설비팀 신설에 따라 공업분야(전기 · 기계) 인력을 충원

〈첨부자료〉

1 직급별 직렬별 현황 ☞

직급별 현황

구분	임원	5급	6급	7급	8급	9급	기능직	별정직	계약직
정원	17	1	3	6	2	4	1		
현원	17	1	3	7	3	2	1		
증·감	–			+1	+1	△2			

직렬별 현황

구분	계	일반직						기능직
		행정	시설		공업		통신	
			건축	토목	기계	전기		
현원	17	3	5	4	1	2	1	1

2 직원현황 및 사무분장표 ☞

팀명	지위(직급)	성명	분장사무	업무 대행자
건설사업소			○ 소 업무 총괄	
관리1팀			○ 기성검사 현장 확인 ○ 공사입찰 및 용역 계약 ○ 소 서무일반, 지출 ○ 관급자재조달 및 물품관리	
공사1팀			○ 건축분야 설계, 감독지원 ○ 설비분야 설계, 감독지원 ○ 건축전기 및 전기업무 ○ 소방(전기)분야 총괄	
공사2팀			○ 건축분야 공사감독 ○ 통신분야 공사감독 ○ 토목, 소규모 건축분야 공사감독 ○ 전기, 소방분야 공사감독	

3 지방자치법 시행령 ☞

제77조 (사업소의 설치) 지방자치단체는 다음 각 호의 요건을 갖춘 경우에는 법 제114조에 따라 사업소를 설치할 수 있다. 다만, 일정기간 후에 끝나는 사업을 추진하기 위한 경우에는 사업소를 한시적으로 설치한다.

1. 업무의 성격이나 업무량 등으로 보아 별도의 기관에서 업무를 수행하는 것이 효율적일 것
2. 사업장의 위치상 현장에서 업무를 추진하는 것이 효율적일 것

4 타 시 사례 ☞

□ **성남시: 도시주택국 시설공사과**

○ 시청 내 5급 과 단위로 3개팀(건축1, 2, 기전팀) 15명으로 구성되어 있으며 우리시 건설사업소와 동일한 업무를 추진하고 있음.

□ **부천시: 도시국 시설공사과**

○ 시청 내 5급 과 단위로 4개팀(시설행정, 시설공사, 건축시설, 시설물관리) 17명으로 구성되어 우리시 건설사업소와 동일한 업무를 추진하되

○ 건축공사의 폭이 넓고 하자관리 및 보상업무를 포함하고 있음.

□ **안산시: 사업소 미래도시개발사업단**

○ 5급 사업소로 우리시와의 차이점은 공공개발 업무를 추가하여 5담당 총 23명으로 구성되어 있음.

○ 관리담당, 공공개발 1, 2담당, 공사 1, 2담당

□ **고양시: 사업소 건설사업소**

○ 4급 사업소로 3개과(개발과, 공사과, 국제전시과)를 두고 있으며

○ 우리시 건설사업소와 동일한 업무를 추진하고 있는 공사과는 4개팀(공사1, 2, 3, 4) 총 16명으로 구성되어 있음.

○ 3개과 편제

5. 과 명칭 후보 및 팀 조정(안) ☞

□ **명칭**

○ 제1안) 건축시설과

○ 제2안) 건축공사과

○ 제3안) 시설공사과

□ **팀 조정(안)**

구분		주요업무
당초	관리팀	입찰, 계약, 회계 서무, 관급자재 관련
	공사1팀	본청 및 소속기관 청사 신·증·개축공사, 복지시설 등
	공사2팀	구청청사 신·증·개축공사, 사회 및 문화시설 등
변경	공사1팀	본청 및 소속기관 청사 신.증.개축공사, 복지시설 등
	공사2팀	구청청사 신.증.개축공사, 사회 및 문화시설 등
	건축설비팀	과내 건축설비(전기, 기계, 소방, 통신)

붙임 1. 사업소설치·운영에 관한 지침(사본) 1부.

2. 타 시·군 직제현황 4부. 끝

앞의 자료는 〈건설사업소 직제변경 계획안〉을 OPP로 만들고 나머지 내용을 첨부 자료 만든 예시입니다. OPP와 첨부자료를 하이퍼링크(☞)로 연결했습니다. 기대 효과와 보고자 의견 등 불필요한 내용은 생략했습니다. 읽기도 쉽고 쓰기도 쉬운 보고서입니다.

다음의 보고서(서울시)도 그림 1 유형의 보고서입니다. 이 보고서는 제목 아래 요금조정의 취지를 설명하고 관련 근거 및 절차를 두 페이지에 걸쳐 나열하고 있습니다. 이 보고서의 용건은 3~4페이지까지 읽어야 드러납니다. 2015년 6월 27일 새벽 4시부터 도시철도(지하철) 요금을 200원, 버스 요금을 150~450원 인상하겠다는 결정입니다. 중괄식 구성입니다. 핵심 파악이 어렵습니다.

대중교통(지하철·버스) 요금조정 범위 결정

대중교통 운송기관의 원가보전율 및 적자구조를 개선하여 안전확보 및 서비스 개선 재원을 마련하는 한편 수요분산 및 교통복지를 위한 요금제도를 개선하고자 지하철·버스의 요금 기준을 조정하고자 함

Ⅰ 관련 근거 및 절차

□ **관련 근거**

○ **지하철 요금조정: 도시철도법 제31조**(운임의 신고 등)

- "도시철도운송사업자는 도시철도의 운임을 정하거나 변경하는 경우에는 원가(原價)와 버스 등 다른 교통수단 운임과의 형평성 등을 고려하여 시·도지사가 정한 범위에서 운임을 정하여 시·도지사에게 신고하여야 한다."

○ **버스 요금조정: 여객자동차운수사업법 제8조**(운임·요금의 신고 등)

- "여객자동차운송사업의 면허를 받은 자는 국토교통부장관 또는 시·도지사가 정하는 기준과 요율의 범위에서 운임이나 요금을 정하여 국토교통부장관 또는 시·도지사에게 신고하여야 한다.

➡ ◇ 대중교통 요금조정은 시도지사가 요금범위를 결정하고 그 범위 내에서 운송기관이 변경운임을 시·도지사에게 신고

□ **요금조정 절차**

요금 조정 계획 수립	➡	시의회 의견 청취	➡	관련 위원회 심의	➡	요금범위 결정 및 통보(신고)	➡	운임조정 공고·시행
관련 지자체, 운송기관 협의		교통위원회 및 본회의		버스정책시민/물가대책위원회		• 市 결정 → 운송 기관 통보 • 운송기관 → 市 신고		시행 1주전 공고 (운송기관)

Ⅱ 그간 추진 경위

□ **수도권 관련기관 협의**('14.8월~)

○ 경기·인천·코레일 실무자 및 과장급 회의 10회 개최

○ 본부장급 회의로 요금조정 공동추진 및 세부내용 합의('15.4.1)

- 요금조정 공동추진 및 시기 합의, 요금할인제도 시행 합의 등

○ 수도권 전철 연락운송기관 회의개최('15.3~, 9개 기관, 총5회)

- 지하철 요금 조정범위 및 요금징수 시스템 개선 일정 등 논의

- 요금할인제 및 영주권 어르신 무임승차 시행 여부 결정 등

□ **시의회 의견청취**('15.4월)

○ 교통위원회 의견청취('15.4.20): 조건부 동의

구분	현행요금	의견 청취(안)				수정 동의안	
		인상폭		조정요금			
		1안	2안	1안	2안	인상폭	조정요금
지하철	1,050원	250원	200원	1,300원	1,250원	200원(2안)	1,250원
간·지선버스	1,050원	150원		1,200원		150원(원안)	1,200원
광역버스	1,850원	450원		2,300원		450원(원안)	2,300원
순환버스	850원	250원		1,100원		250원(원안)	1,100원
심야버스	1,850원	350원		2,200원		300원(수정)	2,150원
마을버스	750원	100원		850원		150원(수정)	900원

○ 본회의 상정('15.4.23): 원안 가결

□ **버스정책시민위원회 심의**('15.5.8)

○ 버스 요금조정 계획(안): 원안가결

□ **물가대책위원회 심의**('15.6.18)

○ 대중교통(지하철, 버스) 요금조정 계획(안): 원안가결

Ⅲ 대중교통 요금조정 범위

《요금 조정 요약》

- 도시철도(지하철)요금: 200원 인상(1,050원 → 1,250원)
- 시내버스 요금
  - 간·지선, 마을버스: 150원 인상(1,050 → 1,200원, 750 → 900원)
  - 광역버스: 450원 인상 (1,850원 → 2,300원)
  - 순환버스: 250원 인상 (850원 → 1,100원)
  - 심야버스: 300원 인상 (1,850원 → 2,150원)
- 지하철 단독이용 시 요금
  - 40km 초과시 매 10km 100원 ⇒ 50km 초과시 매 8km 100원 추가
- 시간대별 차등요금
  - 조조시간대(첫차~06:30이전) 첫 승차 기본요금의 20% 할인
- 청소년, 어린이 요금 동결(교통카드 이용시)
- 외국인 영주권 어르신(65세 이상) 지하철 무임승차제 도입(안)

□ **대중교통 기본요금 총괄표**

구분		현행 요금(원)		요금 조정			비고
				조정요금(원)		조조할인요금	
		카드요금	현금요금	카드요금	현금요금	(카드요금)	
지하철	일반	1,050원	1,150원	1,250원	1,350원	1,000원	• 청소년, 어린이 카드요금 동결, • 카드·현금요금 동일
	청소년	720원	1,150원	720원	1,350원	580원	
	어린이	450원	500원	450원	450원	360원	
간지선 버스	일반	1,050원	1,150원	1,200원	1,300원	960원	• 청소년 카드요금 동결, • 청소년 현금요금 일반요금 동일, • 어린이 카드·현금 요금 동결
	청소년	720원	1,000원	720원	1,300원	580원	
	어린이	450원	450원	450원	450원	360원	
광역 버스	일반	1,850원	1,950원	2,300원	2,400원	1,840원	
	청소년	1,360원	1,800원	1,360원	2,400원	1,090원	
	어린이	1,200원	1,200원	1,200원	1,200원	960원	
순환 버스	일반	850원	950원	1,100원	1,200원	880원	
	청소년	560원	800원	560원	1,200원	450원	
	어린이	350원	350원	350원	350원	280원	
심야 버스	일반	1,850원	1,950원	2,150원	2,250원	-	
	청소년	1,360원	1,800원	1,360원	2,250원	-	
	어린이	1,200원	1,200원	1,200원	1,200원	-	
마을 버스	일반	750원	850원	900원	1,000원	720원	
	청소년	480원	550원	480원	1,000원	380원	
	어린이	300원	300원	300원	300원	240원	

Ⅳ 대중교통 요금조정 시기

□ **요금조정 일시: '15년 6월 27일(토) 04:00부터(첫차)**

- ○ **동시 요금조정을 위한 수도권 관련기관 행정절차 완료**
- ○ **수도권 교통카드 시스템 개선 완료**

《행정절차 및 시스템 개선 현황》

수도권 관련기관 행정절차 추진 현황

○ **한국철도공사(코레일) 이사회 의결 완료**('15.5.21)
- 이사회 의결내용으로 국토교통부와 사전 협의 완료
- 우리시 요금조정 결정 후 운임상한을 지정 · 고시 요청 및 신고 예정

○ **경기도·인천시 물가대책위원회 의결 완료**('15.5.29)
- 우리시 요금조정 최종 결정 후 해당 운송기관에 최종 요금조정사항 통보 및 신고 수리 예정

○ **수도권 연락운송기관(9개 기관) 협의회 시 협의 완료**('15.6.4)
- 국토교통부 소관(한국철도, 공항철도, 신분당선), 수도권 지자체 소관(인천, 용인경전철, 의정부경전철), 우리시 소관(서울메트로, 도시철도공사, 9호선) 공히 요금조정 범위 결정통보 후 요금조정 합의

수도권 교통카드 시스템 개선 현황

○ 운송기관별 시스템 개선('15.3.16~5.15, 9주) : 완 료

※ 수도권 운송기관별 요금조정(안)으로 사전 시스템 개선 완료

○ 합동 통합테스트('15.5.18~6.5, 3주) : 완 료

○ 교통카드 시스템 배포('15.6.8~26, 3주) : 완 료(26일)

Ⅴ 대중교통 요금조정에 따른 대시민 소통 계획

□ **「대중교통 요금조정 계획」 보도자료 배포**

- ○ **배포 일시: 6.19字조간 (예정)**
- ○ **핵심 내용**
  - **대중교통 요금 인상분 시민안전을 위한 재투자에 활용**
  - **「대중교통요금 제도 및 경영혁신 TF」 논의를 통한 시민 중심의 요금제도 개선 진행사항 설명**

  ※ '15.11월 대중교통요금 제도개선 및 경영혁신 계획 발표 예고

□ **대시민 공감대 확보를 위한 소통 및 자구노력 등 지속 추진**

- ○ **대중교통 원가구조 합리화 및 투명성 제고 방안 마련**
- ○ **운송기관 자구노력 강화를 통한 경영합리화 계획 수립**
- ○ **주민참여 조례에 근거해 청구된 시민 공청회 개최**
  - **청구인 대표와 공청회 개최 방식, 일시, 장소 등을 협의하여 추진**
- ○ **대시민 공감대 확보를 위한 요금조정 절차 제도화 추진**
  - **「대중교통 기본조례」개정을 통해 요금조정 시 시민 의견수렴을 위한 공청회 등 개최 및 운송원가 공개 의무 등을 명문화 추진**
- ○ **「대중교통요금 제도 및 경영혁신 TF」 활동사항 홍보 등**

〈 대중교통요금 제도 및 경영개선 TF 구성·운영 〉

- **구성**: 시의원, 시민단체 대표, 도시교통본부장 3인 공동단장 체제
  - 총 20명: 시의회, 시민·소비자단체, 각 분야 전문가, 운영기관, 노조 등 참여
- **운영**: '15.5월 ~ 11월 ※ 1차 회의 5.19, 2차 회의 6.18 개최
  - 월1회 정례회의 운영, 필요시 관계부서·기관 참여 및 수시회의 개최
- **주요 검토 사항**: 지하철, 버스 경영·재정 혁신 전반
  - 원가 산정·정산방식 개선 등 원가구조 합리화 및 투명성 제고 방안
  - 운영기관 경영혁신을 통한 비용절감, 부대수익 창출 등 자구노력
  - 시민이 공감할 수 있는 요금정책 추진 및 제도개선 방안 등

Ⅵ 추진 일정

○ 대중교통 요금조정 범위 결정 및 통보: '15.6.18(목)

※ 국토교통부 광역철도 요금 상한변경 고시(6월 중)

○ 대중교통 운송기관 요금신고 및 수리: '15.6.19(금)

○ 대중교통 요금조정 안내문 제작·게첨: '15.6.20(토)
- 버스조합 이사장, 전철기관 사장 명의 안내문 제작·게첨

○ 대중교통 요금조정 시행: '15.6.27(토)
- 6.27(토) 첫차부터 조정된 요금적용

○ 시민청구 요금관련 공청회 개최: '15.6~7월
- 청구인 대표와 협의를 통해 일시, 장소, 형식 등 세부 사항 결정 추진

○ 시내버스 원가산정 용역완료, 검증 및 확정: '15.11월

○ 대중교통요금 제도개선 및 경영혁신 계획발표: '15.11월
- TF 운영('15.5~11월)을 통한 시민 중심의 요금제도 개선 및 경영혁신 방안 마련

※ 교통경영팀을 신설하여 교통재정 효율적 운영, 건전성 강화 기반 대중교통요금 제도 개선 등 방안 마련

용건 부분을 전진 배치해 두괄식으로 고치면 이렇게 바뀝니다. 앞쪽에서 주요한 용건을 모두 파악하고 뒤에 나오는 근거와 방법을 읽으며 이해하면 됩니다.

대중교통(지하철·버스) 요금조정 범위 결정

대중교통 운송기관의 원가보전율 및 적자구조를 개선하여 안전확보 및 서비스 개선 재원을 마련하는 한편 수요분산 및 교통복지를 위한 요금제도를 개선하고자 '15년 6월 27일(토) 04:00부터(첫차)지하철 · 버스의 요금 기준을 조정하고자 함

《요금 조정 요약》

• 도시철도(지하철)요금: 200원 인상(1,050원 → 1,250원)

• 시내버스 요금

 – 간 · 지선, 마을버스: 150원 인상(1,050 → 1,200원, 750 → 900원)

 – 광역버스: 450원 인상 (1,850원 → 2,300원)

 – 순환버스: 250원 인상 (850원 → 1,100원)

 – 심야버스: 300원 인상 (1,850원 → 2,150원)

• 지하철 단독이용 시 요금

 – 40km 초과시 매 10km 100원 ⇒ 50km 초과시 매 8km 100원 추가

• 시간대별 차등요금

 – 조조시간대(첫차~06:30이전) 첫 승차 기본요금의 20% 할인

• 청소년, 어린이 요금 동결(교통카드 이용시)

• 외국인 영주권 어르신(65세 이상) 지하철 무임승차제 도입(안)

Ⅰ 관련 근거 및 절차

□ 관련 근거

○ 지하철 요금조정: 도시철도법 제31조(운임의 신고 등)

- "도시철도운송사업자는 도시철도의 운임을 정하거나 변경하는 경우에는 원가(原價)와 버스 등 다른 교통수단 운임과의 형평성 등을 고려하여 시·도지사가 정한 범위에서 운임을 정하여 시·도지사에게 신고하여야 한다."

○ **버스 요금조정**: 여객자동차운수사업법 제8조(운임·요금의 신고 등)

- "여객자동차운송사업의 면허를 받은 자는 국토교통부장관 또는 시·도지사가 정하는 기준과 요율의 범위에서 운임이나 요금을 정하여 국토교통부장관 또는 시·도지사에게 신고하여야 한다.

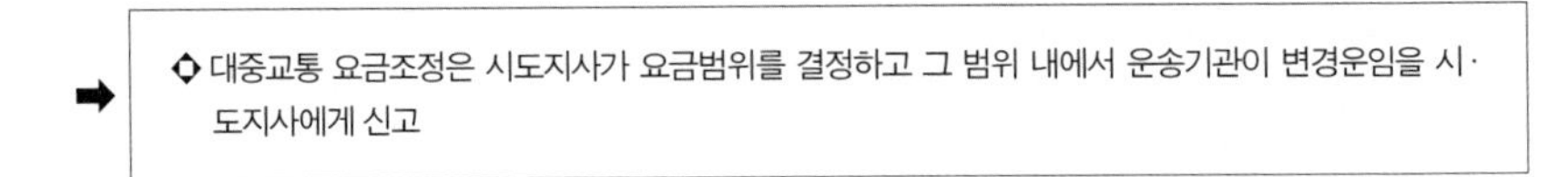

□ **요금조정 절차**

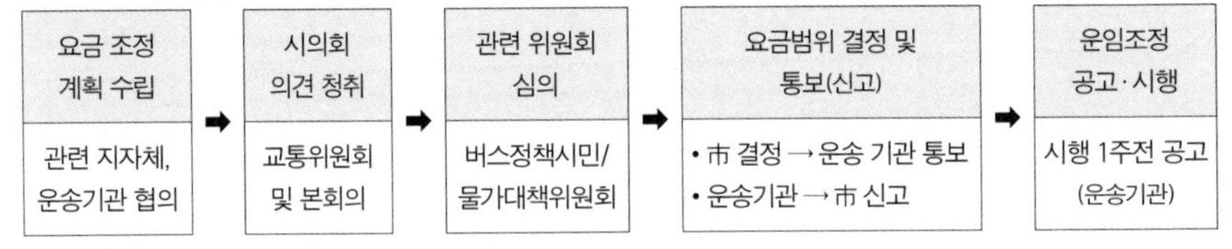

Ⅱ 그 간 추진경위

□ **수도권 관련기관 협의**('14.8월~)

○ 경기·인천·코레일 실무자 및 과장급 회의 10회 개최

○ 본부장급 회의로 요금조정 공동추진 및 세부내용 합의('15.4.1)

- 요금조정 공동추진 및 시기 합의, 요금할인제도 시행 합의 등

○ 수도권 전철 연락운송기관 회의개최('15.3~, 9개 기관, 총5회)

- 지하철 요금 조정범위 및 요금징수 시스템 개선 일정 등 논의
- 요금할인제 및 영주권 어르신 무임승차 시행 여부 결정 등

□ **시의회 의견청취**('15.4월)

○ 교통위원회 의견청취('15.4.20): 조건부 동의

두괄식과 미괄식의 장점

두괄식의 장점을 정리하면 이렇습니다.

첫째, 독자가 글의 핵심을 파악하는 시간을 줄일 수 있습니다. 특히 보고서를 읽는 상관이나 의사결정권자는 보고 내용을 이해하고 판단하는 데 긴 시간과 많은 노력이 드는 걸 원하지 않습니다. 그것이 가능한 조건도 아닙니다. 핵심부터 알고 싶어 합니다. 보고할 때 "그래서 하고 싶은 말이 뭐야?" "그래서 결국 뭘 하자는 거야?"라는 질문을 자꾸 던지는 이유가 그것입니다.

둘째, 용건(결론·주장)을 정확하게 전달할 수 있고 불필요한 이유·근거를 제시하지 않기 때문에 압축적 표현이 가능합니다. 앞에 제시한 용건(결론·주장)이 글 전체의 이정표 역할을 합니다. 목표가 명료하게 제시됐기 때문에 엉뚱한 방향으로 빠지지 않습니다.

셋째, 글의 논지가 흔들릴 위험이 줄어듭니다. 독자는 시작에서 어떤 인상을 받았고 어떤 프레임이 만들어졌는가에 따라 뒤에 오는 내용을 이해하고 판단합니다. 용건부터 명확하게 던지면 설사 뒤에 나오는 이유·근거들이 부족하거나 모호하더라도 독자들은 일관된 논리적 흐름으로 받아들입니다.

업무 글쓰기의 최고 미덕은 정확성과 효율성입니다. 그렇기 때문에 두괄식이 더 적절하고 효과적입니다. 보고서를 비롯한 보도자료, 자기소개서, 이메일, 안내문, 논문 등 모든 업무 글쓰기는 아주 특별한 경우를 제외하고 두괄식을 사용하는 게 좋습니다.

이런 두괄식의 장점에도 불구하고 우리나라 사람은 미괄식을 압도적으로 선호합니다. 신문의 칼럼, 사설, 페이스북이나 블로그 글을 보면 대부분이 미괄식입니다. 이렇게 된 이유는 우리 소통 문화가 단도직입적인 의사 표현보다 완곡한 방식을 미덕으로 여기기 때문일 것입니다. 미괄식은 몇 가지 측면에서 두괄식과 다른 장점이 있습니다.

첫째, 미괄식은 개인적, 정서적인 글에 적절합니다. 사랑 고백할 때를 떠올려보면 금세 알 수 있습니다. “사랑해. 나랑 사귀자”라고 단도직입적으로 용건부터 이야기한다면 어떤 반응을 보일까요? 상대방이 당황스러울 것이 뻔합니다. 상대방을 어떻게 생각하는지, 그동안 어떤 속앓이와 마음의 갈등을 겪었는지, 어떻게 사랑의 감정을 갖게 됐는지 등 배경 설명을 앞자락으로 한참 깔아놓아야 합니다. 그런 뒤 “사랑해. 나랑 사귀자”라는 용건을 말해야 성공할 수 있습니다.

둘째, 스토리텔링 글쓰기에는 미괄식이 좋습니다. 극적 효과를 높이기 위해 중요한 단서나 결말을 최대한 늦춰야 합니다. 러시아 문학평론가 바흐친은 “스토리는 플롯의 기초가 되는 사건이고 플롯은 스토리를 지연, 제동, 이탈시키거나 우회시켜 낯설게 만드는 역할을 한다”라고 말했습니다. 즉 사건 전개의 중요한 단서를 천천히 알려줌으로써 긴장감을 높일 필요가 있습니다. 결말을 일찍 보여주면 글에 대한 독자의 흥미가 떨어집니다. 아래 글은 마지막 문장에서 극적 반전을 만들어냄으로써 큰 울림을 줍니다.

> 1960년대 하버드 로스쿨 학생이 부모님들과 졸업생들 앞에서 이렇게 말했다.
>
> “우리 나라의 거리들은 지금 혼란에 빠져 있습니다. 대학들은 폭동과

난동을 일삼는 학생들로 가득 차 있습니다. 공산주의자들은 우리 나라를 호시탐탐 파괴하려 하고 있습니다. 러시아는 무력을 동원해 우리를 위협하고 있습니다. 나라는 위험에 처해 있습니다. 그렇습니다! 위험은 안팎으로 들끓고 있습니다. 지금 우리는 법과 질서가 필요합니다. 그것이 없다면 우리 나라는 살아남을 수 없습니다."

긴 박수소리가 이어졌다. 박수소리가 잦아들자 그 학생은 청중들에게 조용히 말했다.

"지금 말한 것은 1932년 아돌프 히틀러 연설 내용입니다."

— 하워드 진, 《오만한 제국》

셋째, 독자에게 통찰이나 깨달음을 주기 위한 글에는 미괄식이 효과적입니다. 이런 글은 시작에서 일견 모순되거나 비상식적으로 보이는 주장이나 상황을 제시합니다. 점진적 정보를 주면서 독자가 자신의 상식에 의문을 갖게 만들거나 자가당착적 상태에 빠지게 만듭니다. 드디어 마무리에서 새로운 정보나 사고의 전복, 전환을 통해 기존의 상식을 허물고 통찰, 깨달음을 얻게 만듭니다.

장하준 교수의 책 《나쁜 사마리아인들》에 실린 '여섯 살 먹은 내 아들은 일자리를 구해야 한다! — 자유무역이 언제나 정답인가'도 미괄식의 효과를 극대화한 글입니다.

내게는 여섯 살 난 아들이 있다. 이름은 진규다. 아들은 나에게 의존하여 생활하고 있지만, 스스로 생활비를 벌 충분한 능력이 있다. 나는 아들의 의식주 비용과 교육 및 의료 비용을 지불하고 있지만, 내 아들

또래의 아이들 수백만 명은 벌써부터 일을 하고 있다. 18세기에 살았던 다니엘 디포는 아이들은 네 살 때부터 생활비를 벌 수 있다고 생각했다.

뿐인가. 일을 하면 진규의 인성 개발에도 많은 도움이 될 것이다. 아이는 지금 온실 속에서 살고 있기에 돈이 중요한 줄 모르고 지낸다. 아이는 자기 엄마와 내가 저를 위해 노력하는 것에 대해, 자신의 한가로운 생활을 보조하고 자신을 가혹한 현실로부터 보호해 주는 것에 대해 전혀 고마움을 모른다. 아이는 과잉보호를 받고 있으니 좀더 생산적인 인간이 될 수 있도록 경쟁에 노출시켜야 한다. 아이가 경쟁에 더 많이, 그리고 더 빨리 노출될수록 미래에 아이의 발전에는 더 많은 도움이 될 것이고, 아이는 힘든 일을 감당할 수 있는 정신력을 갖추게 될 것이다. 나는 아이를 학교에 보내지 말고 일을 하게 해야 한다. 아이에게 더 많은 직업 선택의 기회를 주기 위해서 아동 노동이 합법적이거나 최소한 묵인이라도 되는 나라로 이주를 생각할 수도 있는 노릇이다.

내 귀에는 여러분이 나를 보고 미친 사람이라고 욕하는 소리가 들린다. 생각이 짧다고, 매몰찬 사람이라고. 여러분은 나에게 아이를 보호하고 양육해야 한다고 말할 것이다. 내가 여섯 살 먹은 아이를 노동 시장으로 몰아넣는다면 아이는 약삭빠른 구두닦이 소년이 될 수도 있고, 돈 잘 버는 행상이 될 수도 있다. 하지만 뇌수술 전문의나 핵물리학자가 되는 일은 결코 없을 것이다. 만일 아이가 그런 직업을 가지려면, 내가 앞으로 적어도 10년 이상의 세월 동안 보호와 투자를 해야 할 것이다. 여러분이 단순히 세속적인 관점에서 보아도 아이를 학교에 보내지 않아 절약되는 돈을 보고 히죽거리는 것보다는 아들의 교육에 투자를 하는 편이 현명하다고 말할 것이다. 어쨌든 내 생각이 옳다면, 올리버 트위스트는 생각이 짧은 착한 사마리아인 브라운로우 씨의 손에 구조되는 것보다는, 늙은 악당 페긴을 위해서 소매치기를 하는 편이 나았을 것이다. 브라운로우 씨는 소년 올리버에게서 노동 시장에서 경쟁력을 유지할 수 있는 기회를 빼앗은 것이다.

나의 이런 터무니없는 주장은 개발도상국에는 급속하고 대대적인 무역 자유화가 필요하다는 자유 무역주의 경제학자들의 주장과 근본적으로 논지가 일치한다.

— 장하준, 《나쁜 사마리아인들》

카테고리 :
대형마트 방식으로 분류하라

어떻게 사과를 팔까: 오일장과 대형마트

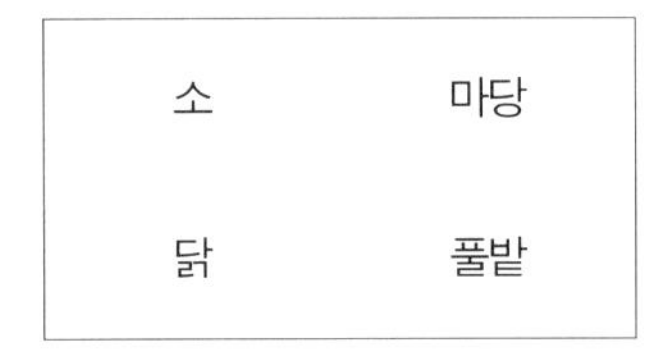

상자 안에 있는 단어를 두 개씩 묶으려고 합니다. 여러분은 어떻게 연결하겠습니까? X자로 연결하겠다고요? 11자로 연결하겠다고요? 어떻게 연결해도 무방합니다. 정답이 있는 퀴즈가 아니니까요. 이것은 세상을 바라보는 두 가지 창에 대한 이야기입니다.

당신이 소-풀밭, 닭-마당 즉 X자 연결을 선택했다면, 아마도 머릿속에 소가 풀밭에서 풀을 뜯어 먹고 닭이 마당에서 모이를 쪼아 먹는 그림을 떠올렸을 것입니다. 이것은 '관계 중심'의 사고방식입니다. 실제로 현실에서 사물과 사물이 어떻게 관계를 맺는가에 주목하는 관점이죠. 우리나라 평균적인 집단을 샘플로 조사하면 압도적 다수가 X자형 연결을 선호합니다. 중국, 일본, 대만 등 동양 문화권 사람들도 우리나라와 비슷합니다.

당신이 소-닭, 마당-풀밭 즉 11자 연결을 선택했다면, 아마도 머릿속에서 어떤 상위의 개념을 가정하고 그 아래 유사한 속성이 있는 것들끼리 연결했을 것입니다. 이것은 카테고리 중심의 사고방식입니다. 사물들의 속성을 파악해 카테고리에 따라 분류 분석하는 것에 주목하는 관점이죠. 미국, 유럽 등 서양 문화권 사람들 다수가 11자형 연결을 선호합니다.

이것은 미국 미시건대학교 교수 리처드 니스벳이 《생각의 지도》에서 밝힌 내용을 변형하고 응용해서 설명한 것입니다. 두 종류의 사고방식은 나름의 장단점이 있습니다.

관계 중심의 사고방식은 사물과 상황을 종합적으로 이해하고 복잡성과 가변성을 유연하게 수용합니다. 그러나 사물과 상황의 정확한 속성을 파악하는 데 한계가 있습니다. 어떤 규칙성으로 정리하기 어려워 혼돈으로 흐를 위험이 있습니다. 카테고리 중심의 사고방식은 사물과 상황의 개체적, 분류적 속성을 정확하게 파악하고 패턴과 구조를 만드는 데 유용합니다. 그러나 세상의 역동적 변화를 유연하게 담아내지 못하고 기계적, 형식적 사고에 빠지기 쉽습니다.

글쓰기는 당연하게도 사고방식과 밀접한 연관을 맺습니다. 우리는 그동안 어떤 사고방식에 입각해 글을 써왔을까요? 두말할 것도 없이 관계 중심의 사고방식에 의존해 글을 써왔습니다.

개인의 감정과 생활상을 담은 글이나 자전적 글을 쓸 땐 이 방식이 아주 유용하고 적절합니다. 시, 소설, 에세이 등 문학적인 글에도 아주 잘 어울리죠. 그런데 업무 글쓰기에도 이 방식이 유용할까요?

그렇지 않습니다. 카테고리 중심의 사고방식이 더 적절합니다. 왜 그런지 오일장과 대형마트에 빗대어 설명하겠습니다. 먼저 닷새마다 하루씩 열리는 오일장부터 그려보겠습니다. 시장 골목에는 장꾼들이 팔려고 벌여놓은 물건들로 즐비합니다. 어느 장이나 뻥튀기는 빠지지 않습니다. 그 옆에 채소, 옷, 해산물, 과일, 두부, 가축, 쌀, 화분 등을 파는 장사꾼들이 늘어서 있습니다. 순대와 등갈비 따위를 파는 포장마차엔 벌써 술판도 벌어졌군요. 특별히 살 게 없어도 구경만으로도 즐겁고 살갑습니다.

그런데 어떤 목적을 갖기 시작하면 양상이 조금 달라집니다. 이 오일장에서 가장 값싸고 맛있는 사과를 사려고 합니다. 어떻게 해야 할까요? 별 수 없이 오일장을 전부 돌아다녀야 합니다. 그래야 사과 파는 곳은 물론이고 가게별로 사과의 맛과 가격을 비교할 수 있을 테니까요. 어떤가요? 조금 힘들지 않을까요? 오일장 구경이 재밌기는 하지만 장보기의 효율성과는 거리가 있어 보입니다.

이제 대형마트에 가볼까요? 대형마트는 모든 상품을 식품, 가전, 의류, 화장품, 잡화 따위로 분류하고 있습니다. 층별로 나누기도 하고 구역별로 나누기도 합니다. 이런 대분류 아래 또 중분류가 있습니다. 식품을 예로 들어보면 그 아래 육류, 해산물, 과일, 채소, 가공식품, 주류 따위로 나뉘어 있습니다. 육류 아래 돼지고기, 쇠고기, 닭고기, 오리고기가 있습니다. 돼지고기 역시 삼겹살, 목살, 앞다리, 뒷다리, 등뼈, 양

념불고기로 세분화돼 있습니다.

여기서도 가장 값싸고 맛있는 사과를 사려고 합니다. 어떻게 해야 할까요? 오일장처럼 대형마트를 전부 돌아다닐 필요가 있을까요? 그럴 필요가 없겠죠. 식품〉과일〉사과로 이어지는 카테고리에 따라 사과 코너를 찾고 거기 진열된 것 가운데 가장 값싸고 맛있는 것을 선택하면 됩니다.

대형마트는 오일장 같은 재미는 없지만 원하는 물건을 빠르고 정확하게 살 수 있는 구조입니다. 오일장이 장꾼들이 벌여놓은 상품들에 따라 만들어진 관계의 산물이라면 대형마트는 모든 상품을 속성에 따라 분류한 카테고리의 산물입니다.

도대체 사과 이야기가 보고서와 무슨 상관이 있을까요? 의문이 들기도 할 것입니다. 가장 값싸고 맛있는 사과는 바로 여러분들이 써야 할 보고서입니다. 여러분들은 사과를 파는 상인입니다. 사과를 사러 온 소비자는 여러분들의 상관, 대표 등 의사결정권자입니다. 여러분은 이 사람들에게 두 가지 방식으로 사과를 팔 수 있습니다. 첫째 오일장 방식. 의사결정권자가 내 보고서를 샅샅이 훑어봐야 자신이 필요한 내용을 찾을 수 있습니다. 둘째 대형마트 방식. 의사결정권자가 내 보고서 전체를 보지 않아도 카테고리에 따라 필요한 내용을 찾을 수 있습니다.

우리는 어떤 방식으로 보고서를 써야 할까요? 두말할 것도 없이 대형마트 방식, 즉 카테고리 방식으로 글을 써야 합니다. 업무 글쓰기는 효율성과 정확성이 최고의 미덕이기 때문입니다.

MECE: 중복 없이, 누락 없이

캠핑을 가기 위해 대형마트에서 시장을 보려고 합니다. 살 물건의 목록을 빠짐없이 종이나 스마트폰에 적습니다. 아마도 아래와 같은 방식으로 메모할 것입니다.

복숭아, 삼겹살, 마늘, 상추,
일회용 가스, 소주, 불판,
숯, 백숙용 닭, 오렌지, 맥주,
포도, 막걸리, 깻잎, 포일

이렇게 메모를 한 다음 장을 보면 어떤 일이 벌어질까요? 채소 코너에서 마늘과 상추를 살 때 깻잎을 샀어야 했는데 깜빡했습니다. 다시 채소 코너에 가서 깻잎을 사야 합니다. 집에 와서 산 물건과 목록을 대조해보니 숯을 빠뜨렸습니다. 갔던 곳을 또 가는 중복과 사야 할 물건을 빠먹은 누락이 벌어진 것입니다.

중복과 누락을 막으려면 어떻게 해야 할까요? 장보기 목록을 카테고리에 따라 분류하면 됩니다.

과일류: 복숭아, 오렌지, 포도
채소류: 상추, 마늘, 깻잎
육류: 삼겹살, 백숙용 닭
주류: 소주, 맥주, 막걸리

잡화류: 불판, 숯, 일회용 가스, 포일

보고서도 마찬가지입니다. 가장 중요한 것은 중복과 누락을 하지 않는 것입니다. 중복은 불필요한 군더더기를 덧붙인 것으로 보고서를 난삽하게 만듭니다. 누락은 보고서를 신뢰할 수 없는 것으로 만듭니다. 보고서를 잘 쓰고 못 쓰고는 두 번째 문제입니다.

보고의 과정에서 게이트키퍼Gatekeeper 역할을 하는 상사를 통해 보완되기도 하지만, 그렇지 않은 경우도 종종 일어납니다. 만일 중요한 내용이 누락된 채 보고되고 그것을 근거로 의사결정이 이뤄진다면 곤란하거나 위태로운 상황이 벌어질 수 있습니다.

이것을 강조해 하나의 매뉴얼로 만든 회사가 있습니다. 세계적인 컨설팅 회사 맥킨지입니다. 맥킨지는 비즈니스 글쓰기에서 가장 중요한 것 가운데 하나로 중복과 누락 방지를 꼽았습니다. 이를 '미시Mutually Exclusive and Collectively Exhaustive(MECE)'라고 부릅니다. 서로 중복되지 않아야 하고, 다 합쳤을 때 누락이 없어야 합니다.

중복과 누락을 하지 않는 것만으로도 보고서의 평균적 품질이 보장됩니다. 중복과 누락의 오류를 범하지 않기 위해 전하려는 문제를 카테고리로 나누어 분석하는 것이 좋습니다.

크라우드펀딩의 종류엔 어떤 것들이 있고, 일반 투자자는 어떻게 참여할 수 있는지 알아보겠습니다. 먼저 퀴즈 하나 풀어볼까요. 미국 민주당 대통령 후보 경선에 뛰어든 로렌스 레식 하버드대 교수, 500만 관객을 돌파한 영화 〈연평해전〉, 카셰어링(차량 공유) 스타트업 '쏘카'. 이

들 셋의 공통점은 뭘까요.

눈치채셨나요? 맞습니다. 이들은 모두 크라우드펀딩으로 거액의 자금을 조달했습니다. 우선 레식 교수. 그는 최근 몇 년 새 전 세계를 달군 '공유경제Sharing Economy'의 개념을 정립한 학자로 유명합니다. 그는 지난달 미국 크라우드펀딩 사이트 킥스타터를 통해 미국 노동절(9월 첫째 월요일)까지 100만 달러가 모이면 대선에 출마하겠다고 공언했어요. 그리고 노동절 하루 전날인 지난 6일(현지 시각) 약속대로 민주당 대선 후보 경선 참여를 선언했지요. 공유경제 전문가다운 신선한 정치 참여 방식입니다.

국내에서도 크라우드펀딩은 많이 있었습니다. 제작비가 모자랐던 영화 〈연평해전〉은 크라우드펀딩으로 20억 원의 제작비를 조달했어요. 전체 순제작비 중 3분의 1이 크라우드펀딩에서 나왔습니다. 해외에선 애플, 삼성보다 먼저 스마트워치를 개발한 스타트업 '페블'이 크라우드펀딩의 전설로 통합니다. 투자금이 없어 시제품을 못 만들던 페블은 2012년 킥스타터에서 2시간 만에 109억 원을 조달했습니다. 1년 후에나 받아볼 제품을 킥스타터에서 예약한 사람들이 27만 명이었습니다.

그런데 차량 공유 스타트업 쏘카는 좀 성격이 다릅니다. 쏘카는 지난 7월 P2P(개인 대 개인) 대출 사이트인 8퍼센트를 통해 13억 원의 자금을 조달했어요. 쏘카의 기업 비전, 성장성 등 종합적으로 검토한 사람들이 1인당 최소 10만 원부터 최대 1000만 원까지 돈을 빌려줬습니다. 쏘카는 투자자들에게 12개월 안에 매달 대출금리 4.5%로 상환할 예정입니다. 쏘카와 8퍼센트는 투자 금액에 따라 쏘카를 무료로 이용할 수 있는 쿠폰을 제공하기도 했어요. 투자자들이 금전적 투자에만 그치지

않고, 기업의 가치에 투자하는 경험을 제공한 것이죠. (중략)

금융위원회는 지난 7월 23일 자본시장법 시행령 개정안도 발표했어요. 크라우드펀딩으로 증권을 발행할 수 있는 발행인, 즉 투자 받을 수 있는 기업은 창업 이후 7년 이하 비상장 중소기업으로 제한했습니다. 다만 비상장 중소기업이 신기술 개발을 하거나 신규 문화 사업 등 프로젝트성 사업을 할 때는 업력이 7년을 넘어도 증권형 크라우드펀딩이 가능합니다. 참, 금융·보험업이나 부동산업, 무도장, 골프장 등 법 취지에 맞지 않는 일부 업종도 제외됐습니다. 기업 한 곳당 연간 최대 7억 원까지만 크라우드펀딩으로 투자를 유치할 수 있게 제한을 뒀고요.

— 중앙일보, 틴틴경제, 〈크라우드펀딩이 뭔가요〉

이 기사는 크라우드펀딩에 대한 다양하고 상세한 정보를 설명하고 있습니다. 전 세계 시장의 규모, 국내 현실, 종류, 참여 방법 등을 모두 다룬 기사지만 여기선 종류와 범위에 국한해 살펴보겠습니다.

크라우드펀딩의 다양한 사례가 나열돼 있습니다. 미국 크라우드펀딩 사이트 킥스타터(kickstarter.com)를 통해 미국 노동절(9월 첫째 월요일)까지 100만 달러를 모아 대선에 출마한 레식 교수, 크라우드펀딩으로 20억 원의 제작비를 조달한 〈연평해전〉, 킥스타터에서 2시간 만에 109억 원을 조달한 스타트업 페블, P2P(개인 대 개인) 대출 사이트인 8퍼센트(8percent.kr)를 통해 13억 원의 자금을 조달한 차량 공유 스타트업 쏘카, 창업 이후 7년 이하 비상장 중소기업은 한 곳당 연간 최대 7억 원까지만 크라우드펀딩으로 투자 유치 가능…….

꼬리에 꼬리를 물고 정보가 이어집니다. 이것들을 카테고리에 따라 나눠보면 크라우펀딩의 종류와 범위를 좀더 명확하게 알게 됩니다. 이 기사에서 언급하지 않은 다른 종류와 범위들이 있는지 파악할 수 있습니다. 유형별, 영역별 두 가지 방식이 가능합니다.

먼저 유형별로 나누면 기부형, 후원형, 대출형, 지분투자형으로 나눌 수 있습니다.

기부형: 로렌스 레식 교수

후원형: 〈연평해전〉, 페블

대출형: 쏘카

지분투자형: 창업 이후 7년 이하 비상장 중소기업

이렇게 카테고리로 분류하면 다른 크라우드펀딩도 4개 유형 가운데 한 곳에 추가할 수 있습니다. 우리나라 대통령 선거 출마자들이 일정한 이자를 제시하고 선거 자금을 모금하는 것은 대출형입니다. 저소득층 소녀들을 위한 생리대 지원, 소방관 돕기, 유기동물 보호 모금은 기부형입니다. 스토리펀딩 등에서 책 내용을 연재하고 나중에 책이 출간되면 리워드 형태로 받는 것은 후원형입니다.

기부형: 로렌스 레식 교수, 저소득층 소녀 생리대 지원, 소방관 돕기, 유기동물 보호

후원형: 〈연평해전〉, 페블, 다음 스토리펀딩 책

대출형: 쏘카, 문재인펀드

지분투자형: 창업 이후 7년 이하 비상장 중소기업

영역별로 나누어도 좋습니다. 정치, 문화 콘텐츠, 기업, 사회적 이슈.

정치: 로렌스 레식, 문재인펀드
문화콘텐츠: 〈연평해전〉, 다음 스토리펀딩 책
기업: 페블, 쏘카, 창업 이후 7년 이하 비상장 중소기업
사회적 이슈: 저소득층 소녀 생리대 지원, 소방관 돕기, 유기동물 보호

이렇게 정리하고 보면 부동산, 과학기술 등 다른 영역이 더 있다는 사실을 확인할 수 있습니다.

소화불량을 피하는 법

당신은 어느 식품 회사의 직원입니다. 대표가 '내년 식품 사업의 현황 및 트렌드'를 분석해 보고하라고 지시했습니다. 당신은 몇 날 며칠 밤잠을 설쳐가며 조사와 분석을 마쳤고 다음과 같은 내용을 대표에게 보고합니다.

1. 편의점 간편식이 새로운 흐름으로 부상
2. 유기농, 친환경 식품 시장 확대
3. 인증 식품 선호 등 재료의 신뢰성에 대한 관심 고조
4. 프리미엄급 수입 식품 인기
5. 저염, 저당, 저칼로리 등 자연식 트렌드 열풍

6. K-푸드 열풍 가속화
7. 온라인과 모바일을 통한 식품 구매 급증
8. 가정과 야외에서 간단히 요리 가능한 즉석 식품 선호
9. 할랄 시장 개척 및 대중국 분유 수출 증가

당신의 보고를 듣는 대표의 모습은 대략 이렇게 바뀌어갑니다. 1번부터 3번까지는 아주 잘 이해하고 있는 듯 편안한 표정입니다. 4번까지도 별 어려움이 없어 보입니다.

5, 6번을 이야기하자 대표의 얼굴이 알쏭달쏭한 표정으로 바뀝니다. 7, 8번에선 동공이 흔들립니다. 앞에서 어떤 이야기를 했는지 기억나지 않는다는 눈빛입니다. 9번까지 다 듣고 나자 이런 반응을 보입니다. '내년에 뭔가 할 일이 많아 보이는데, 도대체 뭘 어떻게 해야 할지 하나도 모르겠네.' 당신은 대표의 반응에 맥이 풀립니다. 나름대로 열심히 준비한 보고인데, 무엇이 잘못된 것일까요?

당신 회사의 대표가 특별히 인지력이 떨어져서 그런 것은 아닙니다. 원래부터 사람의 뇌는 그렇게 생겨먹었습니다. 우리의 뇌는 같은 차원, 같은 레벨의 정보를 3~4개 정도까지는 잘 소화합니다. 그러나 그 이상을 넘겨버리면 감당하지 못합니다. 소화불량에 걸리는 거죠.

그렇다면 어떻게 해야 할까요? 고생고생해서 만든 보고서지만 대표를 헷갈리게 해선 안 되니까 5번부터 9번까지 삭제해야 할까요? 그렇게 하면 누락이기 때문에 더 큰 오류에 빠집니다.

당신의 보고는 1번부터 9번까지 일직선으로 늘어서 있는 선형의 정보입니다. 이런 경우 보통 사람의 인지력으로 소화하기 어렵습니다.

누락의 오류를 범하지 않고 9개 모두 전달하는 방법은 선형의 콘텐츠를 피라미드형으로 재구성하는 것입니다. 이럴 때 카테고리는 아주 유용한 도구입니다. 9개의 속성을 잘 파악해 유사한 것끼리 묶고 그 위에 상위의 개념을 만들어주는 것입니다.

이 보고 내용에서 1, 7, 8번은 간편(편리성)을 강조한 내용입니다. 2, 3, 5는 웰빙(건강, 신뢰성), 4, 6, 9는 글로벌(세계화)이란 키워드로 묶을 수 있습니다.

□ 간편(편리)

1. 편의점 간편식이 새로운 흐름으로 부상
7. 온라인과 모바일을 통한 식품 구매 급증
8. 가정과 야외에서 간단히 요리 가능한 즉석 식품 선호

□ 건강(웰빙)

2. 유기농, 친환경 식품 시장 확대
3. 인증 식품 선호 등 재료의 신뢰성에 대한 관심 고조
5. 저염, 저당, 저칼로리 등 자연식 트렌드 열풍

□ 세계화(글로벌)

4. 프리미엄급 수입 식품 인기
6. K-푸드 열풍 가속화
9. 할랄 시장 개척 및 대중국 분유 수출 증가

이렇게 보고하면 대표는 먼저 간편, 웰빙, 글로벌 세 개의 상위 키워드를 소화합니다. 그다음 카테고리별로 세 개의 하위 내용을 순차적

으로 받아들이는 거죠. 하위 내용을 기억하지 못해도 세 개의 상위 키워드만으로 '식품산업의 현황 및 트렌드'를 파악할 수 있습니다.

중앙일보(2015. 2. 3.)는 미국 카네기국제평화재단의 리더십 조사를 인용해 중국 국가주석 시진핑의 리더십을 8가지로 꼽았습니다.

1. 의견 경청: 말하기보다 타인의 의견 많이 들어
2. 선례 타파: 관례에 연연하지 않고 불문율 파괴
3. 솔직 발언: 속내 드러내는 데 구애 받지 않아
4. 권력 장악: 마오쩌둥에 버금가는 권력 집중
5. 과감 결단: 최종 결정을 적시에 직접 내려
6. 위험 감내: 모험을 두려워하지 않고 실행
7. 예측 불허: 끝을 알 수 없는 반부패 사냥
8. 조직 헌신: 공산당에 절대적으로 충성

시진핑 리더십을 망라한 것은 좋지만 그 특징이 한 손에 잡히지 않습니다. 다 읽고 난 뒤 머릿속에 기억나는 게 별로 없습니다. 우리의 뇌가 소화하기에 8개 정보는 너무 벅찹니다. 카테고리를 활용해 이렇게 나눴습니다.

1. 소통: 의견 경청, 솔직 발언
2. 결단력: 선례 타파, 과감 결단, 위험 감내
3. 실행력: 권력 장악, 예측 불허, 조직 헌신

2015년 세계경제포럼은(WEF)는 다보스 포럼에서 글로벌 어젠다 10가지를 발표했습니다.

1. 깊어지는 소득 불균형
2. 고용 없는 성장 지속
3. 리더십 부족
4. 지정학적 갈등 고조
5. 정부에 대한 불신
6. 개도국의 환경 오염
7. 이상 기후 현상
8. 국가주의 강화
9. 물 부족
10. 세계 건강(에볼라 등)

이 어젠다는 어떻게 나누면 좋을까요?

1. 경제: 깊어지는 소득 불균형, 고용 없는 성장 지속
2. 정치: 리더십 부족, 지정학적 갈등 고조, 정부에 대한 불신, 국가주의 강화
3. 환경: 개도국의 환경 오염, 이상 기후 현상, 물 부족, 세계 건강

같은 레벨의 정보가 5개 이상이면 카테고리를 활용해 무조건 나누고 묶어야 합니다. 여기서 한 가지 궁금증이 생길 것입니다. 도대체

어떤 기준으로 카테고리를 나눠야 할까요? 과학이나 기술의 세계에서 카테고리를 나누는 것은 대단한 엄밀성을 요합니다. 그러나 업무용 글쓰기의 세계에선 일리만 있다면 카테고리를 다양하게 나눌 수 있습니다. 읽는 사람이 납득만 한다면 이렇게, 저렇게 나눠볼 수 있는 거죠.

이름표를 잘 붙여라

한마디로 카테고리는 보고서를 통해 전할 내용을 유사한 속성이 있는 것들끼리 묶고 그 위에 적절한 이름표를 붙이는 일입니다. 하위에서 내용들을 분류해 묶고 상위에서 그것을 포괄할 수 있는 레이블을 붙이는 일이죠.

이 글은 우리나라 프로 골퍼들의 생활 유형을 세 가지로 나누고 거기에 투잡형, 생계형, 탈출형이라는 상위 레이블을 붙였습니다.

1. 한국프로골프협회(KPGA) 코리안투어 1부 시드를 가진 배규태(32)는 경기도 성남시 분당에서 이탈리안 레스토랑을 운영하고 있다. 대회 기간에만 골프를 하고 보통 때는 식당일에 온종일 매달려 있다. 남자 골프 대회가 줄어 요식업이 본업, 프로 골퍼는 부업이 된 지 오래다. 전문 셰프는 아니지만 바쁠 땐 피자와 파스타 정도는 뚝딱 만들어낸다. 이른바 **'투잡형'** 선수다.
2. 2006년 제대한 프로골퍼 A는 전역 후 투어와 레슨을 병행해야 했다.

형편이 넉넉지 못해 레슨으로 투어 비용을 벌어야 했고, 결혼 후 아이까지 태어나자 안정된 수입이 보장되는 레슨에 목을 맬 수밖에 없었다. 중견 골퍼 B도 대회 수가 줄어 생계가 힘들어지자 올해부터 레슨을 시작했다. A, B선수는 **'생계형'**이다.

3. 코리안 투어에서 역사가 가장 긴 KPGA선수권은 선수들에게도 외면받았다. KPGA선수권은 회원인 프로들이 주인의식을 갖고 출전하는 메이저 대회지만 김경태(29 · 신한금융그룹)와 이경훈(24 · CJ오쇼핑)뿐만 아니라 문경준(33 · 휴셈) · 박상현(32 · 메리츠금융)까지 불참했다. 한국의 메이저 대신 일본프로골프투어(JGTO)의 일반 대회를 택했다. 주무대를 일본으로 옮긴 이들은 **'탈출형'**으로 분류할 만하다.

— 중앙일보, 김두용 기자, 〈꿈을 위해 피자 굽고 레슨 뛰는 한국 남자 골퍼들〉

카테고리에 따라 내용을 잘 나누고 각 묶음의 성격에 맞게 키워드를 잘 붙여야 합니다. 독자들은 이 내용을 키워드로 기억했다가 다시 떠올릴 때 키워드를 단서로 삼을 것입니다. 잘 나누고 적절한 키워드를 남겨야 의사결정권자가 만족하는 보고서를 만들 수 있습니다.

개조식 :
조각이 아니라 구조를 보여줘라

개조식과 서술식

보고서는 일반적인 글과 달리 문장 앞에 1, 2, 3 같은 아라비아 숫자나 I, II, III 같은 로마자, □, ◦, -, • 등의 부호(약물)를 붙이고, 조사와 종결어미를 최대한 생략한 키워드 중심의 문장을 구사합니다. 이런 형식을 개조식個條式이라 부릅니다.

개조식의 유래는 분명치 않지만 일제 강점기부터 시작돼 현재까지 이르고 있습니다. 일제 잔재라며 사라져야 한다고 주장하는 사람도 있습니다. 이준웅 서울대 언론정보학과 교수는 칼럼에서 개조식의 문제점을 이렇게 지적했습니다.

> 우리나라 공문서를 지배하는 개조식 글쓰기는 명사형으로 문장을 마무리하는 데 머물지 않는다. 문장을 명사구로 대체하면서 동시에 많

은 것을 갖다 버린다. '국정운영 5개년 계획서'에 등장하는 사례만 보더라도 다음과 같은 문제점이 있다.

첫째, 주어가 분명치 않다. 문장을 명사구로 대체하면서 주술관계가 모호해지는 경우가 있다. '임무를 수행' '시간 미확보' '연속성 확보를 위한 수단' 등과 같은 표현의 경우, 누가 수행하는지, 누가 확보하지 못했다는 것인지, 그리고 무엇이 수단이라는 것인지 불분명하다. 물론 맥락을 살피면, 주어를 복원할 수 있다. 그러나 이런 식의 모호함은 대체로 불필요한 오해를 초래하며, 때로 심각한 책임회피의 방편처럼 보인다.

둘째, 문장의 기능이 명료하지 않다. 예컨대, '관행에서 탈피'라고 마무리한 구절에서 '탈피'하는 행위가 과거 사실에 대한 관찰인지, 현재 행위에 대한 보고인지, 아니면 미래 실천에 대한 약속인지 애매하다. 애초에 명사형 어미의 시제가 불분명하기 때문에 그렇기도 하지만, 문장의 기능이 애매한 채 남아 있기 때문이기도 하다. 이 역시 맥락을 살펴서 의미를 추론할 수 있다. 그러나 추론을 통해서만 명료하게 의미를 복원할 수 있다면, 공문서로서는 실격이다.

셋째, 문장 간 논리적 연관성을 확인하기 어렵다. 문장 앞에 붙어 있는 네모와 동그라미, 그리고 이음표는 문장의 위계를 암시한다. 그러나 서로 다른 층위에 있는 문장 간의 관계는 물론 같은 층위에 있는 문장들 간의 관계도 모호하다. 독자는 앞 문장에서 이어진 다음 문장이 순접인지, 역접인지, 부연설명인지, 제한조건인지 짐작도 못한 채 읽어가야 한다.

내가 보기에 개조식 글쓰기의 가장 큰 결함은 격조가 없다는 데 있다. 문장의 내용이 명료하지 않은 것도 문제지만 내용을 전달하는 형식과 태도도 천하다. 비유컨대, 귀한 손님에게 식사를 대접하겠다고 모셔 놓고 단백질과 비타민 복합제를 종이봉투에 담아 건네는 식이다.

— 경향신문, 이준웅 서울대 언론정보학과 교수, 〈소통과 먼 '국정운영 5개년 계획'〉

이준웅 교수의 칼럼은 경청할 대목이 많은 글입니다. 그러나 이 교수가 지적하고 있는 여러 가지 문제점은 개조식 문장을 사용했기 때문이라기보다 오히려 우리나라 언어의 특징에서 비롯된 측면이 더 큽니다.

인류학자 에드워드 홀Edward Hall은 《문화를 넘어서》를 통해 고맥락 문화High Context Culture와 저맥락 문화Low Context Culture를 소개합니다. 고맥락 문화는 소통을 하는 데 드러난 의미, 명시적 표현보다 그 사회의 보편적 경험이 축적한 맥락에 크게 의존하는 문화로, 우리나라를 비롯한 동아시아 국가들이 여기에 해당합니다. 저맥락 문화는 반대로 맥락에 크게 의존하지 않고 드러난 의미, 명시적 표현으로 소통하는 문화로 유럽 국가들이 여기에 해당합니다.

두 문화권은 언어를 부리는 데도 큰 차이를 보입니다. 저맥락 문화의 언어는 행동의 주체와 대상을 분명하게 밝히는 데 반해 고맥락 문화 언어는 행동의 주체와 대상을 생략합니다. 특히 일인칭 주어를 사용하거나 같은 주어가 반복될 땐 생략하는 것이 오히려 자연스럽습니다. 고맥락 문화 언어는 시제나 논리적 연관성 역시 맥락에 크게 의존하는 경향을 나타냅니다. 조선 시대까지 우리나라 주류 언어였던 한자를 보면 시제나 논리적 연관성을 나타내는 접속어가 거의 쓰이지 않습니다.

이런 사실에 비춰볼 때 이준웅 교수의 지적은 개조식 사용의 문제보다 고맥락 문화 언어에서 일반적으로 나타날 수 있는 모호함을 그 원인으로 지적하는 것이 더 타당해 보입니다. 여러 가지 한계에도 불구하고 공공이든 민간이든 개조식이 보고서 문장의 일반적 기준으로 자리 잡은 데에는 그럴 만한 까닭이 있을 것입니다.

왜 보고서에서는 개조식 문장을 사용할까요? 많은 직장인이 그 이유를 제대로 알지 못한 채 보고서를 작성하고 있습니다. 개조식 문장을 사용하는 이유를 설명하기 위해 개조식이 아닌 일반적인 글의 특징을 먼저 살펴보는 게 좋겠습니다.

개조식과 구분되는 일반적인 글을 편의상 서술식이라 부르겠습니다. 서술식은 사건이나 생각이 꼬리에 꼬리를 무는 방식으로, 내용을 순차적으로 전개합니다. 책이나 신문, SNS 등에서 흔히 만나는 가장 보편적인 글쓰기 방식입니다.

서술식의 장점은 자연스러움에 있습니다. 생각나는 대로, 자판이 움직이는 대로 써내려갑니다. 누에고치에서 실을 뽑아내듯 실마리만 잘 잡아내면 술술 풀려나갑니다. 그렇기 때문에 억지스러운 비약이나 맥락 단절의 위험이 상대적으로 적습니다. 특별한 훈련을 받지 않은 초심자부터 한 문장 한 문장 세공하듯 쓰는 미문가까지 두루 애용합니다.

서술식은 글의 오묘한 뉘앙스를 잘 살릴 수 있습니다. 문장의 길이, 형용사와 부사, 접속어, 종결어미의 선택에 따라 드러난 의미로만 전할 수 없는 특별한 어조tone까지 전할 수 있습니다. 개성적인 문체로 매력을 뽐내기도 합니다. 미시적 차원에서 논리적 연관 관계를 파악하기에 용이합니다.

이런 장점은 단점과 밀접하게 연결됩니다. 서술식의 단점은 '벽돌' 한 장 한 장은 잘 그릴 수 있지만 독자에게 '집' 전체를 보여주기가 어렵다는 것입니다. 서술식으로 된 한 권의 책, 한 편의 글을 읽고 난 다음 머릿속에 무엇이 남을지 생각해보면 금세 이해가 될 것입니다. 인상 깊었던 파편적 정보와 에피소드가 전부일 것입니다.

책을 많이 읽고 논리적 훈련을 충분히 받은 사람도 서술식 글을 한 번 읽고 '집'을 그려내기란 쉽지 않습니다. 두세 번 읽거나 목차로 전체 얼개를 파악한 뒤 읽어야 겨우 '집'이 눈에 잡힙니다. 물론 이야기나 내러티브 방식으로 쓰인 글들은 그 고유한 몰입의 힘 때문에 서술식이라고 해도 '집'을 용이하게 떠올리는 경우도 있긴 합니다.

글 한 편에 들어 있는 집 한 채

'집'을 풀어서 이야기하면, 글쓴이가 글을 통해 전하려는 생각 혹은 논리의 구조입니다. 제대로 쓰인 글이라면 거기에 담긴 생각이나 논리는 파편이 아니라 집과 같은 구조물의 형태를 띠어야 합니다. 글쓴이는 땅에 기초를 깔고 그 위에 기둥과 벽체를 세우고 지붕을 얹습니다. 대문을 내고 몇 개의 창호를 달며 벽에 무늬를 박거나 페인트를 칠합니다.

서술식 글을 그냥 읽을 땐 이 집이 잘 보이지 않습니다. 요약하면 집의 구조를 훨씬 잘 파악할 수 있습니다. 한 편의 글 속에 과연 어떤 집이 들어 있는지 예문을 통해 살펴보겠습니다.

기계가 넘을 수 없는 영역으로 여겨졌던 바둑에서 인공지능(AI) 알파고가 이세돌 9단을 꺾자 AI 발전에 따른 사회·경제적 파장을 걱정하는 목소리가 커지고 있다. 이미 물리학자인 스티븐 호킹 박사는 "인류는 100년 내에 AI에 의해 끝날 것", 일론 머스크 테슬라 창업자는 "AI 연구는 악마를 소환하는 것"이라며 AI의 부정적인 측면을 경고한 바 있다.

AI는 크게 '강(强)AI'와 '약(弱)AI'로 구분된다. 쉽게 말해 영화에 등장해 인류를 위협하는 수퍼컴퓨터·로봇 같은 게 강AI다. 자아를 가지고 자기를 지키려 하며 스스로 진화·발전한다.

이에 반해 알파고나 IBM의 왓슨처럼 특정한 목적을 달성하기 위해 개발된 게 약AI다. 하드웨어·빅데이터 기술의 발전으로 산업 현장의 생산성을 높이고, 인간의 물리적 한계를 보완해준다. 이미 의료·교육·경영·서비스 등에서 활발히 활약 중이다. 그러나 약AI는 인간의 지시를 따를 뿐 스스로 문제를 해결하는 것은 불가능하다.

호킹·머스크가 경고한 것은 강AI다. 미래학자 레이 커즈와일은 이런 강AI를 '특이점(Singularity)'이라는 용어로 설명했다. 특이점은 기술 발전이 이어지면서 AI가 인간을 뛰어넘는 순간을 뜻한다. 이 특이점을 뛰어넘으면 AI 스스로 자신보다 더 똑똑한 AI를 만들어 지능이 무한히 높은 존재가 출현하게 된다. 바로 강AI다. 커즈와일은 당초 2045년이면 특이점이 도래할 것이라고 주장했다가 지난해 이를 2030년으로 앞당겼다.

하지만 AI 전문가들은 이런 견해에 대해 "기우일 뿐"이라며 선을 긋고 있다.

세계AI학회의 '혁신 응용상'을 수상한 경희대 경영학부의 이경전 교수는 "AI의 발전 속도가 우리 사회의 공론화 속도를 앞서면서 낯선 기술에 대한 공포가 나오고 있는 것"이라며 "인간이 시킨 일을 더 잘하게 되는 것이지 스스로 자의식을 갖는 것은 가까운 미래에도 불가능하다"고 강조했다.

실제 현재 뇌과학 기술은 쥐의 뇌 구조를 일부 재현하는 정도다. 1000억 개가 넘는 인간 뇌신경에 대한 연구는 이제 겨우 시작한 단계다.

송대진 충북대 경영정보학과 교수는 학술지 '뉴로퀀톨로지'에 AI의 한계를 '의식의 계산 불가성'이라는 이론으로 증명했다. 인간의 생각·감정·의식은 컴퓨터의 계산이나 알고리즘으로 파악할 수 없는 부분이라는 것이다.

하지만 약AI도 우리 사회를 변화시킬 것은 분명하다. 대표적인 것이 사람의 일자리다. 지난달 스위스에서 열린 다보스포럼에서는 AI의 발전에 따라 앞으로 5년간 선진국·신흥시장 등 15개국에서 일자리 710만 개가 사라질 것이라는 분석이 나왔다. 이에 반해 새로 생겨나는 직업은 210만 개에 불과하다.

시장조사기관 가트너는 2018년이면 300만 명 이상의 직원이 '로봇 상사'(Robo-boss)의 감독하에서 일할 것이라고 전망했다. AI의 적용 과정에서 법·제도의 미비로 사회·경제시스템이 갑자기 허물어질 수 있다는 우려도 나온다. 섹스로봇·살인기계처럼 인권·도덕·책임 등 여러 분야에서 가치 충돌이 불가피하다.

물론 AI의 발전이 중장기적으로 고용이나 경제에 도움이 될 것이라는 반론도 만만찮다. 김석원 소프트웨어정책연구소 책임연구원은 "적어도 이제는 AI 개발에서 효율만 따질 것이 아니라 인간과의 윤리적인 공존을 고려할 필요가 있다"며 "AI 발전에 따른 윤리·법·제도에 대한 사회적 합의를 시작해야 하는 시점"이라고 강조했다.

— 중앙일보, 손해용 기자, 〈알파고는 인간 돕는 약AI… 자아 갖는 강AI는 먼 얘기〉

아마도 이 글을 일별하고 지나갔다면 우리 머릿속엔 이세돌, 알파고, 스티븐 호킹, 일론 머스크, 특이점, 일자리 수백만 개 감소, 로봇 상사, 섹스로봇 등 파편적 정보 몇 개가 남았을 것입니다. 조금 더 깊게 읽었다면 AI가 장밋빛이 아니라 핏빛일 수도 있다는 불길한 예감과 함께 인류가 어떤 대책을 시급히 세워야 하는 것 아니냐는 조바심이 났을 것입니다.

대부분의 독서는 여기에서 더 나아가지 못합니다. 독자들의 독해력 탓도 있겠지만 서술식 글이 필연적으로 가질 수밖에 없는 한계입니다. 글을 한 편 읽고 나면 한 채의 집을 발견해야 하는데 그게 쉽지 않습니다. 과연 이 글엔 어떤 집이 들어 있을까요?

용건 (결론·주장)	AI 발전에 따른 윤리·법·제도에 대한 사회적 합의가 필요하다		
이유·근거	분류	약AI	강AI
	정의	알파고, IBM의 왓슨처럼 특정 목적을 위해 개발된 것으로 인간의 지시만 따를 뿐 스스로 문제해결은 불가능	영화 속 수퍼 컴퓨터, 로봇처럼 자아를 가지고 자기를 지키려 하며, 스스로 진화·발전

	영향 예측	(긍정) 하드웨어·빅데이터 기술의 발전으로 산업생산성을 높이고, 인간의 물리적 한계 보완 (부정) 5년간 선진국 · 신흥시장 등 15개국에서 일자리 710만개 감소 사람의 일자리 대체	(비관) 특이점을 뛰어넘는 지능이 무한히 높은 존재 출현해 인간을 뛰어넘을 것 (낙관) 낯선 기술에 대한 공포일 뿐 AI가 자의식을 갖는 것은 가까운 미래에도 불가능
	미래	(부정) 로봇 상사의 등장, 섹스로봇·살인기계처럼 인권·도덕·책임 등 여러 분야에서 가치 충돌이 발생하고 AI 적용 과정에서 법·제도 미비로 사회·경제시스템 붕괴 우려 (긍정) 중장기적으로 고용이나 경제에 도움이 될 것	

이렇게 하나의 표로 정리할 수 있습니다. 머릿속에 이 표가 그려졌다면 아마도 AI와 관련된 어떤 이슈에도 자신있게 의견을 밝힐 수 있을 것입니다. 이것이 '집'을 파악해야 할 이유와 효용성입니다.

교양서, 기사, 칼럼, 에세이, SNS에선 한 채의 집을 발견하면 좋겠지만 그렇지 않더라도 무방합니다. 창이 아름다웠다거나 지붕의 색깔이 특이했다고 기억해도 큰 문제는 없습니다. 설사 오독한다 해도 괜찮습니다. '창조적 오독'이란 말도 있지 않습니까. 잘못 읽은 것이 창조적 생각으로 이어질 수도 있다는 뜻입니다. 콩나물시루에서 물이 빠져나가도 콩나물은 자라듯 글을 읽고 딱히 남는 게 없어도 독서의 효과는 분명합니다.

그러나 업무 글쓰기는 이와는 사정이 다릅니다. 보고서가 집이 아니라 창호와 지붕으로만 전달될 때 어떤 상황이 벌어질까요? 소통은 어긋나고 그릇된 의사결정과 잘못된 실행으로 이어집니다. 결국 사업은 시행착오가 되거나 위기로 귀결돼 실패와 피해만 남기게 됩니다. 이런 일은 우리 주변에서 아주 흔하게 벌어집니다.

다시 말하자면, 보고서의 최고 미덕은 정확성과 효율성입니다. 보고자는 보고서에 생각과 메시지를 잘 지어진 '한 채의 집'으로 담아내야 하고 의사결정권자가 그것을 온전히 파악할 수 있게 표현해야 합니다. 보고 내용을 구조화하는 것, 생각의 집을 전달하는 것, 이것이 바로 개조식 글을 쓰는 가장 큰 이유입니다.

1, 2, 3 같은 아라비아 숫자나 I, II, III 같은 로마자, □, ◦, -, • 등의 약물은 보고 내용을 카테고리에 따라 수직, 수평 계열화해 벽돌-벽-집의 관계를 구조화합니다. 개요, 추진 배경, 현황, 문제점, 개선 방안 등 보고서의 구성 항목은 기초에서부터 지붕까지 '한 채의 집'을 이루는 모든 요소들의 특징과 역할을 명시합니다.

조사와 종결어미를 생략한 키워드 중심의 표현이 개조식의 본질은 아닙니다. 키워드 중심의 표현은 보고 내용의 구조화와 함께 언어의 경제성과 효율성을 추구하기 위한 부가적 요소입니다. 과다한 수식어와 번다한 종결어미를 생략함으로써 독자가 언어의 뉘앙스보다 의미에 집중하도록 만듭니다. 문장을 짧게 분절화해 전달함으로써 빠르고 신속하게 의미를 파악할 수 있습니다.

이것이 가능하려면 보고자와 피보고자 모두 보고서에서 다루는 사안에 대한 사전 이해가 바탕에 있어야 합니다. 이런 컨센서스가 전제되지 않는다면 보고서의 문장은 효율성보다 친절함에 더 가치를 두는 것이 좋습니다. 이준웅 교수의 지적대로 키워드 중심의 표현 때문에 행동의 주체와 시제, 전후 문맥을 파악하기 어렵다면 곤란합니다. 주어, 시제, 어미, 접속어나 부사를 사용해 상대방을 배려해야 합니다.

구조는 개조식, 문장은 서술식을 사용하는 절충적 방안을 모색할 수 있습니다. 이것을 서술형 개조식이라 부릅니다. '국정운영 5개년 계획서'처럼 국민을 향해 발표하거나 조직 외부의 사람들에게 보내는 글은 서술형 개조식이 더 적절합니다.

구조로 전달하기: 질적 포괄과 양적 포괄

어떻게 보고서를 써야 구조로 전달할 수 있을까요? 앞서 인용한 이준웅 교수의 칼럼은 서술식이지만 중요한 논점을 전하는 논리 구조는 개조식에 가깝습니다. 약물을 사용해 개조식으로 표현하면 그 점이 더욱 명확해집니다.

□ '국정운영 5개년 계획'의 개조식 문장은 국민과 소통하기에 부적절
  ◦ 주어가 분명치 않음
    - 문장을 명사구로 대체하면서 주술관계가 모호해지는데 '임무를 수행' '시간 미확보' 등 표현은 누가 수행하는지, 누가 확보하지 못했다는 것인지 주체 불분명
    - 물론 맥락을 살피면 주어를 복원할 수 있지만 이런 식의 모호함은 불필요한 오해를 초래하며 때로 심각한 책임회피의 방편처럼 비침

- ◦ 문장의 기능이 명료하지 않음
  - 예컨대, '관행에서 탈피' 마무리 구절에서 '탈피'가 과거 사실에 대한 관찰인지, 현재 행위에 대한 보고인지, 아니면 미래 실천에 대한 약속인지 시제가 애매
  - 맥락을 살펴서 의미를 추론할 수 있겠지만, 추론을 통해서만 명료하게 의미를 복원할 수 있다면, 공문서로서는 실격
- ◦ 문장 간 논리적 연관성을 확인하기 어려움
  - 네모와 동그라미, 그리고 이음표는 문장의 위계를 암시하지만 서로 다른 층위에 있는 문장 간의 관계, 같은 층위에 있는 문장들 간의 관계가 모호
  - 독자는 앞 문장에서 이어진 다음 문장이 순접인지 역접인지, 부연 설명인지 제한 조건인지 짐작도 못함
- ◦ 가장 큰 결함은 격조가 없다는 데 있음
  - 내용이 명료하지 않은 것도 문제지만 내용을 전달하는 형식과 태도도 천함
  - 비유컨대, 귀한 손님에게 식사를 대접하겠다고 모셔놓고 단백질과 비타민 복합제를 종이봉투에 담아 건네는 식

□, ◦, -는 상위, 중위, 하위 카테고리입니다. 상위(□)는 중위(◦)의 내용을 포괄합니다. 중위(◦)는 하위(-)의 내용을 포괄합니다. 같은 층위에선 같은 차원의 내용이 모여 있습니다. 같은 층위 내 여러 항목의 나열 방법은 논리적 맥락, 중요도, 일의 진행 순서를 따릅니다.

위 층위가 아래 층위를 포괄하는 방법은 두 가지가 있습니다. 첫째,

질적 포괄입니다. 이유·근거에 가까운 A, B, C를 아래 층위에 놓고, 용건(결론·주장)에 가까운 D를 위 층위로 만들어 포괄하는 것입니다.

위의 예는 질적 포괄입니다. 상위 "□ '국정운영 5개년 계획'의 개조식 문장은 국민과 소통하기에 부적절"은 이 글의 용건입니다. 중위(◦)는 하위(-)의 구체적 사실을 추상화시킨 내용입니다.

둘째, 양적 포괄입니다. 아래 층위에 A, B, C가 있다면 그 내용을 압축하고 추상화해 ABC로 위 층위를 만들어 포괄하는 것입니다. 위 층위와 아래 층위는 요약-부연설명의 관계를 맺고 있는 것입니다.

아래 예문 □의 '양적 부족 문제 완화'와 '집값은 여전히 불안'은 각각 첫째와 둘째 ◦를 요약한 내용입니다. ◦은 □의 자세한 내용을 부연해서 설명하고 있습니다.

□ 그간의 주택공급 확대에 힘입어 보급률 100% 달성 등 양적 부족 문제는 완화되었으나, 수도권을 중심으로 집값은 여전히 불안
  ◦ 작년 전국 주택보급률은 102.2%이나, 수도권은 93.9%, 서울은 89.2%에 그쳐 여전히 수도권의 주택 부족 문제 상존
    * 주택보급률 추이: 98.3%('01)→100.6('02)→101.2('03)→102.2('04)
  ◦ 집값은 강력한 안정 대책 추진에 힘입어 전반적으로 안정세를 보이고 있으나, 최근 서울 강남 지역을 중심으로 불안 요인 잠재임대주택 정책 개편 방안

다음의 글을 양적 포괄, 질적 포괄 두 가지 버전으로 표현하면 이렇습니다.

이번 주 유기농 식품 구매 의사를 묻는 전국 주부 대상 설문조사를 실시한 결과 70%가 긍정적으로 답변해 앞으로 엄청난 수요가 예상된다. 유기농물류협회에서 이 예상 수요를 매출 증가세와 연결해 분석한 결과 유기농 시장이 매년 50% 이상 성장할 것으로 예측된다.

앞으로 유기농 프랜차이즈 점포를 대도시의 주요 거점 지역마다 설립하고 중소도시까지 확대해야 한다. 이를 위해 전국적인 생산 기반, 물류센터와 물류망을 시급히 구축해야 한다.

양적 포괄

□ 유기농 프랜차이즈 사업 전망 및 방향

◦ 전망

- '유기농 식품 구매하겠다'는 응답 70%(이번 주 주부 대상 설문조사)
- 예상 수요를 매출 증가세와 연결해 분석한 결과 유기농 시장 매년 50% 이상 성장 예측(유기농물류협회)

◦ 방향

- 프랜차이즈 점포를 대도시 주요 거점 지역 설립 및 중소도시 확대
- 전국적 생산 기반, 물류센터, 물류망 시급히 구축

질적 포괄

□ 유기농 프랜차이즈 점포를 대도시 주요 거점 지역 설립 및 중소도시 확대

◦ 근거

- ‘유기농 식품 구매하겠다’는 응답 70%(이번 주 주부 대상 설문 조사)
- 예상 수요를 매출 증가세와 연결해 분석한 결과 유기농 시장 매년 50% 이상 성장 예측(유기농물류협회)

◦ 방법

- 전국적 생산 기반, 물류센터, 물류망 시급히 구축

유사 개조식

외형은 개조식이지만 실제 내용은 서술식인 경우가 많습니다. 이를 ‘유사 개조식’이라 부릅니다. 심지어 대통령 보고서에서도 이런 유사 개조식을 종종 만납니다. 유사 개조식을 쓰는 것은 개조식을 쓰는 이유를 알지 못하기 때문입니다. 껍데기만 흉내 내는 것입니다.

다음은 〈금융허브 추진 실적 점검 및 향후 추진 계획〉 보고서의 검토 배경 부분입니다. 이 보고서의 문장은 서술식에 약물만 붙인 유사 개조식입니다. 더구나 군더더기도 많이 보입니다. ‘잘된 점은 더욱 잘되도록 하고, 아쉬운 점이나 잘못된 점은 시정하는 기회를 가질 필요’ 부분은 하나 마나 한 말입니다. 이 보고서의 대전제입니다. 보고서가 충실하면서도 맥이 빠진다면 대전제를 되풀이하기 때문에 그럴 가능성이 높습니다.

□ 금융허브 정책을 추진해온 지난 1년여 동안 금융산업 발전을 위한 제도적 기틀이 마련되고, 금융허브 정책에 대한 대·내외적인 공감대가 확산된 반면

◦ 최근 들어서는 외국자본을 비판적 시각으로 바라보는 의견도 제기되어 금융허브 정책의 이해를 높이고, 외국자본에 대한 국민적인 컨센서스를 모으고 이를 확산하는 노력이 필요

□ 이에 따라 금융허브 정책을 전반적으로 점검하고 평가하는 한편 잘 된 점은 더욱 잘 되도록 하고, 아쉬운 점이나 잘못된 점은 시정하는 기회를 가질 필요

◦ 특히 추진 과정상의 드러난 문제점과 그동안의 여건변화 등을 감안하여 추진 전략을 재검토하고 보완할 필요

대전제를 빼고 제대로 된 개조식으로 바꾸면 이렇습니다.

□ 금융허브 정책 추진 1년 평가와 과제

◦ 평가

- (긍정) 금융산업 발전을 위한 제도적 기틀이 마련되고, 금융허브 정책에 대한 대내외적인 공감대 확산
- (부정) 반면 최근 들어서는 외국 자본을 비판적 시각으로 바라보는 의견도 제기

◦ 과제

- 추진 과정상 드러난 문제점과 그동안의 여건 변화 등을 감안하여 추진 전략을 재검토하고 보완
- 금융허브 정책의 이해를 높이고 외국 자본에 대한 국민적인 컨센서스를 모으고 이를 확산하는 노력 필요

I. 추진 배경

금융허브의 전제조건

□ 동북아 금융허브의 달성을 위해서는 매력적인 금융시장, 선진화된 규제·감독시스템과 함께 풍부한 금융전문인력의 존재가 기본적 전제조건

○ 금융전문인력이 충분히 양성되지 않을 경우 외국 금융회사가 국내진출을 주저하게 됨으로써 동북아 금융허브 달성의 걸림돌로 작용할 우려

○ 특화 금융허브 달성을 위해 전략적 선도분야로 육성할 필요가 있는 자산운용, 파생상품, 리스크관리, 상품개발 등 선진형 금융분야의 전문인력이 필요

금융산업의 경쟁력 제고

□ 금융의 겸업화, 전문화, 정보화 등에 대응하여 국내 금융산업의 경쟁력을 강화하기 위해서는 특정 분야에 전문화한 우수한 금융전문인력의 확보가 핵심적 과제

○ 금융환경 변화에 따라 다양한 업무에 능통한 generalist 보다는 특정업무에 전문성을 가진 specialist의 역할이 더욱 중요해지고 있는 추세

금융전문인력이 크게 부족한 현실

□ 우리나라는 높은 교육수준에도 불구하고 금융전문인력은 국제적으로 비교할 때 크게 부족한 실정

○ IMD의 국가경쟁력 보고서에 따르면 우리나라는 금융전문인력, 국제관리인력, 외국인 고급인력 등 고급

인적자원의 국제순위 비교 (순위)

	한국	홍콩	싱가포르	중국
금융전문인력1)	45	11	15	39
국제관리인력2)	5	2	3	59
외국인 고급인력	42	5	2	28

주: 1) Finance skills are readily available, 2) International experience of senior managers

자료: IMD, World Competitiveness Yearbook, 2004

⇒ 금융전문인력에 대한 시장의 수급상황을 객관적이고 효율적으로 파악하기 위한 설문조사를 실시하고,

○ 동 설문조사 내용을 토대로 금융전문인력 양성을 위한 구체적인 방안을 마련하고자 함

앞 쪽의 〈금융전문인력 양성 방안〉 보고서는 개조식의 외형을 띠고 있지만 카테고리에 따라 내용이 제대로 분류돼 있지 않습니다. '금융허브의 전제조건'은 '금융전문인력이 크게 부족한 현실'과 합치는 것이 낫고, 마지막 문장은 '금융산업의 경쟁력 제고' 아래로 가는 것이 맞습니다. '인적자원의 국제순위 비교'는 표로 표현할 것이 아니라 문장 속에 녹여내는 것이 더 좋습니다.

1. 추진 배경

□ 전제조건과 현실

◦ 동북아 금융허브의 달성을 위해 매력적 금융시장, 선진화된 규제 감독시스템과 함께 풍부한 금융전문인력이 기본 전제 조건

◦ 높은 교육 수준에도 불구하고 금융전문인력이 경쟁국인 홍콩(11위), 싱가포르(15위)뿐만 아니라 중국(39위)에도 뒤지는 45위 수준

□ 과제

◦ 전략적 선도분야로 육성할 필요가 있는 자산운용, 파생상품, 리스크관리, 상품개발 등 선진형 금융분야 전문인력 필요

◦ 금융의 겸업화, 전문화, 정보화 등에 대응하기 위해 제너럴리스트보다 특정 업무 전문성을 가진 스페셜리스트 필요

→ 금융전문인력에 대한 시장의 수급상황 파악 위해 설문조사를 실시하고, 인력양성을 위한 구체적 방안 마련

몇 가지 유의사항

유사 개조식을 비롯한 개조식 문장의 일부 문제점은 앞에서 살펴봤습니다. 개조식 문장을 쓸 때 주체, 시제, 앞뒤 논리적 연관 관계를 특히 유의해야 한다는 점을 다시 한번 강조합니다. 여기선 그것을 제외한 다른 유의사항을 짚어보겠습니다. 동어반복, 무의미한 카테고리 구분, 지나친 분절 세 가지입니다.

첫째, 상위와 하위 층위가 다른데도 같은 내용을 되풀이하는 동어반복입니다.

□ 솔루션 비즈니스 기업으로의 변화는 고객에게 여러 제품과 기술·서비스를 묶어서 제공하는 게 핵심. 이를 위해 조직구조와 직원의 일하는 방식 등 고객중심의 조직운영 정착이 필수임
  ◦ 솔루션 비즈니스는 고객의 문제를 해결하기 위해 단일 제품을 공급하는 데 그치지 않고, 여러 제품과 기술·서비스를 패키지로 제공하는 방식
  ◦ 성공적인 운영을 위해서는 고객별로 제품을 통합 공급할 수 있는 조직 구조와 협업 체계 하에 고객 중심으로 전문화된 영업과 서비스를 제공할 수 있어야 함

상위와 하위 내용 간에 별다른 차이점을 발견할 수 없습니다. 상위에서 단어 몇 개 더 추가된 것이 하위입니다. 새로운 문장이 시작됐는데 내용은 앞으로 한 발짝도 더 움직이지 않습니다. 마치 러닝머신을

타는 것 같습니다. 효율성을 강조하는 보고서에서 이런 내용의 중복은 반드시 피해야 할 사항입니다.

둘째, 내용의 진전이나 요약 없이 무의미하게 카테고리의 층위를 늘리는 것입니다. 아래 보고서는 상위와 중위가 같은 내용을 되풀이하고 있습니다.

1. '05년 컨테이너 물동량 전망

□ '05년 세계 컨테이너 물동량은 전년 대비 11.2% 증가 전망

* 세계 물동량 전망: 3.6억 TEU('04) → 3.95억 TEU('05)

□ 지역별로는 아시아권이 51%인 2억 TEU를 처리하여(전년 대비 16.4% 증), 글로벌 물류를 주도

* 북미(4,300만 TEU) 10.9%, 유럽(7,300만 TEU) 18.6% 처리 전망

2. 동북아 물류허브 경쟁 동향

□ 동북아 각국의 물류허브 경쟁이 가속

◦ 컨테이너 항만시설 확충 경쟁 심화

* 컨 선석수

상해	천진·청도	홍콩	고베
26→78('20)	16→34('10)	21→31('10)	42→52('11)

◦ 항만 배후단지 개발 및 인센티브 확대

* 상해항 외고교 보세구·대소양산 배후 물류단지 개발, 심천항 경제특구 개발, 일본은 슈퍼 중추항만 코스트 30% 인하 계획

1번 위에 ''05년 세계 컨테이너 물동량은 전년대비 11.2% 증가 전망'를 넣고, 2번 위에 '동북아 각국의 물류허브 경쟁이 가속'을 넣는 것이 더 낫습니다.

셋째, 무조건 내용을 잘게 자르는 것이 개조식이라고 오해하고 있는 경우입니다. 지나친 분절화, 이른바 '낙지탕탕이' 식 보고서입니다.

□ 유기농 프랜차이즈 사업 전망 및 방향

◦ 설문조사

- 시기: 이번 주

- 대상: 주부

- 내용: 유기농 식품 구매 의

- 결과: 70% 긍정적 답변

◦ 분석 결과

- 주관: 유기농물류협회

- 방법: 예상 수요를 매출 증가세와 연결해 분석

- 결과: 유기농 시장 매년 50% 이상 성장 예측

한 문장으로 표현했으면 독자들이 한 호흡에 자연스럽게 이해했을 것입니다. 굳이 이것을 잘게 잘라놓아 여러 개의 조각을 이어붙이는 수고를 하게 만듭니다. 의사결정권자가 인지적 노력을 들여야만 맥락을 이해할 수 있습니다. 인터넷에 비유하면 한 번 클릭으로 만날 수 있는 정보를 서너 번 클릭하도록 만드는 것입니다. 이렇게 보고서를 작성하면 쓸데없이 분량이 늘어납니다.

직관성과 설득력 :
읽는 글과 보는 글의 차이

개떡같이 말해도 찰떡같이 알아듣는다?

직장 내에서 이뤄지는 업무적 소통은 정말 쉽지 않습니다. 다른 사회적 관계와 비교했을 때 가장 어려울지도 모르겠습니다. 내용만 고민하고 전달 방식과 표현 전략을 소홀히 한다면 불통이 되기 쉽습니다. 아무리 질 좋은 식재료라 해도 맛있는 요리로 테이블에 올라오지 않는다면 그 재료의 가치를 알 수 없습니다.

업무적 소통은 일반적 소통과는 차원이 다릅니다. 먼저 가족이나 친구, 지인과 어떻게 소통하고 있는지 살펴보겠습니다. 메신저나 휴대전화 문자 메시지가 좋은 예입니다. 어떻게 보내는지 떠올려보기 바랍니다. 아마도 대충 내용 건너뛰고, 앞뒤 문맥 자르고, 순서 뒤바꾸고, 그럴 것입니다. 한마디로 횡설수설, 뒤죽박죽입니다.

그래도 신기하게 서로 말귀를 알아듣습니다. 서로 전하려고 하는 용건과 메시지를 알아보지 못하는 일은 거의 없습니다. 왜 그럴까요? 상대방이 무슨 말을 하고 싶어 하는지, 눈에 보이는 글자 너머의 뜻까지 미루어 헤아리기 때문입니다. 효율성보다 친밀성을 더 우선하는 관계의 특징입니다. '개떡같이 말해도 찰떡같이 알아듣는다'는 말은 딱 이 경우를 가리킵니다.

이런 종류의 소통이 직장 안에서도 가능할까요? 이런 사람이 있습니다. 자기 입장에서 하고 싶은 이야기를 자기 나름의 방식으로 정리해 상관에게 보고서를 올립니다. 그리고 이렇게 생각합니다. '내가 이렇게 써도 팀장님이 다 알겠지. 아마 부장님이 잘 알아서 판단할 거야.' 개떡같은 보고서를 팀장과 부장이 찰떡같이 알아들을 수 있을까요?

안타깝지만 그런 요행은 일어나지 않습니다. 직장에서 개떡같이 보고서를 쓰면 소통이 되지 않는 것은 물론이고 자칫 개떡 취급까지 받을 수 있습니다. 자신의 무능함을 상관에게 입증하는 가장 확실한 행위일 뿐입니다.

이런 일은 상관이 유별나게 까칠하거나 직장 분위기가 나빠서 생기는 문제가 아닙니다. 특수한 경우를 제외하고 대개 직장은 위계적 질서에 따라 운영됩니다. 대표를 정점으로 상관과 부하 직원이 피라미드 구조 속에 놓입니다. 친밀성보다 효율성을 중심으로 한 조직의 특징입니다.

부하인 보고자와 상관인 피보고자는 피라미드 구조 속에서 각각 다른 소통의 조건에 서게 됩니다. 보고자는 그 일의 주무로서 자신의 일을 아주 자세하게 파악하고 있습니다. 한 편의 보고서를 쓰기 위해 며칠 동안 많은 시간과 노력을 들입니다.

상관은 그 일을 모르진 않지만 보고자처럼 상세하게 알 수 없습니다. 상관은 보고자보다 더 많은 종류의 이슈를 관리해야 합니다. 이 보고 외에도 점검하고 판단해야 할 다른 이슈가 산적해 있습니다. 한 편의 보고서를 읽고 판단하는 데 불과 10분, 20분의 시간밖에 낼 수 없습니다.

정보의 비대칭 현상이 발생하기 쉬운 조건입니다. 이런 조건에서 보고자가 범하기 쉬운 오류는 '지식의 저주'입니다. 자신이 아는 만큼 다른 사람도 당연히 알 것이라는 착각에 사로잡혀 정보를 전달하는 것입니다. 미국 스탠퍼드대학교 경영대학원 교수 칩 히스Chip Heath는 주로 전문가가 의사소통에 실패하는 이유가 이 때문이라고 지적했습니다.

모든 직장인이 전문가는 아니지만 자신이 맡고 있는 일에 대해선 전문가와 비슷한 입장이 됩니다. 자신이 보고서에 담아야 할 내용을 자신이 아는 수준에서 전달하는 것입니다.

보고자는 중요한 내용을 다 전달했다고 생각하지만 상관은 그것이 무엇인지 알 수 없습니다. 보고자는 충분히 설명했다고 생각하지만 상관은 보고서를 읽을수록 오히려 더 궁금해집니다. 보고서를 올린 뒤 상관이 보고자에게 추가적인 설명을 요구하는 상황이 되풀이되는 이유가 여기에 있습니다.

심리학에선 일반적인 사람의 특징을 '인지적 구두쇠Cognitive Miser'라 정의합니다. 어떤 상황이나 내용을 파악하기 위해 '인지적 노력Cognitive Demand'을 쏟는 것에 아주 인색하다는 뜻입니다.

인지적 노력은 주로 시험을 보거나 테스트를 받을 때처럼 평가라는 권력이 개입할 때 작동합니다. 평가자인 상관에게 피평가자인 보고자가 인지적 노력을 요구한다면 나무에서 물고기를 구하는 것만큼 난망한 일입니다. 상관은 가장 인색한 '인지적 구두쇠'라는 사실을 잊지 말아야 합니다. 이렇게 어려운 조건 속에서 소통하려면 전략이 필요합니다. 상관이 인지적 노력을 들이지 않고도 그 내용을 파악할 수 있도록 해야 합니다.

설득의 법칙: 읽는 글과 보는 글

글은 전달 방식에 따라 '읽는 글'과 '보는 글'로 나뉩니다. '읽는 글'은 주로 개념, 논리, 설명, 추론에 의지합니다. 어려운 책을 읽을 때처럼 머리를 굴려야 그 내용을 이해할 수 있습니다. 앞서 이야기한 인지적 노력이 필요합니다.

반대로 '보는 글'은 인지적 노력을 거의 들이지 않고도 내용을 파악할 수 있습니다. 광고 카피가 그 좋은 예입니다. 광고 카피를 접하는 순간 우리의 뇌는 그 내용을 바로 흡수합니다. 어떻게 이런 일이 가능할까요? 광고 카피는 독자의 머리에 그림을 그려줍니다. '직관성'이라는 놀라운 소통의 방법을 활용하는 것입니다. 사실, 사례, 비유, 인용, 통계가 그것들입니다.

두 개의 예문을 읽어보겠습니다.

1. 죽는다는 사실을 기억하는 것은 인생에서 중요한 선택을 할 때 가

장 필요한 도구입니다. '죽음'은 삶이 발명해낸 최고의 발명품으로 새로운 것을 받아들이는 길을 열어주기 위해 헌 것을 치워버리듯 삶을 변화시킵니다. 여러분의 시간은 한정되어 있으니, 다른 사람의 삶을 사느라 시간을 허비하거나 시끄러운 타인의 목소리가 여러분의 내면에서 우러나오는 마음의 소리를 방해하지 못하게 하십시오. 다른 것들은 모두 부차적일 뿐, 제일 중요한 것은 자신의 마음과 직관을 따르는 용기를 갖는 것입니다.

2. 17세 때 "마지막 날인 것처럼 살아간다면 언젠가 성공할 것"이라는 글에 감동 받아 33년 동안 거울 앞에서 "오늘이 마지막 날이라면 오늘 내가 해야 하는 일을 할 것인가?" 물었습니다. 1년 전 시한부 췌장암 판정을 받았지만 세포 분석 결과 드물게 치료 가능한 종류로 판명 나 기적처럼 살아났습니다. 죽는다는 사실을 기억하는 것은 인생에서 중요한 선택을 할 때 가장 필요한 도구입니다. 이 같은 경험을 통해 제일 중요한 것은 자신의 마음과 직관을 따르는 용기라는 사실을 알게 됐습니다.

두 글은 모두 스티브 잡스의 '스탠포드대학교 졸업식 축사' 후반부를 요약한 글입니다. 두 글의 분량은 원고지 1.4매로 똑같습니다. 그러나 느낌은 사뭇 다를 것입니다.

첫 번째 글은 논리, 의견으로만 이루어졌습니다. 머리로는 이해가 되지만 공감까지 하기는 어렵습니다. '그래서 어떻다는 거지?' '누굴 가르치려고?'라는 반응이 나올 가능성도 있습니다. 독자의 마음을 움직이기에는 한계가 있습니다. '이해'라는 소극적 반응밖에 기대할 수 없습니다.

두 번째 글에는 첫 번째에 없는 사실, 경험이 있습니다. 첫 번째, 두 번째 문장입니다. 매일같이 거울 앞에서 좌우명을 외우며 스스로를 돌아보는 모습, 췌장암으로 죽을 뻔했으나 기적적으로 살아난 모습을 그려내고 있습니다. 즉 앞의 두 문장은 사실과 경험이고, 뒤의 두 문장은 논리와 의견입니다. 뒤의 문장이 설득력을 갖는 것은 앞의 문장을 통해서입니다. 죽음의 문턱까지 다녀온 사람의 이야기이기 때문입니다.

바로 이것이 설득의 법칙입니다. 사람의 마음을 움직이려면 독자의 머릿속에 생각(논리, 의견)과 함께 그림(사실, 경험)을 그려주어야 합니다. 그래야 독자로부터 공감과 동의라는 적극적인 반응을 이끌어낼 수 있습니다.

이런 글쓰기 방법은 역사가 아주 깊습니다. 한시의 대부분이 이런 기법으로 시상을 전개하고 있습니다. 경치를 먼저 보여주고 글쓴이의 의견과 생각을 말하고 있습니다. 이런 창작 기법을 선경후정先景後情이라 합니다. 한 편의 시를 감상해보겠습니다.

> 강이 파라니 새가 더욱 희고
> 산이 퍼러니 꽃빛이 불붙는 듯하구나
> 올 봄이 보건대 또 지나가니
> 어느 날이 돌아갈 해인가
>
> — 두보, 〈절구絶句〉

이 시는 강, 산 따위의 풍경을 먼저 그려내고 있습니다. 시를 읽으면 한 폭의 동양화가 머릿속에 그려집니다. 시가 끝나갈 즈음에야 시적 화자의 느낌과 의견이 드러납니다. 반드시 '경'이 먼저 오고 '정'이 나중에 올 필요는 없습니다. '정'의 설득력을 위해 반드시 '경'이 필요하다고 창조적으로 해석하는 것이 좋겠습니다. 분명한 것은 '경'과 '정'의 조화가 공감과 동의를 만들어낸다는 사실입니다.

선경후정은 한시뿐 아니라 거의 모든 글에 적용해야 할 강력한 글쓰기 방법입니다. 에세이나 칼럼은 물론이고 보고서, 보도자료, 연설문, 자기소개서, 설명문, 안내문, 이메일 등 실용 글쓰기 전반에 활용할 수 있습니다. 선경후정을 글의 다양한 분류 잣대로 풀어 말하면 아래의 표와 같습니다.

글에서 '정'이 뼈라면 '경'은 살입니다. 살 없이 뼈만으로는 고기 맛을 알 수 없습니다. 뼈를 중심으로 살이 도톰하게 둘러싸여 있어야 갈비처럼 맛있는 글이 됩니다. 우리나라 글쓰기의 특징 가운데 하나는 지나치게 '정'에 의존해 글을 쓰고 있다는 점입니다. 간략하게, 압축적으로 쓰는 것이 미덕인 업무용 글쓰기에서 이런 현상은 더욱 심하게 나타납니다. 압축적으로 쓰라는 요구가 살을 다 발라버리고 뼈만 남기라는 것으로 오해되고 있습니다.

'경'을 넣으면 글의 분량이 늘어날 가능성이 높은 것은 사실입니다. 하지만 스티브 잡스의 축사 요약문에서 본 것처럼 꼭 그렇지만은 않습니다. 글을 경제적으로 쓰는 능력을 키운다면 분량을 더 늘리지 않고도 '경'과 '정'이 조화를 이루는 갈비 같은 글을 쓸 수 있습니다.

다음은 《중앙일보》가 혜민 스님을 통해 대니얼 튜더 전 《이코노미

스트》 특파원을 인터뷰한 기사([혜민 스님의 여운이 있는 만남] "한국 최초의 성소수자 국회의원은 경상도에서 나올 것", 2015년 6월 19일)입니다. 여기서 주목해야 할 것은 튜더가 말하는 방식입니다.

혜민: 한국이 좀더 행복한 나라로 발전하려면 복지에 대한 관점도 바뀌어야 한다고 했습니다. 복지 증진의 열쇠는 어떤 '프레임'을 통해 보느냐에 달렸다고 했는데요.

튜더: ① 한국은 경제협력개발기구(OECD) 국가 가운데 복지 지출이 10% 미만인 두 나라 중 하나입니다. 상당히 적은 수준이지요. 15%로 늘린다고 해도 평균에 훨씬 못 미치는 수준입니다. ② 기존에는 복지를 좌파와 우파 모두 사회적 약자들에게 '공짜로 주는 시혜'라는 관점으로 봤습니다. 그러니 잘못하면 혈세가 낭비되고 있다는 느낌이 드는 것입니다. 한국인은 사회적 지위 상승의 욕구가 강하기 때문에 이러한 분배 중심의 담론은 통하기 어렵습니다.

혜민: 그렇다면 어떤 새로운 관점의 접근을 해야 할까요?

튜더: ③ 제가 볼 때 복지는 정부가 국민에게 하는 '투자'입니다. 국민이 꿈을 이룰 수 있도록 정부가 먼저 투자를 하고 나중에 성공해 세금을 더 걷을 수 있도록 돕는 시스템이지요. ④ 실제로 《해리 포터》를 쓴 조앤 롤링의 경우 90년대 초반 싱글맘으로서 정부 수당을 받아 생활했습니다. 하지만 엄청난 성공을 거둔 후 영국 복지제도에 '빚을 졌다'는 생각에 다른 나라로 이주하지 않고 어마어마한 세금을 내며 영국에 살고 있습니다. ⑤ 시혜적인 느낌을 주는 '무상급식'이나 '반값 등록금' 같은 접근이 아니고 투자 중심의 프레임으로 바뀌어야 한다고 생각합니다.

①, ④는 통계, 사례로 '경'입니다. ②, ③, ⑤는 논리, 주장, 의견으로 '정'입니다. 이 글은 우리나라 복지의 현황과 문제점을 묻고 답한 첫 번째와 그 해결 방안을 언급한 두 번째로 내용 단락이 나뉩니다. 내용 단락 하나를 이야기할 때마다 '경'과 '정' 두 가지를 조화롭게 결합하고 있습니다. 특히 조앤 롤링의 사례는 튜더가 주장한 메시지의 설득력을 높이는 데 화룡점정의 역할을 합니다. 아마도 이 인터뷰 내용은 조앤 롤링의 이야기로 독자들에게 기억될 것입니다.

미국 소설가 어니스트 헤밍웨이는 글을 쓰고자 하는 사람에게 "Show, don't tell!"이라고 충고했습니다. 설명하지 말고 보여주라는 뜻입니다. 러시아 소설가 안톤 체호프는 "달이 빛난다고 말하지 말고 깨진 유리 조각에 반짝이는 한 줄기 빛을 보여줘라"라고 역설했습니다. 보고서도 설명하기보다 그림으로 보여준다면 더 큰 공감과 동의를 불러일으킵니다. 직관성이 설득력의 전략입니다.

선경	후정
이야기	논리
사실	의견
관찰	평가
구체	추상
개별	보편
묘사	설명
비유, 인용, 통계	추론, 분석

사례, 비유, 인용, 핵심 키워드와 카피 그리고 구체성

보고서에서 사례, 비유, 인용, 핵심 키워드와 카피, 통계, 시각화 등을 활용하면 직관성과 설득력을 높일 수 있습니다. 먼저 사례, 비유, 인용, 핵심 키워드와 카피, 구체성에 대해 살펴보겠습니다.

사례

포스코경영연구소의 보고서 〈솔루션 비즈니스 기업의 조직 운영 모습〉은 다음과 같이 내용을 전개하고 있습니다. 솔루션 비즈니스의 개념을 '고객의 문제를 해결하고 교육하여 고객 가치를 혁신하는 전 프로세스'라고 설명한 뒤 각각의 개념들을 세분화해 설명합니다.

- 조직의 관리 범위가 넓어지고, 부서 간 관계가 복잡해지더라도 내부 관리의 어려움보다는 고객의 이익과 편리함을 우선 고려
  - IBM은 2000년대 초 고객에게 하드웨어, 소프트웨어, 네트워크를 패키지솔루션으로 제공하는 글로벌 솔루션사업부 신설. 하드웨어 사업부, 소프트웨어사업부, 네트워크사업부로부터 제품과 서비스를 받아 고객에게 솔루션을 제공하는 과정은 내부적으로 매우 복잡하지만 고객 입장에서는 글로벌 솔루션사업부만 대응하면 되니 만족도가 높아짐
  - LG화학 산업재본부는 '06년 조직개편 당시 건재(창호)와 장식재(바닥재, 벽재)사업본부를 건장재사업부로 통합하여 사업의 70% 이상을 담당하는 대사업부를 만들기도 함. 고객과 유통업체 입장

에서 함께 다루는 제품을 묶어서 제공하기 위해 관리하기 어렵더라도 통폐합하는 결단 단행

◦ 부분의 설명만 있었다면 이것이 구체적으로 어떤 내용인지 독자가 파악하기 어려웠을 것입니다. 그 아래 IBM과 LG화학의 사례를 넣어줌으로써 어려운 개념을 쉽게 풀어내고 있을 뿐만 아니라 독자가 실질적인 응용도 가능하도록 이해도를 높였습니다.

비유

2018년 1월 18일 JTBC 〈뉴스룸〉에서 '가상화폐, 신세계인가 신기루인가'라는 주제로 토론회가 벌어집니다. 법무부 장관의 비트코인 거래소 폐지 발언 이후 비트코인 투자에 참여한 사람, 블록체인의 미래를 높게 평가하는 사람들이 반발하자 열린 자리였습니다. 토론회의 패널로 블록체인 전문가 두 명, KAIST 정재승 교수, 유시민 작가가 참여했습니다.

이날 패널 가운데 시청자로부터 가장 큰 공감을 받는 사람은 아이러니하게도 가장 비전문가라고 할 수 있는 유시민 작가였습니다. 그는 이렇게 말했습니다.

"블록체인은 건축술, 비트코인은 집이라 칩시다. 마을회관 하라고 집 지어놨는데 지어놓고 보니 도박장이 된 거예요. 그래서 규제를 하는데 건축을 탄압하지 말라고 하는 꼴이에요."

유시민 작가의 말이 시청자의 공감을 얻을 수 있었던 이유는 그의 전달 방식 때문이었습니다. 블록체인과 비트코인은 일반인이 설명만 들어선 이해하기 어려운 개념입니다. 기술적 원리와 유통 구조를 아무리 자세하게 설명한다 해도 마찬가지입니다. 유시민 작가는 블록체인과 비트코인의 관계, 지금 벌어지고 있는 비트코인 투기 열풍을 건축술과 집, 도박장이란 절묘한 비유로 담아냈습니다. '비유'라는 소통의 무기를 활용해 낯설고 어려운 개념과 현상을 시청자들이 알기 쉽게 이해하도록 배려했습니다.

인용

포스코경영연구소의 보고서 〈통찰 경영의 시대, 선견先見을 가로막는 편견 떨치기〉는 전략적 문제 해결에서 발생할 수 있는 대표적인 편향과 오류를 열거하고 각 유형을 설명하고 있습니다. 각 항목 말미에 유명한 사람의 말과 글을 인용함으로써 설득력을 높이고 있습니다. 보고서에서 인용은 ※ 표시로 처리합니다.

◦ 조직의 문제해결 역량을 재구축하지 않고서는 New Normal 시대에 대응할 수 없음
  - 전략적 전망 전문컨설팅사 Agentelle은 성공적인 예측과 전망을 위해서는 신속한 실행Time Savings, 효율성More Efficiency과 함께 사업 환경에 대한 의사결정역량Better Decision Making이 관건이라고 조언
  - 기업(조직)이 위기를 맞게 되는 근본 원인은 체질의 문제이며, 의사결정 과정에 임하는 조직 구성원의 문제 해결 역량과 의식·태

도를 개선·강화하여 '창조'와 '전체로서의' 경쟁력을 구축하는 것 이 당면 과제임

※ "일본 내에서는 관료 조직이든 민간 기업이든 문제 사안에 대해 부문별, 부서별로는 최고의 해답을 잘 찾아낸다. 하지만 그것을 모아 전체적인 해결책을 이끌어내는 데는 서툴기 짝이 없다"(후나바시 요이치, "후쿠시마 원전 대재앙의 진상", 2014)

아예 인용을 통해 중요한 개념을 설명하기도 합니다.

◦ '인순고식 구차미봉因循姑息、苟且彌縫'은 낡은 관습을 버리지 못하고 하던 대로 하거나 적당한 임시방편으로 땜질하는 것
  - 인순고식: 예전 해오던 그대로 따라 하고 잠시 제 몸 편안한 것만 생각하여 바꿀 생각이 없는 것
  - 구차미봉: 일이 생기면 정면으로 돌파할 생각은 않고 술수를 부려 넘어갈 궁리만 하고, 임시변통을 세워 대충 없던 일로 하고 지나가는 태도

    ※ 인순고식 구차미봉 천하만사 종차타괴因循姑息、苟且彌縫, 天下萬事 從此墮壞: 하던 대로 따라 하고, 잠시의 편안함만 취한다. 구차하게 놀고, 임시변통으로 때운다. 천하의 온갖 일이 이 때문에 무너지고 만다.(연암 박지원이 만년에 되뇌면서 강조했던 말)

생생함을 살리기 위해 관계자나 전문가의 발언을 직접 인용하는 방법도 있습니다. 정부 보고서 〈인문계 전공자 취업 촉진 방안〉은 인문

게 청년의 취업 준비 및 지원 실태를 전하면서 그들의 목소리를 이렇게 전달하고 있습니다.

"처음 대학에 올 때는 취업 이런 건 잘 생각 안 하잖아요. 고등학교 때는 거의 수능 성적 맞춰가지고…… 그래도 문학을 좋아하니까……."

"직업과 진로라는 교과목이 있어요. 운이 좋아서 수강할 수 있었지만, 빨리 수강신청 하지 않으면 바로 마감돼요. 듣고 싶어도 못 듣는 친구들도 많아요. 전공필수로 지정되면 모두 들을 수 있으니 좋을 것 같아요."

"취업지원센터에서 기업체 현장 방문해서 참관하고 일하는 프로그램이 있어요. 국문과 전공으로 개설된 현장 실습이 없기 때문에 전공과 무관한 업종으로 가요. 인문계열에서 전공을 살려 개인적으로 가는 인턴은 학점 인정이 안 돼요. 휴학하고 가든, 알바 형태로 가든 그건 개인의 선택이고 학점은 전혀 안 나와요."

핵심 키워드와 카피

한 편의 보고서를 읽으면 머릿속에 무엇이 남을까요? 전체 내용이 아니라 핵심 키워드와 카피가 남습니다. 독자는 그것으로 그 글을 기억합니다. 나중에 다시 떠올릴 때 핵심 키워드와 카피를 단서로 내용을 복원합니다. 보고서에서 핵심 키워드와 카피는 눈에 띄게 잘 드러내야 합니다.

Ⅲ-3. 군 복무 만족도 제고

[1] **(군 복무와 개인발전의 연계 강화)** 군 복무를 개인의 특기와 적성에 맞는 분야에서 이행하게 함으로써 개인의 경력 발전과 전투력 증강 및 국가적 인적자원 개발에 기여

> * 취업: 입대전 기술교육 – 관련분야 군 복무 – 관련분야 취업(경력인정)
> * 학업: 학점취득 여건 조성(학점은행제 등) – 복학시 학점인정(우수학교 평가)

* 사회기술과 연계된 자기계발 프로그램 운영 〈참고2〉

○ 군: 복무 유형별 양성 소요 제기, 특기병 모집제도 개선

○ 병무청: 전문 병역설계 상담관 양성 및 운영

* 지방병무청에 약 70여명 배치(각 청별 3~6명: 예비역 간부 등)
* 각 대학(교)에 1명 이상 배치(직장예비군 지휘관/참모 겸임)

○ 대학교/산업체: 학점인정, 특기병 양성, 경력인정/취업우대

○ 개인: 군 복무 유형 / 분야 선택(상담), 입대전 자격 취득

* 군에서 축적한 전문지식 · 기술역량을 사회에서 발휘

[2] **(자기계발 여건 조성)** 전투준비/교육훈련 외 추가과업을 줄이고 하루 일과를 예측 가능토록 제도화, 자율적 자기계발 여건 조성

* 추가과업 경감으로 전투준비/자기계발 여건조성

근무 시간	근무 외 시간				
과업수행(전투준비, 훈련)	정비	저녁식사	자율활동	점호	취침, 기상, 경계
경계, 정비, 시설관리 임무 병행	청소, 세탁, 시설정비, 부대정비, 병력관리 등 불규칙한 임무수행 → 자기계발 시간 예측 제한				경계
직장 개념 (전투준비 / 교육훈련 전념)	생활문화공간 개념 (자기계발, 휴식)				경계

[3] **(근무 시간은 직장개념 정착)** 일반직장인처럼 근무 시간은 전투준비/교육훈련에 전념할 수 있도록 제도 · 문화 개선

○ 임무와 관계없는 청소, 세탁, 정비, 시설관리 분야 아웃소싱 확대

☞ 근무 시간은 훈련/전투준비에 집중, 정예강군 육성

[4] **(근무 외 시간은 수용 → 생활문화공간개념으로 전환)** 자율적 자기계발과 휴식이 가능한 복무환경 조성

○ 중단 없는 학습 병영문화 조성 ⇨ 자기계발 여건 보장

- 대학 학점 취득 및 군 교육훈련 학점 인정
- 자격취득 기회 확대: 군 전문분야에 대한 국가 자격화
- 영어에 대한 자신감 배양을 위한 어학 프로그램 지원
  * 현역병 자기계발 프로그램 〈참고3〉
- 지식기반형 학습 인프라 구축
  * 사이버 지식 정보방 설치 (병 5명당 인터넷 PC 1대, BTO 사업 추진)

○ 재충전이 가능한 휴식여건 보장

- 시간보장: 불필요한 집합근절 등 병영문화 개선
- 공간확보: 체력 단련장, 동아리 방 등 개인 취미활동 시설 보강
- 급여인상: 개인 복지를 위한 최소한 여건 보장

※ 군 복무중 일할 준비가 된 청년으로 성장 ⇨ 국가경쟁력 제고

⇨ "나라도 지키고, 개인도 발전"

대통령보고서 〈인적자원 활용 2+5〉의 '군 복무 만족도 제고' 부분은 각 항목 앞에 괄호로 핵심 키워드를 정리하고 마무리에 카피를 넣었습니다. 이 보고서를 읽고 나면 '군 복무와 개인 발전의 연계 강화' '자기계발 여건 조성' '근무 시간은 직장 개념 정착' 등의 키워드와 '나라도 지키고, 개인도 발전'이라는 카피가 남을 것입니다.

구체성(육하원칙, 숫자, 고유명사, 오감)

우리나라 사람들은 모호하게, 두루뭉술하게, 추상적으로, 익명에 기대어 이야기하는 것을 좋아합니다. 우리나라의 시와 노래에는 '이름 모를 새' '이름 모를 꽃'이 너무 많습니다. 소설은 흔히 이렇게 서술합

니다. '어느 여름날 자동차를 타고 남쪽 해안 도시를 다녀왔다.'

몇 년 전 어느 회사 글쓰기 워크숍. 첫 시간에 가장 인상 깊은 사건을 글로 써보라는 과제를 내주었습니다. 한 여성 직원이 신혼여행 이야기를 A4 용지 3장에 걸쳐 썼습니다. 그 글의 발표를 다 듣고 난 뒤 깜짝 놀라지 않을 수 없었습니다.

이 여성이 신혼여행을 어느 나라로 갔는지, 심지어 동남아인지 유럽인지조차 알 수 없었습니다. 3장 내내 '낯선 이국의 풍경에 넋을 잃고 말았다'라는 종류의 느낌과 감상평만 늘어놓았습니다. 제가 물었습니다.

"남편분이 국정원 직원이세요?"

"아뇨."

"그런데 왜 그렇게 쓰세요? 신혼여행이 비밀 업무도 아닌데."

저는 우리나라 사람들이 이렇게 글을 쓰는 이유를 이렇게 유추해봅니다. 우리나라는 근대 이후 식민지와 독재정권을 오랫동안 경험했습니다. 그런 치하에선 구체적으로 명백하게 글을 쓰고 말하는 사람들이 늘 불이익을 받았습니다. 모호하게 추상적으로 글을 쓰고 말해야 나중에 상황이 바뀌었을 때 빠져나갈 구멍이 있었던 것입니다. 그런 문화적 유전자가 아직도 글쓰기에 남아 있는 것입니다.

물론 문학 글쓰기에서는 수사적 차원에서 모호함을 추구하기도 합니다. 그러나 실용 글쓰기 영역에서 모호함은 결코 환영받을 수 없습니다. 정확하고 명백한 메시지를 전달하기 위해 구체적으로 표현하는 것이 미덕입니다.

구체성을 이야기할 때마다 빼놓을 수 없는 표본 글이 바로 스티브 잡스의 축사입니다.

기숙사에서 머물 수 없었기 때문에 친구 집 방바닥에서 자기도 했고, 5센트짜리 코카콜라병을 팔아 끼니를 때우기도 했습니다. 매주 일요일 밤마다 그나마 괜찮은 음식을 먹기 위해 11킬로미터를 걸어서 헤어크리슈나 사원에 가기도 했습니다. 정말 맛있었어요.

열심히 일한 덕에 차고에서 단 둘이서 시작했던 애플은 10년 뒤 4,000명이 넘는 종업원을 거느리는 200억 달러 규모의 기업으로 성장했습니다.

스티브 잡스는 '빈 병'이 아니라 '5센트짜리 코카콜라병', '멀리'가 아니라 '11킬로미터', '어느 사원'이 아니라 '헤어크리슈나 사원'이라 말하고 있습니다. 10년 뒤 '거대한 기업'이 아니라 '4,000명이 넘는 종업원을 거느리는 200억 달러 규모의 기업'으로 성장했다고 말하고 있습니다.

업무용 글쓰기에서 '어느 정도'라고만 쓰면 곤란합니다. 보고자의 '어느 정도'와 피보고자의 '어느 정도'가 같을 수 없습니다. '상당히'라고만 쓰면 어디까지가 '상당히'인지, 어디까지가 '상당히'가 아닌지 종잡을 수 없습니다.

글을 퇴고할 때 육하원칙, 숫자, 고유명사, 오감(색, 모양, 맛, 소리, 냄새 등)을 넣으면 글의 해상도가 올라가는 것은 물론이고 설득력도 높아집니다. 이 네 가지는 글을 단숨에 좋아지게 만드는 방법입니다.

통계: 포인트를 잡아 이해하기 쉽게 설명

통계는 보고서의 설득력을 높이는 데 아주 중요한 역할을 합니다. 숫자로 이야기하는 것만큼 명확한 근거는 없기 때문입니다. 그냥 설명했을 때 반신반의하던 사람도 숫자를 들어 설명하면 정확한 사실이라 믿는 경향이 있습니다. 보고자들은 활용할 수 있는 통계가 있다면 그것을 표나 그래픽으로 만들어 최대한 포함하려고 합니다. 통계를 많이 쓰면 쓸수록 충실하고 신뢰받는 보고서로 받아들여질 것이라는 판단 때문입니다.

이런 판단은 반은 맞고 반은 틀립니다. 통계가 직관성과 설득력을 높이는 것은 사실입니다. 그러나 표나 그래픽을 지나치게 많이 넣으면 보고서의 문맥이 끊어지고 쓸데없이 분량만 늘어납니다. 표와 그래픽이 많이 포함된 보고서를 읽는 것은 아주 고역입니다.

어떤 보고서는 표와 그래픽만 보여줄 뿐 그 내용을 문장으로 설명하지 않습니다. 표와 그래픽에서 중요한 포인트를 찾고 거기서 의미 있는 메시지를 찾아야 할 임무를 의사결정권자에게 맡기는 것입니다. 의사결정권자가 전자계산기를 한참 두드려야만 필요한 정보를 알게 될 때도 있습니다. 힘들게 표와 그래픽을 만들었지만 직관성은 더 떨어집니다.

중요한 통계 한두 개 정도만 표와 그래프로 처리하는 것이 바람직합니다. 나머지는 보고자가 그 통계에서 꼭 알아야 할 내용을 잘 소화해 적절하게 풀어서 설명하는 것이 좋습니다. 무엇보다 포인트를 제대로 잡고 정확하게 해석하는 것이 중요합니다.

Ⅰ. 지금까지의 위원회의 모습

- 위원회 현황 및 평가 -

1. 국민의 눈에 비친 위원회

○ 사회적 약자에게 다가가지 못하는 위원회

- 위원회 인지도는 2001년 33%에서 2005년 44%로 향상되었으나, 아직도 사회적 약자계층에게는 알려지지 않아 위원회 접근성이 취약

※ 사회적 약자계층 위원회 인지 비율

- 여성(37.6%)·고연령(26.6%)·군지역(30%)·저학력(18.9%)·1차산업 종사자(17.1%)

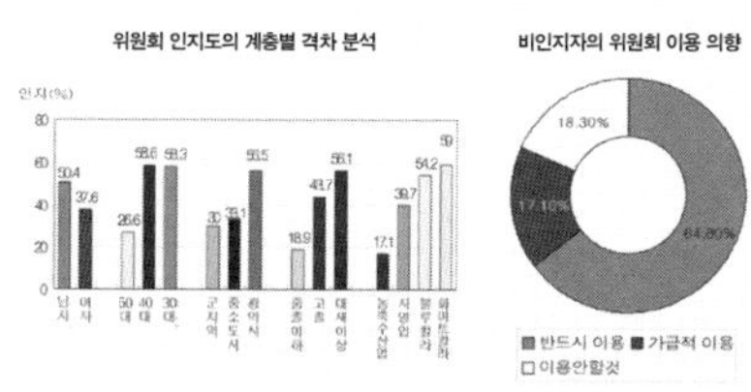

* 자료출처: 행정민원에 관한 일반국민 여론조사 보고서(월드리서치, 2005)

- 특히 위원회 비인지 계층의 77.8%가 "향후 위원회를 이용할 의향이 있다"고 밝혀, 이들에 대한 위원회 접근성 제고 대책이 시급한 것으로 분석

○ 높아지는 국민 기대에 부응하지 못하는 위원회

- 최근 3년간 고충민원 접수는 연평균 9.7%(2002년 15,551건 → 2004년 18,730건) 상승하였으나, 만족도는 연평균 2.9%p 하락

- 민원처리 불만의 핵심 내용이 "법·규정만 반복해서 말하고 타기관에 책임전가(26.8%)", "형식적·무성의한 민원처리(19.8%)"로 해결되지 않은 민원에 대한 배려가 부족한 것으로 평가

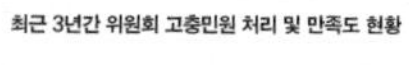

최근 3년간 위원회 고충민원 처리 및 만족도 현황

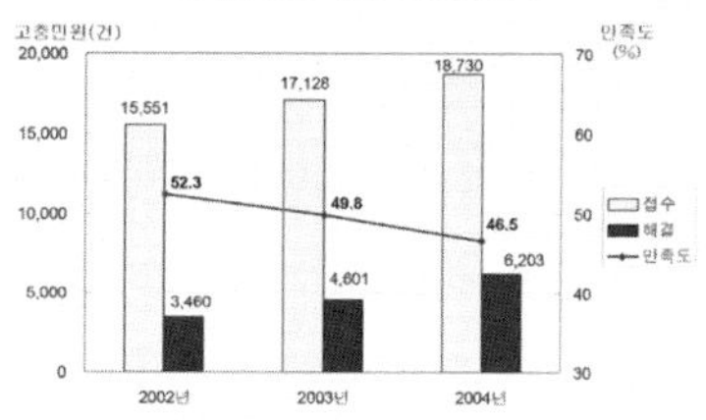

민원처리 과정에 대한 불만족 사유

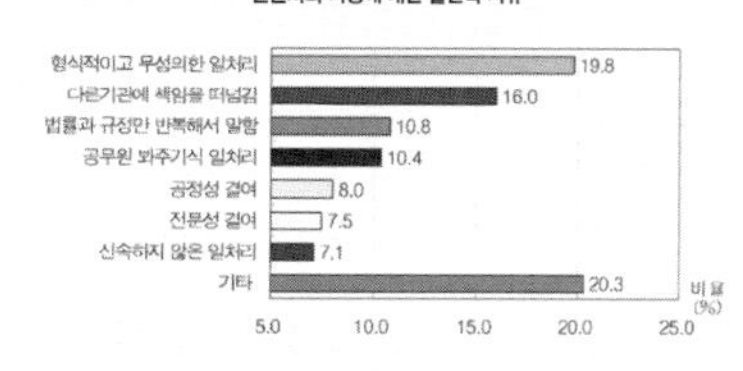

그렇지 않다면 통계가 악용될 수 있습니다. 통계는 수치로 표현된 객관적 사실이지만 때로 왜곡되거나 오용될 수 있습니다. 영국의 정치가 벤저민 디즈레일리Benjamin Disraeli는 "거짓말에는 세 가지 종류가 있다. 그럴 듯한 거짓말, 새빨간 거짓말, 그리고 통계"라는 말을 남겼습니다. 미국 소설가 마크 트웨인Mark Twain은 "사실은 흔들 수 없지만 통계는 구부릴 수 있다"라고 말했습니다.

미국 통계학자 대럴 허프Darrell Huff는 《새빨간 거짓말, 통계》에서 이런 예를 들고 있습니다. 1898년 미국 해군 징병관은 이런 통계를 들어 청년들의 입대를 선전했습니다. 쿠바에서 미국이 스페인과 벌인 전쟁에서 미 해군은 사망률은 1,000명당 9명. 같은 기간 뉴욕 시민의

사망률은 16명. 뉴욕에 있는 것보다 해군에 입대하는 것이 더 안전하다는 근거였습니다. 갓난아이, 노인, 병자가 포함된 뉴욕 시민과 건강한 청년인 병사. 서로 비교할 수 없는 표본집단을 놓고 비교한 속임수였습니다.

통계를 보고서에 활용할 때는 단순하게 사실을 나열하는 데 그칠 것이 아니라 그것이 의미하는 메시지를 정확하게 해석해주어야 합니다. 다음은 최근 5년간 햇빛도서관의 이용자 현황, 이용자 연령별 추이, 이용자 설문조사 자료입니다. 이 자료를 바탕으로 햇빛도서관 관련 보고서를 쓴다고 가정해봅시다(초상권 위험이 있어 이름과 통계 수치를 변경할 계획입니다).

무엇보다 햇빛도서관장이 꼭 알아야 할 포인트를 짚어내 이해하기 쉽게 표현해야 합니다. 통계 그래프에 있는 숫자에서 특징을 잡아내고 유의미한 정보를 찾아내야 합니다. 전자계산기를 두드리지 않아도 알 수 있도록 증감, 변화의 내용을 숫자로 설명해야 합니다.

□ 현황과 문제점

- ◦ 이용자 추이와 만족도 지표 등 경영지표 전반적 하락
  - 이용자 41,000명(2015년)→15,100명(2020년)으로 25,900명(64.9%) 급감
  - 도서관 이용에 대한 불만족률(50.1%)이 만족률(25.3%)에 두 배 가까이 높음(2020년 자체조사)

◦ 영유아, 중장년층 불만족도 높음

- 영유아 초등 이용 비율이 27.5%(2015년)→41.3%(2020년)로 50.1% 증가(영유아 초등 이용자 수가 가장 적게 감소한 데 따름. 노년층도 48.8% 증가)
- 중장년층 이용 비율은 23.2%(2015년)→11.5%(2020년)로 50.4% 감소(중고생 9.5%, 청년층 15.6% 감소)
- 연령별 만족도 조사 결과 영유아(37.8점), 초등(45.4점)이 하위, 중장년층(67.1점) 노년층(69.4점)이 상위(100점 만점 전체 평균 56.8점)

통계를 표현할 때 주의할 몇 가지 점이 있습니다. 증감의 양은 숫자와 백분율로 함께 환산하는 것이 좋습니다. 두 백분율의 차이는 퍼센트포인트(%p)라는 단위를 사용합니다. %로 표현하는 것이 좋을지, %p로 표현하는 것이 좋을지 잘 판단해야 합니다. 위 사례의 경우 노년층의 증가를 %p로 표현하면 1.9에 불과하지만 %로 환산하면 45.0%입니다. %로 환산해야 정확도가 더 높아집니다.

감소를 나타낼 때 줄어든 양, 남은 양 두 방향으로 표현할 수 있습니다. 줄어든 양은 '○○% 감소'라고 합니다. 남은 양은 '○○% 수준 감소', 수준이란 단어를 사용해 줄어든 양과 헷갈리는 것을 막아줍니다. 단위를 표준화해야 합니다. 소수점 아래 한 단위까지 표현하기로 했으면 전부 그 기준을 적용합니다.

통계를 기계적으로 나열하지 말고 특징을 잡아내 표현해야 합니다.

2. 햇빛도서관 이용자 현황

1. 최근 5년간 도서관 이용자 추이(연간 이용자)

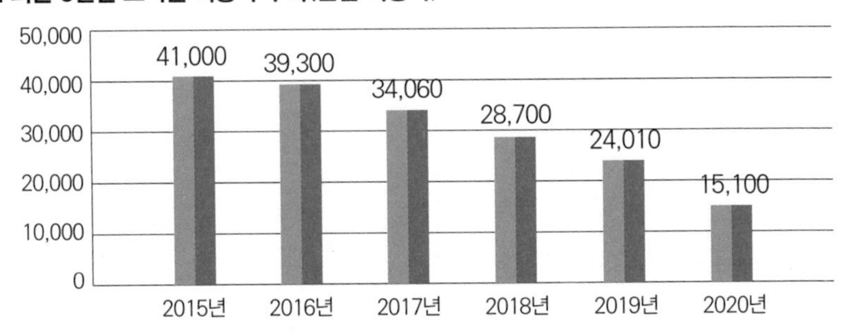

2. 최근 5년간 도서관 이용자 연령별 추이

	영유아	초등생	중고생	청년층	중장년층	노년층
2020년	8.1	33.2	19.4	21.7	11.5	6.1
2015년	5.8	21.7	21.2	24.0	23.2	4.1

3. 햇빛도서관 이용자 설문조사

2. 조사대상 및 기간

- 조사대상 : 햇빛도서관 이용자 500명
- 조사기간 : 2020년 8월

3. 조사결과

- 도서관 이용 만족도

  만족 : 25.3%, 보통 : 24.6%, 불만족 : 50.1%

- 연령별 이용 만족도(100점 만점)

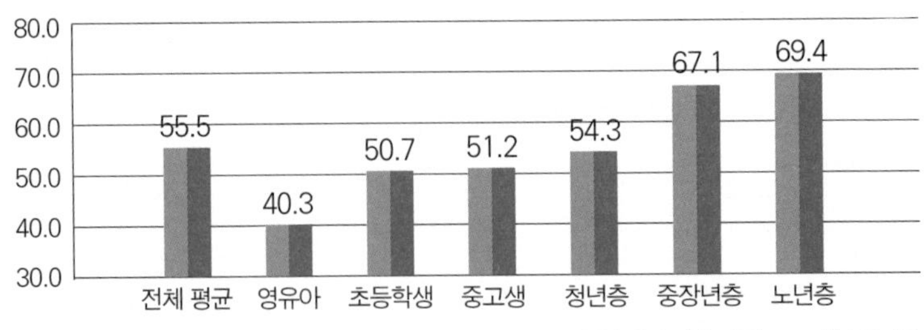

*영유아의 경우, 학부모 조사를 실시함

연령별 이용 분포를 예로 들면 전 연령대를 보여주는 것은 바람직하지 않습니다. 영유아, 초등학생의 증가와 중장년의 감소라는 특징을 두드러지게 해야 합니다. 다른 연령대 통계는 괄호 안에 처리하는 것이 좋습니다.

만족도 조사 결과도 만족, 보통, 불만족의 순서로 서술하지 말고 불만족이 절반에 이른다는 사실을 강조해야 합니다. 그렇게 하면 만족도 조사가 내포하고 있는 상황의 본질을 빨리 이해하고 판단할 수 있습니다. 어떤 보고서는 보통을 만족이나 불만족에 합산합니다. 이것은 명백한 통계 왜곡입니다. 보통은 그냥 보통으로 처리해야 합니다.

도형이나 부호(△▽→↑↓↔)를 사용하면 직관성이 더 높아집니다.

3. 약점 분석 및 대책

□ **초·중등학교 교원 1인당 학생수**

o 초등 52위, 중등 44위로 평가 지표 중 가장 낮은 수위

- 교원 1인당 학생 수가 OECD 평균(초등 16.9명, 중등 13.3명)에 크게 못 미치는 초등 29.1명, 중등 17.9명

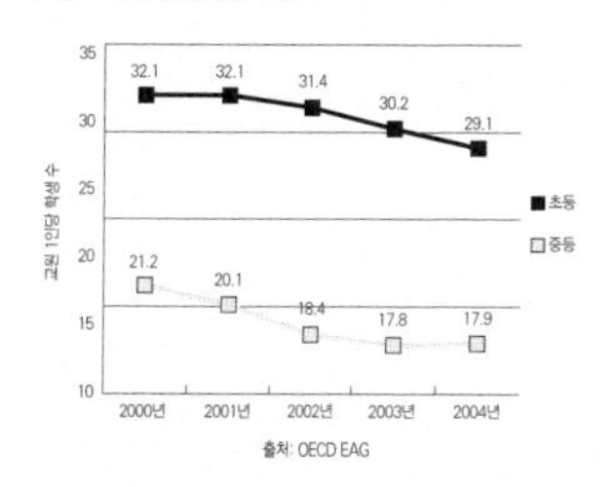

출처: OECD EAG

o (대책) 저출산 및 학령인구 감소 등으로 개선이 예상되나, OECD 평균 수준에 도달하기 위해서는 지속적인 교원 증원이 필요

□ **언어능력의 기업요구 부합여부**

o 10점 만점에 3.93점(44위)으로 매우 낮게 나타나, 기업의 대졸자에 대한 외국어 능력과 의사소통 능력에 대한 신뢰도가 매우 낮은 것으로 분석

o 대책

- 방과후학교, 원어민 강사, 초등영어체험센터, 제주영어전용타운, EBS 영어방송 등을 통하여 학교의 외국어교육을 내실화
- 외국인 교수 확충, 교육과정 개선 등 고등교육 경쟁력 강화 추진

가계부채의 소비영향과 향후 전망

※경제상황점검회의(05.8.9. 경제부총리 주재) 한국은행 보고 내용 요약

1. 가계부채가 소비에 미친 영향

1 민간소비와 가계부채 변화 추이

○ '01~'02년 **중**에는 수출부진 상황에서도 **높은 소비 증가**에 힘입어 상대적으로 **고성장**한 반면, '03~'04년에는 수출 호조에도 **소비가 급격히 위축되면서 저조한 경제성장**에 머뭄

(전년대비, %)

	2000	2001	2002	2003	2004
▪한국경제 성장률	8.5	3.8	7.0	3.1	4.6
(민간소비증가율)	8.4	4.9	7.9	-1.2	-0.5
(순수출액, 억달러)	169.5	134.9	147.8	219.5	381.6
▪세계경제 성장률	4.6	2.5	3.0	4.0	5.1

○ 이는 카드사용 등 **가계신용 급증에 따른 거품발생과 거품붕괴 후의 가계부채 및 소비조정** 과정이 진행된 결과인 바,

'01~'02년 중에는 차입에 의해 소비가 크게 증가한 반면, '03년 이후에는 가계부채 조정이 이루어지면서 소비가 크게 낮아짐

(명목, 전년대비, %)

	1980~1997	2001	2002	2003	2004
▪개인 가처분소득 증가율	15.7	4.4	5.9	4.2	4.4
▪민간소비 증가율*	15.7	10.0	11.0	2.1	3.0
▪가계부채 (증가액, 조원)	-	69.4	106.4	24.8	25.9

* 불변 증가율 + GDP deflater

숫자 정보와 문맥이 한 호흡에 읽히도록 괄호를 적절하게 활용하면 좋습니다. 통계의 출처는 본문에 포함시키지 말고 맨 뒤에 괄호로 처리합니다. 통계만이 아니라 법률, 언론 기사, 책, 논문, 자료 등의 출처를 밝힐 때에도 마찬가지입니다.

앞 쪽의 왼쪽 〈2007년 IMD 교육부문 국제경쟁력 결과 보고〉는 문장의 맥락 속에서 통계의 숫자 정보를 충실히 전달하고 있습니다. 통계의 본질을 쉽게, 직관적으로 알 수 있습니다. 반면 오른쪽 〈가계부채의 소비 영향과 향후 전망〉은 '높은 소비 증가' '급격히 위축' '저조한 경제성장' 등 숫자가 아닌 모호한 형용사와 부사로만 설명하고 있습니다. 얼마나 증가했고 얼마나 저조했는가를 알려면 표를 보고 별도로 계산해야 합니다.

Ⅰ.『동북아 물류중심화』의 평가와 패러다임 전환

1. 동북아 물류의 동향 및 특징

□ 세계 경제 규모의 약 20%를 점유하는 한국, 중국, 일본 등 동북아 3국이 세계 화물량의 30%를 차지
 ○ 동북아 3국 7,447만TEU(한국 973만TEU, 중국 5,101만TEU, 일본 1,373만TEU)/세계 총 화물량 24,478만TEU(자료: Drewry Shipping Consultants, 2003)

□ 동북아내 한·중·일 3국간의 상호 무역의존도가 높아지면서 역내 교류가 지속적으로 증대
 ○ 한·중·일 3국간 역내 무역규모 4,392억 달러로 10년전 대비 5배 수준으로 증가(자료: 한국무역협회, 2004)
 ○ 향후 2010년까지 EU, 동북아, NAFTA 등 세계 3대 경제 권역별 교역액 전망에서도 아시아권 비중의 증가가 두드러짐

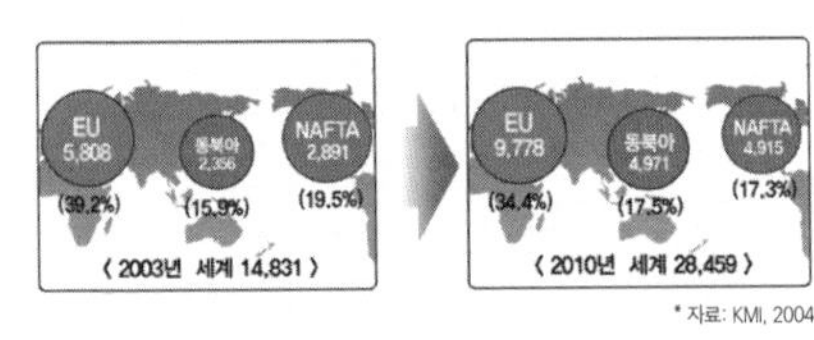

* 자료: KMI, 2004

□ 이러한 역내교류의 활성화에 따라 삼국이 Win-Win 할 수 있는 국제물류의 공동발전모델 구축 필요성이 대두

Ⅲ 정책비전, 전략방향 및 과제체계

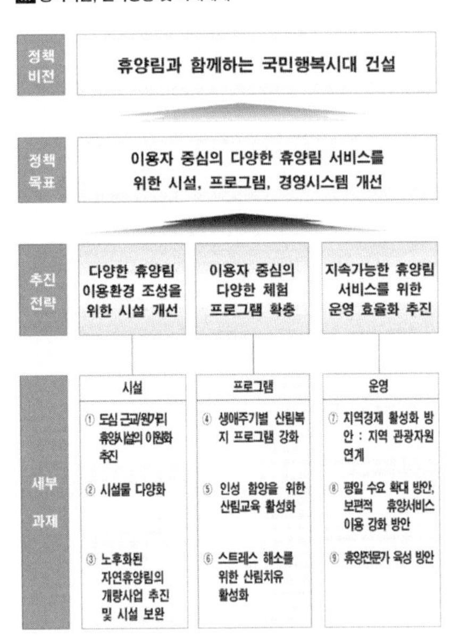

다양한 시각자료나 이미지, 인포그래픽을 활용하는 것이 좋습니다. 요즘에는 보고서나 홍보물에 이미지와 통계를 결합한 인포그래픽을 넣는 것을 선호하는 추세입니다. 인포그래픽 수준까지는 아니더라도 이미지와 도형으로 시각적 효과를 극대화하면 좋습니다.

회사 내에서 보고서의 서식과 레이아웃을 지정하면 보고서의 미관뿐 아니라 직관성도 높아집니다. 탬플릿 수준까지 만들 필요가 있습니다. 이렇게 하면 쓰기도 쉽고 읽기도 쉽습니다. 참여정부 청와대는 〈보고서 작성 매뉴얼〉을 만들면서 서식과 레이아웃을 정했습니다. 지금도 중앙부처, 지방자치단체, 공공기관의 보고서는 이 레이아웃을 표준으로 삼고 있습니다.

먼저, 편집 용지 설정의 기준을 정합니다. 모든 문장은 앞줄 맞춤을 하고 문장이 길어서 한두 글자가 다음 줄로 넘어가지 않도록 자간을 조정하거나 문장을 줄입니다. 보고서가 여러 페이지일 경우 대항목의 내용이 다음 페이지로 넘어가지 않도록 조절합니다.

('05.7.11, 동아리 연구결과 발표자료, XXXX비서관실, 중고딕, 14p)

헤드라인M, 22p 글상자색상은 보고서 유형별로 구분주), 글상자 테두리선 0.3mm -

중고딕, 15p, 글상자색상 연녹색, 글상자선 이중테두리 (본문에 문서 취지가 포함될 시 본 글상자는 생략 가능)

1. 헤드라인M, 16p

□ 휴먼명조 또는 헤드라인M, 15p, 1칸 들여쓰기

○ 영문소문자 o, 휴먼명조, 15p, 2칸 들여쓰기

- 하이픈, 휴먼명조, 15p, 3칸 들여쓰기

· 점, 휴먼명조, 15p, 4칸 들여쓰기

※ 중고딕, 13p, 3~7칸 들여쓰기

- 편집여백 : 위 · 아래 15mm, 좌 · 우 20mm, 머리말 · 꼬리말 10mm - 줄간격 : 130% - 기본글자체 : 휴먼명조 15p(제목 : 헤드라인M 강조 : 중고딕) - 목차체계 : 보고서 내용에 따라 번호체계(1, □, o …) 또는 도형체계(□, o, -, …) 선택 - 문단간격 : 임의로 설정 - 중요한 부분은 진하게 또는 파랑색 표시

주) 보고서 유형별 제목상자 색상 구분

(연한옥색) 정책보고서

(하늘색) 상황 · 정보보고서

(연노랑색) 회의보고서

(오렌지색) 행사보고서

글자체

- 본문 글자체 휴먼명조체, 중간제목이나 강조시 볼드 처리
- 큰 제목은 휴먼둥근(HY)헤드라인체
- 본문 가운데 참고 내용이나 수치 등은 중고딕

글자크기 등

- 문서 제목 24, 본문 15, 참고 내용 14, 표 13포인트
- 줄 간격은 160(130)%, 편집 용지 좌우여백 20

항목 표시

- 짧은 보고서는 □, ◦, -, · 등 약물 사용
- 긴 보고서는 1, 2, 3 등 숫자 사용

3장

보고서는 형식이다

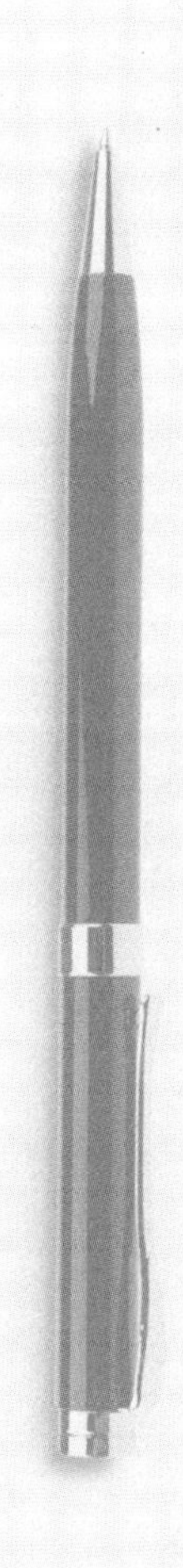

형식이 먼저다

적재적소가 아니라 적소적재

'글을 쓸 때 내용만 분명하다면 글의 형식은 중요하지 않다.' 이런 주장을 가끔 듣습니다. 이 말에는 형식이 내용을 구겨 넣는 자루에 불과하다는 생각이 깔려 있습니다. 단언컨대 이런 주장은 글쓰기에 도움이 되지 않습니다. 내용이 주主고 형식은 종從이라는 편견의 소산입니다.

형식과 내용은 그렇게 기계적인 관계가 아닙니다. 사실 형식과 내용은 분리될 수 없습니다. 한 편의 글 속에 함께 무르녹아 있습니다. 다만 글의 본질을 설명하기 위해 두 가지 측면을 불가피하게 가르고 개념화해 '형식', '내용'이라 부르는 것입니다. 형식과 내용은 글 속에서 하나의 몸을 이루지만 자세히 뜯어보면 매우 다른 속성을 갖고 있습니다.

내용은 글의 정체성입니다. 글을 통해 전하고자 하는 의도, 메시지입니다. 내용은 늘 새로워야 합니다. 인용하는 경우를 제외하고 내용은 가급적 반복하지 않는 것이 좋습니다. 내용을 되풀이하는 것은 무의미하고 나태한 일입니다. 비윤리적으로 반복하면 표절 시비로 이어집니다. 내용은 이런 특성을 갖고 있기 때문에 정형화, 패턴화할 수 없습니다.

형식은 글의 전략입니다. 글의 내용, 즉 의도와 메시지를 어떤 구조에 따라 설계할 것인가, 어떤 순서에 따라 배열할 것인가를 정하는 법칙입니다. 같은 내용도 어떤 구조, 어떤 순서로 전달했는가에 따라 그 반응은 천차만별입니다. 글을 읽은 독자에게 호감을 불러일으킬 수도 있고 반감을 불러일으킬 수도 있습니다. 독자의 마음을 움직일 수 있는 구조와 배열의 순서를 잘 찾아내야 합니다.

다행스러운 것은 그 구조와 배열의 순서가 내용처럼 무한하지 않다는 사실입니다. 유용한 형식은 손에 꼽을 만큼 몇 종류로 압축할 수 있습니다. 유용한 형식은 글을 쓸 때마다 연장처럼 꺼내 쓸 수 있습니다. 같거나 비슷한 형식을 사용했다고 그 글의 가치나 윤리성이 떨어지지 않습니다. 연장을 쓰면 쓸수록 자연스러워지고 능숙해지듯 형식도 마찬가지입니다.

형식은 정형화, 패턴화할 수 있습니다. 글쓰기에서 형식에 주목해야 하는 이유가 여기에 있습니다. 정형화, 패턴화가 불가능한 '내용'이 아니라 그것이 가능한 '형식'으로 글쓰기 방법을 찾아야 합니다. 그것이 현명하고 효과적입니다.

직장 내 보고서 작성은 백지에서 출발하지 않습니다. 활용할 수 있는 내용과 자료가 명백하게 정해져 있는 상태에서 시작합니다. 보고서를 써야 하는 상황이 주어지면 이미 당신 앞에 대표나 상관의 지시 사항, 회의 내용 및 결정 사항 등이 따라옵니다. 관련 보고서, 통계, 기사, 참고자료를 찾는 것은 어렵지 않습니다. 이렇게 명백한 글쓰기 재료 앞에서도 당신은 어떻게 써야 할지 몰라 서성거립니다.

퍼즐 맞추기로 비유해보겠습니다. 당신 앞에 놓인 많은 자료와 내용, 거기에 더해 당신의 아이디어는 작은 퍼즐 조각입니다. 이 퍼즐 조각을 잘 맞춰 한 편의 그림을 완성해야 좋은 보고서를 만들 수 있습니다.

실제 퍼즐을 맞추는 상황을 떠올려보겠습니다. 당신은 형체도 구분할 수 없는 작은 조각을 맞춰 그림을 완성합니다. 이것이 가능했던 요인을 곰곰이 따져볼 필요가 있습니다. 당신의 집중력, 공간지각능력만이 아닙니다. 당신은 간과하고 있지만 그 요인은 당신이 퍼즐판을 집어드는 순간 제공됩니다. 전체 그림을 본 것입니다. 전체 그림이 머릿속에 설계도처럼 펼쳐져 있기 때문에 퍼즐 조각들을 이어 붙여 한 편의 아름다운 그림을 완성할 수 있는 겁니다.

만일 당신이 전체 그림을 보지 못했다면 퍼즐 맞추는 게 가능했을까요? 아마도 퍼즐을 맞추지 못하거나 엄청나게 오랜 시간이 걸렸을 것입니다.

퍼즐의 전체 그림이 바로 보고서의 형식입니다. 보고서의 형식을 알아야 거기에 꼭 들어가야 할 요소가 무엇인지 판단할 수 있습니다. 요소를 알아야 어떤 내용을 취하고 버릴지 선택할 수 있습니다.

음식을 만드는 일에 비유해도 마찬가지입니다. 보고서의 내용은 음식 재료입니다. 보고서의 형식은 조리법입니다. 조리법을 모른 채 음식 재료만 잔뜩 모으면 어떻게 될까요? 이 재료로 어떤 요리를 만들지 막막할 것입니다. 조리법을 잘 안다면 거기에 맞는 음식 재료를 선택해 막힘없이 요리를 만들 수 있습니다.

이렇게 글쓰기, 특히 보고서를 작성하는 데에는 '적재적소適材適所'의 방식이 아니라 '적소적재適所適材'의 방식이 필요합니다. 적재(내용)로 적소(형식)를 파악하긴 어렵지만 적소(형식)에 따라 적재(내용)를 선택한다면 보고서 작성 과정은 더 명료해집니다.

보고서를 특정한 형식에 맞춰 쓰지 않는 경우에도 형식을 익히는 것이 의미 있을까요? 그렇습니다. 특정한 형식을 외재적으로 표현하지 않았을 뿐 내재적으로는 그 형식이 엄연히 존재합니다. 형식이란 결국 보고서에 반드시 포함해야 할 내용의 요소들을 중복과 누락 없이 표현하는 방법을 의미합니다.

내력 없는 족보

2005년 참여정부 청와대는 보고서 형식을 정비하고 작성 매뉴얼을 만듭니다. 그 이전까지 정부 부처마다 보고서 형식이 제각각이었고, 심지어 한 부처 내에서도 부서에 따라 형식이 달랐습니다. 지자체나 공공기관, 민간기업은 기본적인 형식조차 갖추지 못한 경우가 대부분이었습니다. 메모와 보고서의 차이조차 구분하기 어려웠습니다.

이런 상황에서 힘들지 않은 사람이 없었습니다. 일선 직원들은 참고할 기본적인 형식이나 샘플이 없으니 보고서를 쓸 때마다 막막한 상황이었습니다. 전보나 전근, 이직을 하면 그 조직의 새로운 보고서 형식을 익히는 데 애를 먹었습니다. 선임자나 상관의 제대로 된 설명도 듣지 못하고 어깨너머로 눈치껏 따라잡아야 했습니다.

대표나 상관 역시 힘들긴 마찬가지였습니다. 부하 직원의 보고서가 무슨 내용인지 이해하기 어려웠습니다. 장황하게 늘어놓긴 했는데 궁극적으로 어떤 메시지를 전달하려고 하는지 읽을수록 모호했습니다. 숲에서 보물찾기를 하듯 이쪽저쪽에 숨겨진 내용을 찾아 맞추어야 이해가 됐습니다.

노무현 대통령은 청와대와 부처에서 올라오는 보고서를 읽고 결재하느라 새벽까지 잠들지 못하는 날이 많았습니다. 보고서의 형식이 제각각인 데다 지나치게 길었습니다. 대통령의 시간과 건강은 중요한 국가적 자산입니다. 보고서를 읽고 결재하는 데 그 자산이 과도하게 쓰이고 있었습니다.

노 대통령은 여러 회의에서 이런 보고서의 문제를 풀어보자고 제안했습니다. 마침내 청와대 수석, 비서관, 행정관 들이 2005년 4월 '보고서 품질 향상 연구팀'이란 혁신 동아리를 꾸립니다. 이들은 조사와 분석, 연구를 통해 그해 10월 〈보고서 작성 매뉴얼〉을 만듭니다. 이 매뉴얼은 청와대 내부는 물론 모든 정부 부처에 보급됐습니다.

이제 이 매뉴얼은 10년이 넘는 시간을 경과하면서 청와대와 정부 부처는 물론이고 지자체, 공공기관, 심지어 민간기업에도 광범위하게 퍼져 있습니다. 보고서의 형식을 걱정할 일은 이제 사라진 듯 보였습니다. 청와대 보고서 매뉴얼에 따라 내용을 배열하면 되는 일이었으니까요.

그러나 실상은 그렇지 않았습니다. 청와대 보고서 매뉴얼의 형식은 내력을 알 수 없는 족보가 돼버렸습니다. 형식은 족보처럼 상관에서 부하 직원으로, 선임자에서 후임자로 전해졌지만 그 형식의 의미와 활용 방법을 아는 사람은 드물었습니다. 제목, 개요, 추진 배경, 현황, 문제점, 개선 방안, 기대 효과, 조치 사항으로 이어지는 보고서의 각 구성 항목에 어떤 내용을 어떻게 채워야 하는지 알 수 없었습니다.

2007년 청와대 〈보고서 작성 매뉴얼〉의 내용을 더 상세하게 풀어 쓴《대통령 보고서》가 출간돼 많은 사람들의 사랑을 받았습니다. 그러나 이 책도 이런 어려움에 대해 명쾌한 답변을 주고 있지 못합니다. 많은 직장인이 보고서 작성을 가장 큰 어려움으로 꼽는 문제가 바로 이것인데 말입니다.《대통령 보고서》는 대통령 보고와 청와대 내부 유통 문서를 중심으로 형식과 내용이 짜여 있어 공공이나 민간의 일선 현장에 적용하기에는 여러 가지 맞지 않는 부분이 있습니다.

이 책은 이런 한계를 넘기 위해 보고서의 공통 형식과 종류별 형식을 소개하고 그 형식의 이면에 깔린 논리 패턴, 각 구성 항목의 특징과 작성 방법을 자세하게 설명하고 있습니다. 원리적 설명만이 아니라 다양한 예시를 통해 심층적 이해와 체화가 가능하도록 설계했습니다.

보고서의 마스터키 : 설득, 설명, 결정

보고서의 논리 패턴과 구성 항목

필자는 《글쓰기가 처음입니다》라는 책에서 모든 글을 관통하는 공통된 패턴을 밝힌 바 있습니다. 그것은 바로 '피레미FiReMe' 법칙입니다. 글은 시작에서 낚시Fishing를 던져 독자의 관심을 끌고, 중간에서 그에 합당한 근거와 이유Reasoning를 펼쳐 보이며, 마무리에서 독자의 사고의 변화, 행동의 변화를 이끌어낼 수 있는 메시지Message를 던져야 합니다.

피레미 법칙은 보고서에도 마찬가지로 적용됩니다. 피레미 법칙을 보고서의 패턴에 적용하면 이렇습니다. 보고서의 독자는 최고 의사결정권자나 상관이고, 외부 제안서의 독자는 외부 조직의 결정권자Decision Maker입니다. 의사결정권자라고 통칭하겠습니다.

시작 Fishing

의사결정권자는 보고서를 받아볼 때 이런 생각을 먼저 합니다. '왜 이 사업을 하려고 하지?' '왜 이 내용을 보고하지?' 보고서는 시작에서 이 질문에 설득력 있는 답을 제시해야 합니다. 이 보고서에서 다루는 이슈의 용건, 핵심을 먼저 밝힙니다. 이를 통해 의사결정권자의 흥미를 유발하고 그 의미와 중요성을 설득합니다. 의사결정권자의 관심을 끌고 마음을 움직이는 일입니다. 보고서의 구성 항목 중 제목, 개요, 추진 배경이 이런 역할을 합니다.

이 부분이 가장 중요합니다. 보고서의 성패는 사실 여기에 달렸다고 할 수 있습니다. 이 부분이 좋지 않으면 중간과 마무리에서 '황금송아지'를 보여줘도 의사결정권자의 눈에는 '비루먹은 송아지'밖에 보이지 않습니다. 초두 효과(먼저 제시된 정보가 나중에 알게 된 정보보다 더 강력한 영향을 미치는 현상), 프레임 법칙(똑같은 상황이라도 어떠한 틀을 가지고 상황을 해석하느냐에 따라 사람들의 행동이 달라진다는 법칙)은 모두 이런 원리를 담은 개념들입니다.

중간 Reasoning

시작을 보고 관심과 궁금증을 갖게 된 의사결정권자의 머릿속에는 이런 질문이 뒤따라옵니다. '어떻게 이 사업을 하겠다는 거지?' '어떤 내용을 보고하겠다는 거지?' 중간은 이 질문에 대한 답변입니다. 즉 시작의 용건, 핵심에 대해 논리, 사실, 통계, 인용, 비유 등의 근거와 이유를 들어 자세하게, 구체적으로 설명해야 합니다.

보고서의 대부분을 차지하는 현황, 문제점, 개선 방안, 주요 내용이 이런 역할을 합니다. 이 구성 항목들은 모두 시작의 어느 한 점을 향하며 시작을 뒷받침하기 위한 것입니다.

마무리 Message

시작과 중간을 읽으면서 의사결정권자는 어느 정도 보고 내용을 파악했습니다. 이제 보고 내용을 실행에 옮기기 위한 단계로 접어들어야 합니다. 의사결정권자의 머릿속에는 이런 질문이 떠오릅니다. '이 사업을 하기 위해 무엇을 결정해야 하지?' '이 보고 내용을 통해 무엇을 판단해야 하지?' 즉 설득과 설명의 과정에서 판단과 결정의 과정으로 넘어갑니다.

마무리 부분은 이 질문에 대한 답입니다. 이 보고 내용이 실현되면 어떤 결과가 나타나는지 예측합니다. 이것을 실행하기 위해 어떤 사고와 행동의 변화가 필요한지 구체적 사항을 제시합니다. 보고서의 구성 항목 중 기대 효과, 조치 사항(행정 사항)이 여기에 해당합니다.

이 피레미 패턴은 커뮤니케이션의 다른 법칙과도 일맥상통합니다. 미국의 컨설턴트 사이먼 사이넥Simon Sinek은 그의 책《나는 왜 이 일을 하는가》에서 '황금의 동심원' 원리를 소개했습니다. Why(신념, 목적)—How(방법)—What(결과)의 순서로 내용을 구성해야 상대방을 설득할 수 있다는 주장입니다. 사이넥의 '황금의 동심원'과 '피레미'는 원리적 측면에서 매우 유사합니다.

이 피레미 패턴은 인간의 두뇌 및 사고 구조와 잘 들어맞습니다. 인간의 뇌는 크게 두 부분으로 나뉩니다. 두뇌의 가운데 부분에 변연계가 있고 그 주위를 신피질이 둘러싸고 있습니다. 변연계는 모든 포유류의 뇌에 공통적으로 있습니다. 신피질은 인간에게만 발견됩니다. 변연계는 인류의 시작부터 오랫동안 함께했습니다. 신피질은 인류가 문명을 만들면서 생기기 시작했습니다.

변연계는 인간의 감정, 본능, 동기, 의지, 결정을 관장합니다. 신피질은 인간의 이성, 언어, 추론, 논리, 분석을 관장합니다. 변연계는 결정하고 신피질은 그 결정에 합리성을 부여하는 역할을 맡습니다. 영국의 철학자 데이비드 흄David Hume이 "이성은 정념의 노예"라고 한 정의와 일맥상통합니다.

보고서의 시작은 감정의 뇌(변연계)에 호소하는 것입니다. 중간은 이성의 뇌(신피질)에 설명하는 것입니다. 마무리는 행동과 결정을 유도하는 것입니다. 그런 특성에 따라 보고서의 구성 항목인 제목, 개요, 추진 배경, 현황(주요 내용), 문제점(시사점), 개선 방안(추진 결과), 기대 효과, 조치 사항은 설계되고 배열됐습니다. 보고서의 형식 밑바탕에는 섬세한 소통의 설계도가 깔려 있습니다.

앞에서도 설명했지만 넓은 의미의 보고서는 보고서Report와 기획서Proposal로 나뉩니다. 보고서는 이미 진행 중이거나 완료한 일, 자료, 상황 등을 공유하기 위해 작성합니다. 기획서는 새로운 일을 벌이거나 외부에 제안하기 위해 작성합니다.

다음의 표는 기획서의 구조를 바탕으로 논리 패턴과 구성 항목을 도식화한 것입니다. 괄호 속의 내용은 보고서 버전입니다. 각 요소별로 하나씩 살펴보겠습니다.

논리 패턴과 구성 항목

시작 (Fishing)	설득	왜 이 사업을 하는가? (왜 이 보고를 하는가?)	- 제목 - 개요 - 추진 배경 (배경+목적)
	Why	A라는 과제가 주어졌다 - 왜 이런 과제가 주어졌을까?	
중간 (Reasoning)	설명	어떻게 이 사업을 할 것인가? (어떤 내용을 보고하는가?)	- 현황(주요 내용) - 문제점과 원인 (시사점) - 해결 방안 (추진 결과)
	How	A와 관련해 A`의 현황과 문제점이 있다 - 어떻게 해결할 것인가?	
마무리 (Message)	결정	무엇을 결정해야 하는가? (무엇을 판단해야 하는가?)	-기대 효과 - 조치 사항 (행정 사항, 추진 계획)
	What	A의 현황과 문제점을 해결할 수 있다 - 무엇을 결정하고 판단할 것인가, 무엇이 남게 될까?	

각 구성 항목의 역할과 내용

<table>
<tr><td colspan="2">제목</td><td>독자의 관심과 흥미 유발(해결 방안+기대 효과·목적)</td></tr>
<tr><td colspan="2">개요</td><td>용건(결론·주장), 핵심 메시지(해결 방안+현황, 문제점을 압축)
그 사업의 주체, 대상, 목적, 방법이거나 육하원칙에 해당하는 내용
※ 제목과 개요의 내용이 중복되지 않도록 내용을 배분</td></tr>
<tr><td rowspan="2">추진 배경</td><td>배경</td><td>이 사업을 하게 된 계기, 조건, 경과(보고자가 개선·변화시킬 수 없음)</td></tr>
<tr><td>목적</td><td>이 사업의 취지, 이유, 필요성</td></tr>
<tr><td colspan="2">현황</td><td>이 보고서에서 과제로 주어진 상황(보고자가 개선·변화시켜야 함 / 과제의 목표와 현실 사이의 차이를 드러내야 함)</td></tr>
<tr><td colspan="2">문제점
(원인)</td><td>과제와 현실 사이의 차이로 발생하는 부정적 요소, 그 차이가 발생한 원인
※원인은 문제점과 해결 방안 양쪽 모두에서 다룰 수 있음</td></tr>
<tr><td colspan="2">해결 방안</td><td>과제와 현실 사이의 차이를 극복하거나 줄일 수 있는 방법
(구체성과 실현 가능성이 관건)</td></tr>
<tr><td colspan="2">기대 효과</td><td>의사결정권자의 결재를 이끌어내기 위해 사업의 결과를 예측</td></tr>
<tr><td colspan="2">조치 사항</td><td>이 사업을 실행에 옮기기 위한 추진주체, 예산, 일정, 역할분담, 규정, 장애요인과 극복방안 등</td></tr>
</table>

텍스트를 이용한 보고서 작성 연습 1

보고서의 논리 패턴과 구성 항목을 이해했다면 거기에 맞춰 보고서를 작성하는 연습을 해봐야 합니다. 보도자료, 칼럼, 사설, 기획 기사 등이 이런 연습을 하기에 적절합니다. 이런 글에는 보고서의 구성 항목이 대부분 포함돼 있을 가능성이 높습니다. 때문에 구성 항목에 해당하는 내용을 찾아내고 그 내용을 보고서로 표현하는 연습을 해보면 적소적재, 형식을 통한 보고서 작성의 체화라는 결과에 도달하게 될 것입니다.

다음은 근로복지공단이 발표한 보도자료입니다.

근로복지공단, 부산시와 손잡고 직장어린이집 확충 나서

① 근로복지공단(이사장 이재갑)과 부산광역시(시장 서병수)는 11월 11일 중소기업 밀집 지역 근로자의 일·가정 양립 지원을 위하여 직장어린이집 확충을 위한 업무 협약을 체결했다.

② 현재 부산광역시에 소재하고 있는 직장어린이집은 31개소로 전체 어린이집의 1.6%에 불과한 실정이다.

③ 이번 협약은 정부 3.0의 기본 가치인 '소통'과 '협력'에 바탕을 두고 중소기업 직장어린이집 활성화를 위해 공단과 부산시가 적극적으로 힘을 모으기로 한 것이다

④ 공단은 중소기업에 어린이집 설치를 위한 컨설팅 제공과 설치비(15억 원 한도, 설치비용의 90%)를 지원하고, 부산시는 설치비 중 기업 부담 분(최대 2억 원)을 지원하며 각종 행정적 지원을 하게 된다.

⑤ 아울러, 중소기업중앙회(부산울산지역본부)를 통해 참여기업을 적극 발굴하고 보육수요가 많은 중소기업 밀집지역을 중심으로 유관기관 합동으로 입주기업 설명회도 가질 예정이다.

⑥ 이번 업무협약으로 부산지역 중소기업의 직장어린이집 설치 확산에 긍정적 영향을 끼칠 것으로 기대된다.

⑦ 공단 이재갑 이사장은 "중소기업의 직장어린이집 설치 활성화를 위해서는 애로사항인 부지 부족, 비용 부담 문제를 해결하는 것이 필수적이며, 유관기관과 협업체계를 정착시키고 확산하는 것이 중요하다"고 강조하였다.

⑧ 또한, 2016년도부터 직장어린이집 인건비 등 지원 사업이 고용노동부에서 공단으로 이관됨에 따라, 공단은 직장어린이집 설치에서 사후 운영관리까지 원스톱서비스 체계를 구축하여 국내 유일의 직장보육지원 전문기관으로 거듭날 계획이다.

위 보도자료를 텍스트 삼아 보고서의 각 요소를 설명하고 한 편의 보고서를 만들어보겠습니다.

제목

보도자료는 카피형 문장을 사용하기 때문에 불완전 문장이나 완전 문장 모두 가능합니다. 그러나 보고서는 주로 명사형으로 문장을 끝냅니다. 종결되는 명사는 확충, 추진, 개선, 변경 등 동작을 나타내는 것이 좋습니다. 해결 방안과 기대 효과·목적의 결합으로 만드는 것이 효과적입니다. '근로복지공단, 부산시와 손잡고 직장어린이집 확충 나서'보다는 '일·가정 양립 위해 직장어린이집 확충' 정도가 적당한 제목입니다. 내부에서 유통되는 보고서라면 굳이 근로복지공단이란 주체를 밝히지 않아도 됩니다.

개요

①번이 개요입니다. 보도자료의 시작 부분을 리드문Lead文이라 부릅니다. 리드문은 보도자료가 궁극적으로 전하려는 핵심 메시지를 담는 곳입니다. 보고서의 개요와 같은 역할을 하는 셈입니다.

이 보도자료는 업무 협약을 체결했다는 완료 시점에 작성한 자료입니다. 이 시점을 그대로 보고서에 옮기면 결과보고서가 됩니다. 진행 시점으로 고치면 상황보고서, 예정 시점으로 고치면 기획보고서가 됩니다.

기획보고서—상황보고서—결과보고서는 일의 프로세스에 따른 구분입니다. 기획보고서가 모든 보고서의 요소를 가장 풍부하게 갖고 있습니다. 기획보고서 작성 방법을 터득하면 이를 응용해 다른 보고서에 적용하는 것이 어렵지 않습니다. 여기에서는 기획보고서 버전으로 다룰 계획입니다.

주체(근로복지공단이 부산시와 함께), 대상(중소기업 밀집 지역 근로자), 목적(보육 문제 해결을 위해), 방법(직장어린이집 확충 업무 협약 체결)을 정리하면 그것이 곧 개요문입니다.

추진 배경

배경을 살펴보겠습니다. 강의 때 실습을 시키면 많은 사람들이 ②번 "직장어린이집은 31개소로 전체 어린이집의 1.6%"를 배경으로 꼽습니다. ②번은 배경이 아니라 현황입니다. 보고자에게 과제로 주어진 상황, 보고자가 개선·변화시켜야 할 상황입니다.

배경은 ③번과 ⑧번에 있습니다. "2016년도부터 직장어린이집 인건비 등 지원 사업이 고용노동부에서 공단으로 이관됨에 따라"(⑧) 근로복지공단이 이 사업을 하게 된 계기가 됐습니다. "정부 3.0의 기본 가치인 소통과 협력에 바탕"(③)을 두기로 함에 따라 근로복지공단이 부산시와 이 사업을 함께하게 된 조건이 됐습니다. 근로복지공단 입장에서 이 두 가지는 개선·변화시킬 수 없는 상황입니다. 오로지 주어진 상황입니다.

목적은 ①번 "중소기업 밀집지역 근로자의 일·가정 양립 지원"입니다. ⑥번 "이번 업무협약으로 부산 지역 중소기업의 직장어린이집 설치 확산에 긍정적 영향을 끼칠 것으로 기대된다"는 목적으로 볼 수도 있고 기대 효과로 볼 수도 있습니다.

목적과 기대 효과는 모두 사업의 결과, 보고의 결과를 예측하는 것입니다. 다만 관점이 다릅니다. 목적은 사전적 관점이고 기대 효과는 사후적 관점입니다. 목적이 주로 추상적이라면 기대 효과는 구체적입니다.

현황과 문제점

앞서 언급한 것처럼 현황은 ②번 "현재 부산광역시에 소재하고 있는 직장어린이집은 31개소로 전체 어린이집의 1.6%에 불과한 실정" 입니다. 이것이 이 보고서의 과제로 주어진 것이며 보고자가 개선하거나 변화시켜야 할 상황입니다.

현황은 과제의 목표와 현실의 차이를 드러내야 합니다. 이 보도자료에는 그런 내용이 들어 있지 않습니다. 아마 다른 통계를 살펴보면 부산과 비교할 만한 광역시의 어린이집 총 개수와 거기서 차지하는 직장어린이집의 비율이 나올 것입니다. 그것과 비교하면 부산시 직장어린이집의 실태가 더 명확하게 드러날 것입니다.

이렇게 현황에선 명시적이든 묵시적이든 어떤 과제의 목표가 있기 마련입니다. 그 목표와 비교해야 현재의 상황이 위치한 좌표를 정확히 그릴 수 있으니까요. 중앙정부의 보고서는 대체로 OECD 평균을, 지방자치단체 보고서는 같은 수준의 지방자치단체의 평균을, 민간기업은 같은 업종의 국내 혹은 해외 기업의 평균을 목표로 삼습니다. 그 조직의 과거 실적이나 미래 계획을 목표로 삼을 때도 있습니다.

문제점은 ⑦번 "중소기업의 직장어린이집 설치 활성화를 위해서는 애로사항인 부지 부족, 비용 부담 문제를 해결하는 것이 필수적이며, 유관기관과 협업 체계를 정착시키고 확산하는 것이 중요" 부분입니다. 이 부분은 문제점 가운데서 원인입니다. "부산광역시에 소재하고 있는 직장어린이집은 31개소로 전체 어린이집의 1.6%에 불과", 즉 과제의 목표와 현실 사이에 이런 차이가 발생한 원인이 바로 ⑦번입니다.

원인은 곧 해결 방안으로 이어집니다. 과제 목표와 현실 사이의 차이를 발생한 원인이 해소되면 과제는 곧 해결되기 때문입니다. 즉 ⑦번 내용을 해결 방안에서 다룰 수도 있습니다.

해결 방안

④번과 ⑤번이 해결 방안입니다. ⑦번이 해결 방안으로 내려오면 ④번과 ⑤번은 조치 사항으로 내리는 것이 좋습니다. ④번과 ⑤번에는 추진 주체(공단, 부산시, 중소기업중앙회), 예산(15억 한도, 최대 2억 원) 등 조치 사항에 해당하는 내용이 들어 있습니다.

기대 효과

⑧번 "직장어린이집 설치에서 사후 운영관리까지 원스톱서비스 체계를 구축하여 국내 유일의 직장보육지원 전문기관으로 거듭날 계획"이 기대 효과입니다. 이 사업을 진행하면 결과적으로 ⑧번이 만들어지기 때문입니다.

조치 사항

④번과 ⑤번에 추진 주체와 예산이 언급됐습니다. ④번과 ⑤번을 해결 방안에서 소화한다면 조치 사항에는 추진 일정 등의 내용이 들어갑니다.

이를 바탕으로 기획보고서를 작성하면 다음과 같습니다.

일 · 가정 양립 위해 중소기업 직장어린이집 확충

□ 개요

◦ 근로복지공단과 부산시가 중소기업 밀집지역 근로자의 보육 문제 해결 위해 직장어린이집 확충 업무협약 체결

□ 배경

◦ 정부 3.0의 기본 가치인 '소통'과 '협력'에 바탕을 두고 유관기관 간 협업

◦ 2016년부터 직장어린이집 인건비 등 지원 사업이 고용노동부에서 공단으로 이관

□ 목적

◦ 보육 가정이 양육을 위해 직장을 그만 두는 것을 막고, 일 가정 양립 문화에 기여

◦ 이번 업무협약으로 지역 직장어린이집 설치 확산에 긍정적 영향을 끼칠 것으로 기대

□ 현황

◦ 부산시 소재 직장어린이집은 31개소로 전체 어린이집의 1.6%에 불과한 실정

□ 문제점(원인)

◦ 직장어린이집 설립을 위한 부지 부족, 비용 부담 문제 해결이 필수적

◦ 유관기관과 협업체계를 정착시키고 확산하는 것이 중요

▫ 해결 방안(업무협약 체결 내용)

◦ 공단: 중소기업에 어린이집 설치비(15억 원 한도, 설치비용의 90%)와 컨설팅 제공

◦ 부산시: 설치비 중 기업 부담 분(최대 2억 원)을 지원하며 각종 행정적 지원

◦ 중소기업중앙회: 부산울산지역본부를 통해 참여기업을 적극 발굴하고 보육수요가 많은 중소기업 밀집지역을 중심으로 유관기관 합동으로 입주기업 설명회

▫ 기대 효과

◦ 직장어린이집 원스톱서비스 체계를 구축해 국내 유일 직장보육지원 전문기관으로 위상

▫ 조치 사항

◦ 업무협약 체결(2017.11.11.) → 대상기업 홍보 및 모집(11.30.) → 참여기업 선정(12.5.) → 설치지원(12.20.)

텍스트를 이용한 보고서 작성 연습 2

다음은 노원구청의 보도자료입니다. 이 보도자료를 활용해 결과보고서를 작성해보겠습니다.

노원구, 토지 맞교환으로 구 재정에 숨통 트여

① 25년간 토지 활용을 못해 애물단지가 된 구유지와 국유지를 서로 맞교환하여 열악한 구 재정에 숨통이 트일 전망이다. 서울 노원구(구청장 김성환)는 지난달 20일 기획재정부와 공릉동 육군사관학교 내 구유지를 중계 본동 104마을 재개발 구역의 국유지와 상호 교환 계약을 체결하고 소유권 이전을 완료했다고 10일 밝혔다.

② 지방자치제 시행('95) 이전에는 국가와 지자체 간 재산권에 대한 관계가 미정립되어 국가가 지자체 소유 재산을 점유하고, 도로나 공원 등 공공용 시설을 관리하고 있는 지자체는 국유지를 점유하는 사례가 적지 않았다. 지방자치제 시행 이후에도 국가와 지자체 간 재산권 정리가 미흡, 재산에 대한 점유자와 소유자의 불일치로 관리가 소홀하고 재산 활용상 제약이 많은 것도 사실이었다. 또 2005년부터 국유재산에 대한 관리업무 일부가 한국자산관리공사(KAMCO)에 위탁되면서 국유재산 무단점유에 대한 변상금 부과와 이에 대한 지자체의 소송제기 등 논란이 끊이지 않았다.

③ 때마침 지난 2010년 기획재정부와 서울시 간 국공유재산 상호점유 해소를 위한 업무협약(MOU)이 체결되어 상호점유 해소대상 재산에 대한 실태 조사 등 국가와 지자체 간 재산권 정리에 탄력을 받기 시작, 상호 점유 토지 교환의 토대를 마련하게 됐다.

④ 노원구의 경우 1988년부터 육군사관학교(이하 육사)내에 구유지 9필지 17,786㎡를 소유하고 있었으나 육사에서 '공유재산 및 물품 관리법 제24조 제1항'에 따라 학교용지로 무상으로 사용 중인 관계로 구의 사업에 활용하지 못하여 안타까워만 했다.

⑤ 이에 노원구는 맞교환을 위한 토지 분필(分筆) 등 세부적인 사항을 추진하여 중계동 104마을 재개발사업구역 내 국유지 30필지 21,650㎡와 육군사관학교 내 구유지 9필지 17,786㎡를 지난 해 5월 최종 교환 대상 토지로 확정하고, 지난 1월 20일 상호점유 재산을 맞교환하는 성과를 거두었다.

⑥ 이번 맞교환 계약으로 구는 향후, 재개발사업 착공 시점인 2016년 이전 매각절차를 거쳐 약 150억 원(감정평가액)의 매각 수입을 기대할 수 있어 구의 실질적인 재정확보에 크게 기여할 것으로 보인다고 말했다.

⑦ 한편 구는 이번 맞교환 계약을 하면서 해당 토지에 소재하는 배드민턴 클럽 회원들의 민원 해결 사례를 소개하기도 했다. 이번에 교환된 중계동 산104-43번지(4,557㎡)에는 시설규모 600㎡ 회원수 300여 명의 주민 체육 동호회인 '조일배드민턴클럽'이 위치하여 그동안 전 토지 소유주인 산림청의 토지사용승인을 받지 못해 자가발전시설에 의존해 전기를 사용하게 됨에 따라 운영비용의 과중으로 동호회 운영에 어려움이 많이 발생하였고, 그간 동호회 회장 및 회원들이 김성환 노원구청장에게 애로사항을 해결하여줄 것을 여러 차례 호소했다.

⑧ 이에 김성환 노원구청장은 생활체육시설 부지를 맞교환 대상 토지에 포함하도록 하였고 이번 교환계약 체결로 한전에 전기사용 신청이 가능하게 되었다. 이 소식을 접한 동호회 회원들은 김성환 구청장의 노고에 깊은 감사를 표시하기도 했다.

⑨ 김성환 노원구청장은 "이번 국·공유재산 상호점유 토지 교환을 통

해 노원구는 지역 주민들의 불편을 해소함과 동시에 구 재정 측면에서 많은 도움이 있을 것으로 보고 있다"면서 "구민들을 위한 각종 사업의 재정적 기반을 확보하는 데 크게 기여할 수 있을 것으로 생각한다"고 말했다.

같은 요령으로 결과보고서의 각 부분을 설명해보겠습니다.

개요

①번입니다. 이 보도자료는 완료 시점인데 그대로 쓰면 결과보고서, 예정 시점으로 쓰면 기획보고서가 됩니다. "25년간 토지 활용을 못해 애물단지가 된" 같은 표현은 이 문제의 심각성과 시급성을 의사결정권자에게 호소하는 역할을 합니다. 개요를 쓸 때 이런 표현을 적절하게 사용해 의사결정권자의 관심과 주목을 끄는 게 좋습니다.

교환계약 체결이나 소유권 이전 완료를 기념하기 위한 행사 내용(교환계약 체결 일시, 장소, 참석자, 행사 내용 등)을 개요에 부각시키면 행사기획보고서가 됩니다.

추진 배경

②번과 ③번입니다. ②번은 이 문제에 대한 경과를 담고 있습니다. 지방자치제 시행 이전(1995년 이전)→지방자치제 시행 이후(1995년 이후)→한국자산관리공사 위탁(2005년)의 과정을 거치면서 어떤 한계와 문제점이 드러났는지 일별하고 있습니다. ③번 역시 경과이지만 토지 맞교환을 할 수 있는 결정적 계기와 조건입니다. MOU에 따라

그동안의 한계와 문제점을 해결할 수 있는 실마리가 된 것입니다.

보고서 작성 실습을 시켜보면 ②번을 현황과 문제점, ③번을 해결 방안으로 오해하는 경우가 빈번하게 나타납니다. 이 보고서를 작성하는 주체가 기획재정부이거나 서울시였다면 ②번이 현황과 문제점, ③번이 해결 방안이 될 수 있습니다. 그러나 여기서는 노원구청이 주체입니다. 노원구청 차원에서 ②번과 ③번은 개선·변화할 수 없는 조건에 해결하는 상황이기 때문에 배경입니다.

같은 상황일지라도 보고자의 위치와 관점에 따라 배경이 되기도 하고 현황이 되기도 합니다. 서양 철학에선 오랫동안 이 세상을 주체와 객체로 분리해 파악했습니다. 양자역학에 의해 물질의 요소를 관찰하는 행위 자체가 물질의 운동에 영향을 미친다는 사실이 밝혀졌습니다. 주체의 간섭을 벗어난 독립적인 객체는 없다는 사실이 명확해졌습니다.

불교의 화엄경은 서양 철학과 달리 이 세상을 주主와 반伴으로 파악합니다. 주체가 있고 그것의 조건이 되는 '짝', 즉 '반'이 있는 것입니다. 이 세상은 셀 수 없을 만큼 많고 복잡한 주와 반의 관계가 그물코처럼 연결됐다고 화엄경은 설파합니다. 그것을 '인드라망(부처가 세상 곳곳에 머물고 있음을 상징하는 말)'에 비유하기도 합니다. 이런 불교철학을 보고서에 옮기면 '주'가 현황이고 '반'이 배경입니다.

목적은 ⑨번 "지역 주민들의 불편을 해소함과 동시에 구 재정 측면에서 많은 도움이 있을 것" "구민들을 위한 각종 사업의 재정적 기반을 확보하는 데 크게 기여할 수 있을 것" 등입니다. 불편 해소와 재정 확보 가운데 재정 확보가 더 중요하기 때문에 이를 먼저 기술하는 것이 좋습니다.

현황과 문제점

④번과 ⑦번입니다. ④번 "1988년부터 육군사관학교(이하 육사)내에 구유지 9필지 17,786㎡를 소유하고 있었으나 육사에서 '공유재산 및 물품관리법 제24조 제1항'에 따라 학교용지로 무상으로 사용 중인 관계로 구의 사업에 활용하지 못하여"가 이 보고서의 핵심 과제입니다.

이 부분을 더 세분화하면 "1988년부터 육군사관학교(이하 육사)내에 구유지 9필지 17,786㎡를 소유하고 있었으나 육사에서 '공유재산 및 물품관리법 제24조 제1항'에 따라 학교용지로 무상으로 사용" 부분이 현황이고, "구의 사업에 활용하지 못하여"가 문제점입니다.

⑦번은 부차적 과제입니다. ④번의 과제를 풀다 보니 ⑦번까지 현안으로 떠오른 것입니다. "중계동 산104-43번지(4,557㎡)에는 시설규모 600㎡ 회원수 300여 명의 주민 체육 동호회인 '조일배드민턴클럽'이 위치하여 그동안 전 토지 소유주인 산림청의 토지사용승인을 받지 못해 자가발전시설에 의존해 전기를 사용"이 현황이고, "운영비용의 과중으로 동호회 운영에 어려움이 많이 발생"이 문제점입니다.

추진 결과(해결 방안)

⑤번과 ①, ⑥, ⑧번의 일부입니다. 맞교환을 위한 토지 분필(分筆) 등 세부적인 사항을 추진하여 중계동 104마을 재개발사업구역 내 국유지 30필지 21,650㎡와 육군사관학교 내 구유지 9필지 17,786㎡를

최종 교환 대상 토지로 확정→상호교환 계약 체결→소유권 이전 완료로 점유 재산 맞교환→한전 전기 사용 신청 가능→매각 예정 등입니다.

기대 효과

⑥번 "약 150억 원(감정평가액)의 매각 수입을 기대할 수 있어 구의 실질적인 재정확보에 크게 기여"입니다.

조치 사항

매각 등 이후에 진행될 절차에 따른 여러 가지 예산, 조직, 일정 등의 문제가 포함될 것입니다.

이를 바탕으로 결과보고서를 작성하면 다음과 같습니다.

노원구 토지 맞교환으로 숙원 사업 해결

□ 개요

◦ 25년간 토지 활용을 하지 못한 육군사관학교 내 구유지를 중계동 104마을 재개발 지역 국유지와 맞교환

- 지난달 20일 기획재정부와 소유권 이전 완료

□ 배경

◦ 2010년 기획재정부와 서울시 간 국·공유재산 상호점유 해소를 위한 업무협약 체결에 따라 상호점유 토지 교환의 토대 마련

◦ 2010년 이전 상황

- 지자체 시행 이전(1995년): 국가와 지자체 간 재산권 관계 미정립

- 지자체 시행 이후: 점유자와 소유자의 불일치로 관리 소홀 및 재산활용상 제약이 많음

- 국유재산 자산관리공사 위탁(2005년): 국유재산 무단점유에 관한 변상금 부과 등 소송 논란

□ 목적과 기대 효과

◦ (재정 수입) 맞교환으로 확보된 중계동 국유지를 매각하면 약 150억 원의 매각 수입 기대

◦ (민원 해결) 중계동 국유지에 위치한 조일배드민턴 클럽(회원 300여 명)이 토지사용승인을 받지 못해 자가발전 시설로 운영비 부담이 컸으나 해결 가능

□ 현황

◦ 육사 내 구유지

- 위치와 면적: 노원구 공릉동 1번지, 9필지 17,786평방미터

- 이용현황: 육사에서 무상으로 종합운동장 사용(공유재산 및 물품관리법 제24조 제1항)

◦ 중계동 내 국유지

- 위치와 면적: 노원구 중계본동 산104-43번지, 30필지 21,650평방미터
- 이용현황: 재개발사업 예정지 내

□ 문제점

◦ (구유지) 육사의 점유 사용으로 매각이나 활용이 불가한 상태

◦ (국유지) 구민들의 동호회인 조일배드민턴 클럽이 국유지 사용을 승인받지 못해 지속적인 민원 발생

□ 추진 결과

◦ 최종 교환 대상 토지로 확정→상호교환 계약 체결→소유권 이전 완료로 점유 재산 맞교환→한전 전기사용 신청 가능→매각 예정

□ 조치 사항

◦ 이 사업이 앞으로 원활히 추진될 수 있도록 소요 예산 편성 및 특별팀 구성 승인 요청(세부사항 별첨)

텍스트를 이용한 보고서 작성 연습 3

다음은《한겨레》김지석 논설위원의 칼럼〈동해 크루즈〉의 일부입니다.

동해 크루즈

① 근대 초기 치열한 해양 쟁탈전을 벌인 유럽 나라들은 세를 키우려고 민간 배의 무장까지 허가했다. 해적선을 공식화한 셈이다. 이를 사략선掠船이라고 한다. 이들은 노략질할 대상을 찾으려고 바다 이곳저곳을 갈지자 모양으로 돌아다녔다. 이것이 십자가cross를 뜻하는 네덜란드어 크뢰이선kruisen으로 표현됐고, 결국 오늘날의 크루즈cruise가 됐다고 한다.

② 크루즈는 배를 타고 여러 곳을 다니는 것을 말한다. 크루즈선은 오래 머물면서 여가를 즐길 수 있는 리조트 시설을 갖춘 점에서 보통의 여객선과 구분된다. 크루즈선은 크고 화려하다. 10만~20만 톤의 배에 수천 개의 객실을 갖추고 많게는 만 명이 넘는 사람을 태운다.

③ 크루즈 산업은 19세기 초·중반 유럽에서 시작돼 유럽과 미주를 중심으로 확대돼왔다. 한때 대형 항공기에 밀려 주춤하다가 1990년대 이후 다시 빠른 속도로 커지고 있다. 지난해 340여 척의 크루즈선이 2000만 명 이상의 관광객을 싣고 360억 달러 이상의 매출을 올렸다. 최근의 특징은 중국을 중심으로 한 동북아 시장의 급성장이다. 지난해 150만 명에 이어 올해는 200만 명 이상을 기록할 전망이다. 올해 우리나라를 방문한 100만 명 이상의 크루즈 관광객도 대부분 중국인이다. 중국은 미국과 유럽이 주도해온 지구촌 크루즈 시장에 본격적으로 뛰어들고 있다. 우리나라는 중국과 세계 조선 1·2위를 다투지만 크루즈 산업에선 크게 뒤처져 있다.

④ 동북아 시장의 성장과 관련해 '동해 크루즈'가 주목받고 있다. 동해는 동북아 핵심 나라들과 모두 연결되는 유일한 바다다. 거점으로

강원도 동해안 지역이 유력한 동해 크루즈의 활성화는 동북아 평화 구조 정착에도 기여할 것이다. 시베리아 석탄을 북한 나진항을 통해 우리나라로 실어나르는 '동해 수송'이 시작됐다. 2차대전 종전 70돌인 내년에 남북한과 중국·일본·러시아가 모두 참여하는 '동해 크루즈'의 닻을 올리면 어떨까.

같은 요령으로 제안서의 각 부분을 설명해보겠습니다.

개요

④번의 마지막 부분(남북한과 중국·일본·러시아가 모두 참여하는 '동해 크루즈')이 개요입니다. ①번과 ②번은 크루즈의 유래와 설명의 부분입니다. 개념에 대한 설명은 개요에 담는 것이 좋습니다.

추진 배경

④번의 "동북아 평화 구조 정착에도 기여"와 "2차대전 종전 70돌인 내년"입니다. 앞엣것은 목적이고 뒤엣것은 계기입니다.

현황과 문제점

③번입니다. 앞엣것 "지난해 340여 척의 크루즈선이 2000만 명 이상의 관광객을 싣고 360억 달러 이상의 매출을 올렸다. 최근의 특징은 중국을 중심으로 한 동북아 시장의 급성장이다. 지난해 150만 명에 이어 올해는 200만 명 이상을 기록할 전망이다. 올해 우리나라를 방문한 100만 명 이상의 크루즈 관광객도 대부분 중국인이다"는 현황

이고 뒤엣것 "우리나라는 중국과 세계 조선 1·2위를 다투지만 크루즈 산업에선 크게 뒤처져 있다"는 문제점입니다.

제안 사항

④번의 "동해는 동북아 핵심 나라들과 모두 연결되는 유일한 바다다. 거점으로 강원도 동해안 지역이 유력한 동해 크루즈의 활성화"와 "시베리아 석탄을 북한 나진항을 통해 우리나라로 실어나르는 '동해 수송'이 시작" 부분입니다.

이를 바탕으로 제안서를 작성하면 다음과 같습니다.

동북아 평화 위해 '동해 크루즈' 추진

□ 개요

◦ 남북한, 중국·일본·러시아 참여하는 '동해 크루즈' 추진

※ 크루즈의 유래와 의미

- 십자가 뜻하는 네덜란드어 크뢰이선(kruisen) 에서 유래, 여가를 즐기는 리조트 시설을 갖춘 점에서 여객선과 구분
- 10만~20만 톤의 배에 수천 개 객실을 갖추고 많게는 만 명이 넘는 사람이 탑승

□ 추진 배경

◦ 내년 2차대전 종전 70돌 계기 활용

◦ 거점으로 동해안이 유력한 동해 크루즈 활성화는 동북아 평화 구조 정착에도 기여

□ 현황과 문제점

◦ 지난해 340여 척이 2000만명 이상 관광객 싣고 360억 달러 매출 기록하는 등 급성장

◦ 최근 특징은 중국을 중심으로 한 동북아 시장 부상

- 우리나라 방문 100만 명 이상 크루즈 관광객도 대부분 중국인

- 중국은 미국과 유럽 주도 크루즈 시장에 본격적으로 합류

◦ 우리나라는 중국과 세계 조선 1·2위를 다투지만 크루즈 산업에선 크게 뒤처짐

□ 제안 사항

◦ 동해는 동북아 핵심 나라들과 모두 연결되는 유일한 바다로 '동해 크루즈' 추진

- 시베리아 석탄을 북한 나진항을 통해 우리나라로 실어나르는 '동해 수송' 이미 시작

제목과 개요 : 용건을 먼저 말하라

제목: 독자의 눈길을 사로잡아라

제목의 힘은 막강합니다. 우리가 신문을 읽는 습관을 떠올려보면 더 이해하기 쉬울 것입니다. 우리는 제목이 이끄는 대로 기사를 선택하기 마련입니다. 보고서도 마찬가지입니다. 제목을 통해 의사결정권자의 흥미를 이끌어내는 것이 중요합니다. 신문 기사 제목처럼 다양한 표현은 어렵지만 광고 카피 같은 속성을 활용하는 게 좋습니다.

제목이 흥미를 끌지 못했다고 의사결정권자가 보고서를 읽지 않는 일은 없을 것입니다. 문제는 어떤 심리 상태로 읽었느냐입니다. 의무감으로 읽는 것과 흥미와 관심을 갖고 읽는 것은 큰 차이가 있습니다. 흥미와 관심을 갖고 있어야 보고서 내용에 대한 긍정적 이미지가 더 커질 것입니다.

우리나라 보고서 제목을 보면 스테레오 타입이 많습니다. 그냥 보고서에서 다루는 주제나 소재 밑에 '~방안, ~계획' 등을 달아놓은 경우입니다. 지나치게 넓은 범위의 내용을 써서 구체성이 떨어지는 경우도 많습니다. 보고서의 시점이 검토인지 시행인지 완료인지 헷갈릴 때도 있습니다.

보고서 제목을 잘 다는 방법을 여섯 가지로 정리해보았습니다.

첫째, 기획서나 제안서는 기대 효과나 목적을 강조할 것

기획서나 제안서에서 중요한 점은 의사결정권자에게 긍정적 반응을 이끌어내는 것입니다. 그렇게 하지 못한다면 목적을 달성하기 어려울 것입니다. 이 사업을 했을 때 어떤 편익과 수익, 결과와 효과가 나타나는지를 강조해야 합니다.

대통령 보고서 〈병역제도 개선〉은 ▫병 복무기간 점진적으로 6개월 단축, ▫유급지원병제 도입, ▫입대 전 기술특기병 양성체계 구축, ▫군 간부 비율 증가, ▫군 복무 만족도 제고 등을 골자로 하는 보고서입니다. 새로운 제도 도입에 대한 이해를 높이고 기대 효과를 부각하는 것이 가장 중요한 포인트였지만 제목에는 개선 내용만 덩그러니 표현됐습니다.

이 제도의 시행으로 예상되는 기대 효과는 무엇일까요? 그것은 청년 인력을 효율적으로 활용함으로써 국가 전체의 경쟁력과 생산성을 높일 수 있다는 점이었습니다. 이 보고서의 제목은 그런 기대 효과를 강조하여 〈청년 인력 효율적 활용 위한 병역제도 개선〉, 〈병역제도 개선 통한 청년 인력 효율적 활용〉으로 다는 것이 좋습니다.

2007년 세입이 호조를 보이면서 정부 재정 상황이 여유로워졌습니다. 정부는 이를 고려해 세제 개편을 계획합니다. 보고서 〈세제 개편안〉은 □중산·서민층의 세부담 경감, □미래 성장 동력 확충, □세원 투명성 제고를 통한 세입 기반 확충 등을 주요 목적으로 하고 있습니다.

그냥 〈세제 개편안〉이 아니라 〈중산·서민층 세부담 경감 세제 개편안〉으로 했다면 국민의 입장에서 개편안에 대한 호감도가 더욱 높아졌을 것입니다. 이 개편안을 홍보하는 데도 이런 제목이 더욱 효과적이었을 것입니다.

둘째, 넓게 펼치지 말고 최대한 좁힐 것

보고서는 보편적 문제를 특수한 각도로, 추상적 가치를 구체적 사실로 다루는 것입니다. 보편과 특수, 추상과 구체의 두 측면이 제목에 반영되는 것이 좋습니다.

보고서 〈어린이 건강 대책〉에는 어린이 건강이 국가의 미래라는 문제 인식 아래 5가지 대책 내용이 들어 있습니다. □아토피, 천식 기타 어린이 환경성 질환 예방 관리, □어린이 먹을거리 안전 강화, □비만 예방 및 체력 증진, □컴퓨터 게임 중독 예방 및 체계적 관리, □어린이 건강관리 체계 구축.

〈어린이 건강 대책〉이란 제목은 너무 넓은 범위를 포괄하고 있어 이 보고서만의 특징을 제대로 담아내지 못합니다. 아마도 5가지로 나뉜 대책을 제목에 모두 반영할 수 없었기 때문에 〈어린이 건강 대책〉이라는 보편을 선택했는지 모르겠습니다.

이럴 경우 2가지 선택이 가능합니다. 첫째는 5가지 대책을 모두 포괄하는 종합적·총론적 표현입니다. 〈어린이 건강관리 체계 구축 등 종합 대책〉. 둘째는 5가지 대책 가운데 가장 화제가 될 만한 것 1가지를 고르는 것입니다. 〈환경성 질환 예방 관리 등 어린이 건강 대책〉. 둘 중 하나를 골라야 한다면 뒤엣것을 더 추천하겠습니다.

보고서 〈해외 M&A 활성화 추진 방안〉은 전 세계 주요 국가들이 새로운 수익원 창출을 위해 적극적으로 M&A를 벌이고 있으나 우리나라는 여러 가지 제약 요인 때문에 그렇지 못하다는 상황을 전달하면서 4가지 정책을 제시하고 있습니다. □해외 M&A에 대한 규제 완화, □해외 M&A 활성화를 위한 금융 및 세제 지원, □해외 M&A 지원 인프라 구축, □해외 직접투자 절차 완화.

구체적 내용을 넣어 제목을 고쳐보았습니다. 〈해외 M&A 규제 완화 등 활성화 방안〉, 〈규제 완화, 지원 등 해외 M&A 활성화 방안〉. '활성화'라는 단어 속에 '추진'의 뜻을 내포하고 있기 때문에 뺐습니다. '방안'을 빼도 무방합니다.

셋째, 상황보고서·결과보고서는 구체적 내용을 표현할 것

상황보고서나 결과보고서는 제목 속에 상황과 결과의 중요한 내용이 직관적으로 표현돼야 합니다. 제목만으로 상황과 결과의 중요성, 심각성이 드러나는 게 좋습니다.

〈2007년 쌀 예상 생산량 조사결과 보고〉에는 쌀 예상 생산량이 전년보다 3.8% 감소한 450만 톤으로 전망된다는 내용이 들어 있습니다. 이 보고서의 제목은 〈2007년 쌀 예상 생산량 3.8% 감소〉로 표현하는 것이 낫습니다. '조사 결과'는 이미 맥락 속에 표현돼 있기 때문에 생략해도 좋습니다.

2006년 상반기 사회 문제가 됐던 '바다이야기' 파문을 계기로 국무조정실이 관계부처와 합동으로 사행산업 전반에 대한 실태와 문제점을 조사해 〈사행산업 실태〉 보고서를 펴냈습니다. 이 보고서의 제목만으로는 사태의 심각성을 감지하기 어렵습니다.

당시 '바다이야기'로 대표됐던 사행산업은 2006년 매출 규모가 12.1조 원, GDP 대비 1.4%에 이르렀습니다. 1998년에 비해 매출 규모가 4~5배 증가한 것으로 추산됐습니다. 제목에 이런 내용을 포함했다면 이렇게 바뀌었을 것입니다. 〈12조 원(GDP 1.4%) 규모 사행산업 실태〉.

〈7월 중 태풍 및 호우 피해〉라는 제목은 〈7월 태풍·호우로 62명, 2조 625억 원 피해〉로 바꾸어 결과를 직접 말해주어야 합니다.

넷째, 핵심 키워드를 활용할 것

정부 통계 작성 이래 2015년 최초로 여성 인구가 남성 인구를 추월하는 것으로 예측됐습니다. 여성의 수명이 남성보다 훨씬 높고 남아선호 사상의 쇠퇴로 남녀 성비가 하락했기 때문입니다. 이런 시대를 맞아 여성 인력을 어떻게 활용하느냐가 중요한 문제로 등장했습니다.

이 주제의 보고서 제목에는 현재의 상황을 압축적으로 표현하는 키워드가 중요합니다. 키워드만으로 모든 것을 압축해 말해줄 수 있어야 합니다. 여성 인구가 남성 인구를 추월한 시대를 '여초 시대'라고 표현하면 어떨까요? 보고서의 제목은 〈'여초 시대' 여성 인력 활용 대책〉이 적당할 것입니다.

2004년부터 2006년까지 수도권을 중심으로 부동산 가격이 폭등했습니다. 정부는 부동산 가격을 안정시키기 위해 다양한 대책을 쏟아냈지만 큰 효과를 거두지 못했습니다. 청와대가 부동산 문제의 본질을 직접 밝히기로 했습니다. 부처와 함께 실태를 조사한 결과 부동산 가격 폭등은 수도권 전체가 아니라 국지적 문제가 전국에 영향을 미치는 구조인 것으로 밝혀졌습니다.

서울의 강남·송파·서초·목동, 경기의 평촌·분당·용인 7곳이 문제였습니다. 이들 지역의 집값이 2004년 1월부터 2006년 3월까지 26%나 상승해 기타 지역(5%)에 견줘 5.2배 상승한 것입니다. 이 지역의 불을 먼저 꺼야 했습니다. 7곳을 모두 나열하면 복잡하고 임팩트가 부족했습니다. 당시 홍보처 사무관이 '버블 세븐'이라는 신조어를 만들었습니다.

이 단어를 사용하는 데 당시 청와대 내부의 기류는 부정적이었습니다. 그러나 주무 부서였던 홍보수석실의 국정홍보비서관실은 이 조어를 정책 기사 제목으로 내보냅니다. '버블 세븐'이라는 단어를 통해 부동산 가격 폭등이 거품이며 국지적인 현상이란 점을 강조하는 효과를 거둘 수 있다고 판단했기 때문입니다. 이후 '버블 세븐'이란 키워드는 부동산 가격 폭등을 설명하는 모든 기사와 보고서의 제목에 빠지지 않고 등장합니다. 〈'버블 세븐' 가격 폭등 대책과 전략〉, 〈'버블 세븐'과 일본 부동산 버블 비교〉.

다섯째, 수요자의 관점에 설 것

〈공공기관 채용 방식 개선 추진 계획〉은 지방으로 공공 기관을 이

전하면서 그 지역의 인재들을 우선 채용할 수 있도록 제도를 마련하겠다는 내용입니다. 이 정책의 수요자들인 지역 주민들 입장에서는 관심도 많고 크게 환영할 일입니다. 정부 입장에서는 지역 주민들의 신뢰를 얻을 수 있는 일입니다.

제목만 보면 그런 사항들을 파악할 수 없습니다. 단순하게 채용 방식을 개선하는 것 정도로만 인식하기 쉽습니다. 공급자 관점에서 작성했기 때문에 그렇습니다. 이 정책의 수요자 관점에 선다면 제목은 이렇게 바뀔 것입니다. 〈공공기관, 지역 인력 우선 채용으로 개선〉.

강남구청이 직장인 맞벌이 부부 등을 위해 매일 저녁 8시까지 여권, 인감, 주민등록 등·초본을 뗄 수 있는 야간 민원실을 운영하고 있습니다. 이를 실행하기 위해 기획서를 작성했다면 제목을 어떻게 붙이는 것이 좋을까요? 〈민원실 저녁 8시까지 야간 연장 운영〉이라고 하면 공급자 중심의 제목입니다. 이를 수요자 중심의 제목으로 바꾸면 〈직장인 부부 위해 저녁 8시까지 여권 등 발급〉이 될 것입니다.

여섯째, 그 밖의 사항들

보고서의 제목은 구체적 내용을 담되 20자를 넘지 않는 것이 좋습니다. 20자를 넘으면 무조건 빼거나 줄여야 합니다. 〈지방 소재 중소 제조업체 기술 인력 확보를 위한 범정부 지원 방안〉은 〈지방 중소업체 기술 인력 확보 지원 방안〉으로 줄일 수 있습니다.

쉽고 직관적이어야 합니다. 〈동절기 단전·단수·가스 공급 중단 저소득 가구 지원 대책〉은 〈겨울철 저소득 가구 전기, 수도, 가스 지원 대책〉으로 바꿀 수 있습니다. 〈OECD 국가의 재정부문에 대한 시장 메커니즘 활용경험과 시사점〉은 〈국가 재정에 시장 메커니즘을 활용한 OECD 경험〉으로 바꿀 수 있습니다.

통상적으로 명사나 명사형으로 끝납니다. 〈토지 맞교환으로 구 재정에 숨통 트여〉가 아니라 〈토지 맞교환으로 구 재정 확충〉이라고 표현합니다.

부제를 쓸 경우 좀더 카피적인 요소를 활용해도 좋습니다. 〈공교육 신뢰 회복과 교육 공동체가 함께 만들어요/방과후 학교 발전 방안〉, 〈한미 FTA 궁금하십니까 - 비판과 쟁점, 외국 사례〉.

제목 끝에 '(안)'을 붙이는 것은 그 사업의 실행 여부가 아직 결정나지 않은 상태를 의미합니다. 실행을 결정하고 검토 작업을 계속하는 과정에서 작성된 보고서는 '(안)'을 붙이지 않습니다.

개요: 컵을 내밀고 물을 따라라

개요의 사전적 의미는 글 전체에서 간결하게 추려낸 내용입니다. 영어로는 outline, executive summary, abstract으로 번역됩니다. 개요에는 글쓰기의 주제와 그것을 뒷받침하는 정보나 사례가 들어갑니다. 앞으로 전개되는 단락의 핵심 내용을 담습니다.

보고서의 개요는 이런 사전적 정의를 포함하면서 더욱 구체적인 의미를 갖습니다. 보고서를 통해 궁극적으로 의사결정권자에게 전하거나 설득하고 싶은 용건이 개요입니다. 해결 방안을 주축으로 삼아 현황, 문제점의 핵심 내용을 압축합니다. 개요는 사업의 주체, 대상, 목적, 방법이나 육하원칙에 해당하는 내용입니다.

논리학에서 말하는 결론, 핵심 메시지와 일맥상통합니다. 신문 기사는 중요도와 흥미 두 가지 측면에서 독자에게 전달할 가치가 가장 높은 부분을 골라 첫 문단에 배치합니다. 이를 리드Lead라 부르는데 보고서의 개요도 비슷합니다.

이렇게 중요한 개요가 어찌 된 일인지 우리나라 보고서에서는 그 존재감이 미미합니다. 개요를 아예 생략하는 경우가 허다합니다. 제목과 거의 유사한 내용을 되풀이하거나 하나 마나 한 내용을 개요에 씁니다. 개요를 통해 제목 이상의 정보를 얻을 수 없는 보고서가 부지기수입니다.

개요가 없거나 부실한 보고서는 이렇게 비유할 수 있습니다. 당신 앞에 회사 대표가 앉아 있습니다. 당신은 갈증을 느끼고 있는 그에게 물을 따라주려고 합니다. 당신은 물이 가득 찬 주전자를 들고 그 앞에 섭니다. 이윽고 물을 따라주기 위해 주전자를 대표 앞에 기울입니다.

자, 어떤 일이 벌어질까요? 대표는 당신이 따라주는 물을 잘 받아 마실 수 있을까요? 안타깝게도 당신이 따른 물은 대표의 입 속으로 들어가지 못하고 그냥 아래로 쏟아져 바닥만 흥건하게 적시고 말 것입니다. 개요가 부실한 보고서를 읽으며 대표가 '도대체 이것이 무슨 내용이지' 고개를 갸우뚱거리는 것과 비슷한 상황입니다.

어떻게 해야 대표는 당신이 따라주는 물을 받아 마실 수 있을까요? 그렇습니다. 당신은 대표에게 물을 따라주기 전에 컵부터 건네야 했습니다. 그랬다면 대표는 물을 바닥에 흘리지 않고 깔끔하게 받아 마셨을 것입니다. 물을 따라주기 전에 먼저 내미는 컵, 이것이 바로 보고서의 개요입니다. 개요만 읽어도 본래의 주요한 내용을 파악할 수 있어야 합니다.

개요 작성의 원칙을 5가지로 정리해봤습니다.

첫째, 결론과 핵심 메시지가 들어갈 것

개요만으로도 핵심 내용을 파악할 수 있어야 합니다.

> ㅁ 저출산·고령화로 노동력 부족이 잠재 성장률을 갉아먹고 있고 여성 인구가 남성을 추월한 시대를 맞아 여성 인력을 활용하기 위한 다각적 방안 추진
>
> — '여초 시대' 여성 인력 활용 방안

이 개요에는 현황만이 담겨 있습니다. 여성 인력을 활용하기 위한 다각적인 방안을 추진한다고 했는데 구체적으로 어떤 내용인지 짐작조차 할 수 없습니다. 이 보고서를 끝까지 읽어야만 알 수 있습니다. 개요에서 구체적 방안을 모두 이야기할 순 없지만 대표적인 몇 가지만이라도 알려준다면 의사결정권자의 머릿속에 '컵'이 잘 만들어질 것입니다. 다음과 같이 바꿔볼 수 있습니다.

> ㅁ 저출산·고령화로 노동력 부족이 잠재 성장률을 갉아먹고 있고 여성 인구가 남성을 추월한 시대를 맞음
>
> ㅁ 여성 인력 활용을 위한 패러다임의 전환, 여성 경제 활동 여건 개선 및 남성 중심의 기업 문화 근본적 개혁 실행

다음은 〈가계부채 연착륙 대책〉의 개요 부분입니다.

□ 최근 저소득층과 고령층 등 취약 가계의 대출이 높은 증가세를 보이고 있어 그 부작용을 최소화하기 위한 가계부채 연착륙 대책 수립

이렇게 고쳤습니다.

□ 최근 저소득층과 고령층 등 취약 가계의 대출이 높은 증가세를 보이고 있어 은행대출 심사 강화, 부채 탕감 정책 등 가계부채 연착륙 대책 수립

〈소득 2만 불 시대 실현을 위한 신일자리 창출 전략〉은 짧은 개요 속에 보고서 전체 내용을 효과적으로 집약하고 있습니다.

□ 경제 양극화 해소 및 소득 2만 불 시대 실현을 위한 방안의 하나로 사회서비스 부분에서의 일자리 창출 전략 모색

둘째, 제목과 다른 내용을 쓸 것

보고서의 개요와 제목의 내용이 거의 똑같은 경우가 많습니다. 가급적 서로 중복되지 않게 내용을 배분하는 것이 좋습니다. 다음은 〈평생학습 참여 실태 분석 보고〉입니다.

□ 최근 인적자원 정책의 주요한 의제인 평생학습 참여 실태 분석 결과

가 나옴에 따라 동 결과를 분석, 정책적 시사점을 보고 드림

제목에서 해결 방안을 강조했다면 개요에서 현황이나 기대 효과를 부각시킵니다. 제목과 개요의 내용이 중복되지 않으면서 최대한 많은 정보를 담을 수 있도록 안배할 필요가 있습니다.

- ▫ 정규교육 단계의 지나친 투자에 반해 노동시장 인적자원에 대한 낮은 투자와 성인의 낮은 평생학습 참여율이 문제
- ▫ 노동시장의 불안정성에 대비하기 위해 평생학습 참여에 역점을 두고 정책 추진 필요

셋째, 5줄을 넘기지 않을 것

개요는 길어도 5줄을 넘기지 않는 것이 좋습니다. 구체적인 통계나 레퍼런스를 넣지 말고 직관적이고 압축적으로 표현해야 합니다. 〈경상대 특성화 보고(요약)〉 개요 부분을 살펴보겠습니다.

- ▫ 경상대학교(경남 진주) 식물생명과학 분야 대학원 박사과정 이수시 미국 유수 대학의 박사학위를 취득할 수 있는 토대 마련
  - ◦ 식물생명과학 분야의 세계정상급 대학인 미국 퍼듀대학교 원예조경과와 국내 최초로 공동연구 및 복수 박사학위 협정을 체결('05.5.6.)
  - ◦ 의미: 경상대학교 대학원 과정의 프로그램 및 수준을 그대로 인정하고 교육과정을 공동운영하여 퍼듀대의 박사학위를 수여하는 것이므로 경상대학교의 연구 및 교육 수준이 미국 대학 상위권 수준

으로 평가됨

□ 경상대학교는 지방 국립대학이지만 자율적 권한을 최대한 살려 지난 20여 년간 식물생명과학 분야를 특성화하고 집중 육성함으로써 연구논문과 졸업생 수준이 높아 연구중심 대학으로의 발전에 성공하였다는 평가

요약보고서인데도 개요가 10줄이나 돼 그 구실을 제대로 하고 있지 못합니다. 5줄 아래로 줄이면 다음과 같습니다.

□ 경상대 식물생명과학 분야 대학원 박사과정 이수시 미국 퍼듀대 원예조경과와 국내 최초로 공동연구 및 복수 박사학위 협정 체결 ('05.5.6.)

◦ 이는 경상대 연구 및 교육 수준이 미국 대학 상위권 수준으로 평가되는 것을 의미

□ 경상대는 지방 국립대지만 자율적 권한을 살려 지난 20여 년간 이 분야를 특성화하고 집중 육성해 연구중심 대학으로 발전

넷째, 중간 부분을 되풀이하지 말 것

어떤 보고서는 개요와 중간 부분(주요 내용이나 현황과 문제점, 해결 방안)의 분량이 거의 비슷합니다. 이럴 거면 굳이 개요를 쓰거나 중간 부분을 쓸 이유가 없습니다. 같은 내용을 되풀이해 공연히 장황하게 만들 뿐 입니다. 다음은 〈보험 계약 전 알릴 의무와 관련한 소비자 유의사항〉 보고서입니다.

1. 개요

□ 보험 가입자는 보험계약 체결 시 보험사가 청약서에서 질문한 중요한 사항*에 대하여 사실대로 알려야 하며, 이를 '계약 전 알릴 의무'(상법상 '고지의무')라고 함

◦ 보험사는 보험 가입자의 현재 및 과거의 질병, 현재의 장애 상태 등에 관한 정보를 청약서상 질문표를 통해 수집하고, 보험계약의 체결 여부를 결정하게 됨

* 중요한 사항이란 질병(예, 고혈압, 당뇨병 등)에 대한 치료 내역 등 보험계약 체결여부 및 가입 조건에 영향을 미치는 사항임

□ 보험 가입자가 '계약 전 알릴 의무'를 이행하지 않은 경우 보험사는 계약을 해지하고 보험금 지급을 거절할 수 있는데 이러한 분쟁 사례가 지속적으로 발생*

* 계약 전 알릴 의무 관련 분쟁 처리 건 및 비중: 2012년(1,452건, 6.8%), 2013년(1,095건, 5.4%), 2014년(잠정 1,116건, 5.2%)

□ 따라서 금융감독원(금융소비자보호처)은 〈보험 계약 전 알릴 의무 관련 소비자 유의사항〉 안내를 통해

◦ 계약 전 알릴 의무 위반을 예방하고, 이에 따른 보험 가입자의 불이익을 최소화하여 금융소비자를 보호하고자 함

이 개요에는 현황, 문제점, 해결 방안이 모두 포함됐습니다. 첫째, 둘째 □ 부분은 현황과 문제점이고, 셋째 □가 해결 방안입니다. 개요만 간추리면 이렇습니다.

□ '계약 전 알릴 의무' 분쟁 사례가 지속적으로 발생함에 따라 유의사항 안내를 통해 보험 가입자의 불이익을 최소화하여 보호

다섯째, 반드시 개요를 쓸 것

다음은 〈교육력 제고를 위한 교원정책 개선 방안 보고〉 전문입니다.

교육력 제고를 위한 교원정책 개선 방안 보고

1. 배경 및 경과

◦ 대통령 선거공약 및 대통령직인수위에서 '능력중심 교원승진제' 및 '학교장 임용제도 다양화' 추진 결정('03.2)

◦ 교육부는 교육혁신위원회에 교육부가 마련한 교원승진 및 교원 양성, 연수제도 개선안을 공론화를 거쳐 확정하여줄 것을 요청('05.10)

◦ '교원정책개선특별위원회' 설치 · 운영('06.1.5~7.4)

- 교장승진제와 교장공모제의 병행 실시를 골자로 하는 10인 합의안 마련

※ 10인 합의안 추인이 부결('06.6.9)되면서 특위위원 7인이 사퇴 선언('06.6.12)

◦ 특위에서 논의 종결을 결정('06.7.4)한 이후, 교육혁신위원회 본회의에서 그간의 논의를 토대로 교원정책 개선 방안 마련('06.7.14 ~ 8.11)

2. 주요 내용

□ 교원양성제도 개선

◦ 신규 교사 자격 기준 및 교육과정 최소 편성 기준을 국가 수준에서 제정

※ 성적이 일정 기준(75/100점)에 미달인 경우, 교원자격증 미발급

◦ 교원양성기관 평가인정제도 도입('09년 시행)

- 평가 결과를 기초로 교원양성 인정 기관 또는 비인정 기관으로 판정

※ 인정 대학에는 행·재정 지원, 비인정 대학은 교원자격 발급 기능 제한 또는 폐지

◦ 초등 및 중등 양성기관 개편

- 초등교원 양성기관을 지역 실정에 맞도록 자율적 개편 유도

- 중등교원 양성기관 평가 결과에 따라 양성 인원 축소 조정

◦ 교직 과정은 장기적으로 사범대 육성이 어려운 분야로 특화

- 양성 기간 연장(5, 6년) 및 전문대학원 체제 도입(장기 과제)

◦ 교원임용선발 시험 개선: 2단계 전형을 3단계로 확대하고, 교사직무수행 능력의 평가에 중점

□ 교원승진제도 개선

◦ 연공서열식 승진 구조 완화

- 경력평정 반영 기간 축소(25년→20년: 매년 1년씩 단계적 축소)

◦ 교원 근무평정의 공정성 제고를 위해 다면평가제 도입

- 현행 교장·교감 각 50%→교장40%, 교감 30%, 동료교사 30%

※ 학부모·학생 만족도 조사결과는 교장과 교감의 교사 평가 시 자료로 사용

◦ 근무평정 반영기간의 단계적 확대 및 근무평정 결과 공개

◦ 수석교사제 도입 추진: 교내 장학 및 멘토교사로서 역할 수행

□ 교장공모제 도입

◦ 공모제 도입은 학부모 전체회의의 의사를 존중하여 학운위가 결정

◦ 공모교장 지원 자격, 신분, 권한

- 자격: 초·중·고 교육경력 15년 이상 현직 교원 및 교육공무원

- 신분: 임기만료 후 퇴직 원칙, 희망 시 별도 절차 거쳐 교사 복귀

- 권한: 해당 학교원 정원의 30% 초빙권(교감 포함) 부여

※ 엄격한 교장 평가: 일정 기준 미달 시 교장 응모 또는 교장 중임 제한

□ 교원연수제도 개선

◦ '직무연수 이수학점제' 도입(모든 교원 대상 5년간 150시간 이수)

◦ 연수기관 '평가인증제' 실시

◦ 교장자격연수 강화(6주→12주)

3. 핵심 쟁점사항

▫ 다면평가 실시: 근무평정을 위한 다면평가 시 평가 주체

- 교직단체는 동료교사만을, 학부모단체에서는 동료교사 · 학부모(초) · 학생(중등)으로 확대 주장

※ 혁신위안: 양 입장 절충(동료교사 30% 반영+학생/학부모 평가 활용)

▫ 교장공모제 적용 시 선택 주체

- 교직단체는 학교운영위원회가 결정하되 학부모 전체회의 외에 교직원 전체회의 의견 반영 주장

※ 혁신위안: 학부모 전체 의사를 존중, 학운위가 결정

이 보고서에는 개요가 없습니다. 개요가 없는 문서는 컵을 건네지 않고 물을 따르는 것과 같다고 말씀드렸습니다. 반드시 '개요'라는 컵을 먼저 건넨 후 '보고 내용'이라는 물을 따라야 합니다. 그래야 의사결정권자는 흘리지 않고 당신의 보고 내용을 받아들일 수 있습니다.

이 보고서의 개요를 만들면 이렇습니다. 배경(대통령 공약에 따라 교육혁신위원회 본회의에서 방안 마련)과 주요 내용(교원양성기관 평가인정제도 도입, 수석교사제 도입, 교장공모제 도입 등 교원 정책 개선) 가운데 핵심 키워드를 뽑아 한 문장으로 만들었고 의사결정권자가 꼭 알아야 할 쟁점을 압축적으로 표현했습니다.

1. 개요

- ▫ 대통령 공약에 따라 교육혁신위원회 본회의에서 교원양성기관 평가인정제도 도입, 수석교사제 도입, 교장공모제 도입 등 교원정책 개선 방안 마련
- ▫ 근무평정을 위한 다면평가 주체와 교장공모제 적용 시 선택 주체는 핵심 쟁점

다음 쪽의 보고서는 개요를 잘 쓴 사례입니다. 〈2007 하반기 경제운용방향 주요 내용〉은 개요만으로도 핵심과 내용 전체의 윤곽을 가늠해볼 수 있습니다.

(2007.7.10, 2007 하반기 경제운용방향 주요 내용, 경제정책비서관실)

2007 하반기 경제운용방향 주요 내용

7.11(수) 오전 국민경제자문회의(총리주재)를 거쳐 발표될 예정인 '2007 하반기 경제운용방향' 주요 내용을 보고드림

- 유가상승폭 확대에도 불구, 예상보다 빠른 내수회복세와 수출호조를 반영하여 2007년 성장 전망치를 당초 4.5% → 4.6%로 상향조정
  * 최근 삼성연, 현대연 등 민간 연구기관들은 금년 성장률 전망치를 4.2~4.3% → 4.5%로 상향

- 하반기 경제운용의 중점은
  i) 경기회복기조 지속,
  ii) 서민생활 안정,
  iii) 법 · 제도 · 시스템 선진화 기반

〈목차〉

Ⅰ. 상반기 경제운용 실적
Ⅱ. 2007 경제전망
Ⅲ. 하반기 경제운용의 기본방향
Ⅳ. 하반기 중점추진과제
  1. 거시경제의 안정적 관리
  2. 한미 FTA 후속조치와 제도 · 시스템 선진화 추진
  3. 기업환경 개선 및 서비스산업 경쟁력 강화
  4. 금융산업 발전기반 확충
  5. 서민생활 안정 도모
  6. 부동산시장 안정기반 확립
  7. 참여정부 로드맵 과제 마무리

추진 배경 : 왜 하는지 밝혀라

보고서에서 가장 까다로운 부분이 바로 추진 배경입니다. 추진 배경은 한마디로 이 보고서를 왜 쓰는지에 대한 다양한 각도, 다양한 사항들을 망라한 것입니다. 보고서를 많이 써본 사람들은 이 부분이 현황과 자주 헷갈린다고 합니다. 추진 배경은 어떤 내용을 포함하고 있는지, 현황과는 어떻게 구별되는지 살펴보겠습니다.

추진 배경을 세분화하면 크게 배경, 경과, 목적으로 나눌 수 있습니다. 어떤 조직에서는 추진 배경으로 묶지 않고 배경, 경과, 목적으로 나눠서 표현하기도 합니다. 경과는 그 비중이 크다면 추진 경과라는 별도의 구성 항목으로 분리시키지만 그렇지 않다면 배경에 녹여 쓰기도 합니다. 배경, 경과, 목적의 각 내용을 알게 되면 그 합이 추진 배경이란 사실을 알게 됩니다. 추진 배경은 한마디로 보고서의 사업 내용, 보고 내용과 관련된 조건·이유입니다. 왜 이 사업을 하는지, 왜 이 보고를 하는지에 해당하는 내용을 망라한 것입니다.

다음은 〈경제활력 제고와 일자리 창출을 위한 '서비스경제 발전전략'(요약)〉(관계부처 합동, 2016.7.5.) 보고서입니다. 추진 배경의 첫째 항목 '서비스산업을 고도화하기 위한 서비스경제화가 진행중' 부분이 배경입니다. 둘째 항목 '우리 경제의 효율성·역동성 제고를 위해 서비스산업 육성 필요' 부분이 목적입니다.

이 보고서는 추진 경과를 추진 배경 다음에 별도로 처리했습니다. 추진 경과의 분량도 많고 이 보고서에서 차지하는 비중도 높기 때문입니다.

추진 배경에 개요의 내용까지 포함하는 경우도 있습니다. 어떤 정부 조직이나 회사에선 개요를 별도로 처리하지 않고 추진 배경 속에 녹여서 소화합니다. 가급적 개요의 내용은 추진 배경과 분리해서 표현하는 것이 좋습니다. 보고서 내용 전체를 관통하는 중요한 개념은 개요 부분에서 설명하는 것이 더 적절합니다. 추진 배경의 '※서비스경제화의 개념'이 그렇습니다. 이 보고서는 개요가 별도 카테고리로 설정돼 있지 않아 배경이 그 역할을 대신하고 있습니다.

Ⅰ. 추진 배경

◇ 서비스산업을 고도화하기 위한 서비스경제화가 진행중

○ 서비스산업의 고용과 부가가치 비중이 커지면서 경제에 미치는 영향이 확대되는 서비스경제화가 전세계적으로 진행

○ 특히, 주요 경쟁국은 4차 산업혁명 도래에 맞춰 서비스산업을 신성장 동력으로 육성하기 위해 서비스산업 육성전략을 수립

• (獨) 스마트 서비스 월드 2025, (日) 新서비스산업혁명, (中) 인터넷 플러스전략

※ 서비스경제화의 개념 ① 경제 전체에서 서비스산업이 차지하는 비중 및 영향력이 확대 ② 서비스산업의 고도화·융합화로 제조업의 수익성·부가가치가 함께 제고

◇ 우리 경제의 효율성·역동성 제고를 위해 서비스산업 육성 필요

○ 그간 우리 경제를 이끌었던 제조업의 경쟁력 약화, 수출 부진 등으로 경제의 성장·일자리 창출력이 크게 둔화

○ 우리 경제의 서비스경제화 수준은 제조업 위주 정책, 서비스 R&D 부족, 각종 규제 등으로 선진국에 비해 미흡한 상황

- '90년대 이후 서비스산업의 고용은 증가하고 있으나, 부가가치 증가는 최근 10년간 정체

  * 고용 비중(%) : (92년) 50.1 (00년) 61.2 (05년) 65.7 (10년) 68.8 (15년) 70.1

    부가가치 비중(%) : (92년) 53.9 (00년) 57.5 (05년) 59.4 (10년) 59.3 (15년) 59.7

- 서비스산업의 노동생산성은 OECD 평균의 80% 수준으로 OECD 국가 중 하위권이며, 제조업의 서비스 활용도도 낮은 수준

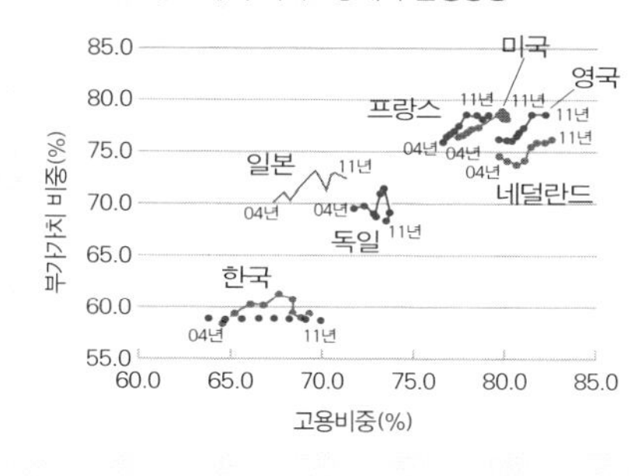

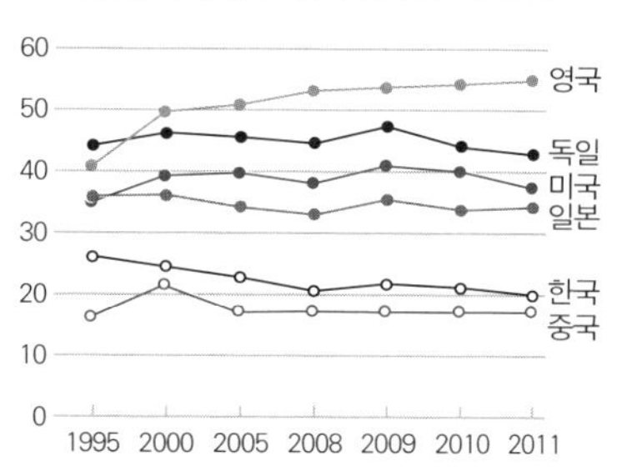

Ⅱ. 추진경과

□ **(서비스산업발전기본법 제정 추진)** 서비스산업의 체계적 발전과 지원을 위해 서비스산업발전기본법의 제정을 추진

○ 18대 국회에 법안('11.12.30일, 정부입법)이 제출되었으나 제정되지 못하고 20대 국회에 재발의(이명수 의원 대표발의, '16.5.30일)

- 글로벌 경기침체 등으로 인한 수출부진이 내수로 파급되는 상황에서 새로운 성장과 고용의 원천으로 서비스업 육성 필요

- 특히, 브렉시트 등 신고립주의 등에 능동적으로 대응하기 위해 서비스업과의 융복합을 통한 주력산업 경쟁력 제고 시급

○ 따라서 서비스법 제정을 위해 지속 노력하되 정부내 협업 등을 통해 가능한 범위내 서비스경제 발전전략을 우선 마련키로 결정

* 구조조정과 신산업육성이라는 산업개혁의 일환으로 종합적인 '서비스경제 발전전략' 수립방침 발표('16.1월)

□ **(발전전략 수립 추진)** 대통령 주재 「서비스산업 관계자 초청 간담회」('16.3.8일)에서 '서비스경제 발전전략' 추진계획 보고

○ 분야별 TF*를 구성하여 소관분야의 제도개선 과제를 발굴하고 개선방안을 마련(3~5월)

* 서비스 분야별 소관부처 차관을 팀장으로, 관계부처·연구기관·민간 전문가·기업인 등이 참여

□ **(의견수렴)** 서비스전문가 간담회(5회), 분야별 TF 간담회(68회), 기재부 간담회(15회)를 통해 전문가·기업인 의견 수렴

○ KDI·조세硏·산업硏·과학기술정책硏에 연구용역을 발주(5월)하고 5~6월중 연구기관 토론회*(4회)를 개최하여 발전전략 보완

* 차별해소(5.18일, 산업硏·조세硏), 서비스 R&D(5.20일, 과학기술정책硏), 규제개선 및 인식개선(5.24일, KDI), 융복합(6.1일, 정보통신硏)

○ 서비스업에 대한 인식수준과 개선분야에 대한 설문조사 실시('16.5월, KDI)

다음 쪽은 〈과학영재 발굴 육성 종합계획〉 보고서입니다. '□ 창조경제 시대를 이끌어나갈 창의적 과학인재 육성 필요', '□ 우수 인재 확보는 국가 과학기술 혁신 역량 강화의 핵심'은 배경과 목적 두 성격이 뒤섞여 있습니다.

'□ 과학영재가 세계적 과학자로 성장할 수 있는 전주기적 과학영재 육성체계 확립 필요' 부분은 이 보고서의 개요입니다. 이 부분을 보고서의 맨 앞으로 보내 개요로 처리하는 것이 바람직합니다.

Ⅰ. 추진 배경

□ **창조경제 시대를 이끌어나갈 창의적 과학인재 육성 필요**

○ 혁신적 기술과 창의적 아이디어를 통해 부가가치를 창출하는 창조경제로 경제 전략 패러다임이 전환

※ "창조경제란 토지, 노동, 자본으로 구성되는 전통적인 경제체제와 달리 사람의 아이디어에 중심을 두고 이루어지는 것이다."(존 호킨스(John Howkins)

※ 창의성이 높은 국가가 1인당 GDP와 국가경쟁력도 높음('11년, Martin Prosperity Institute)

○ 예측이 어려운 복잡한 사회 현안의 대두와 新기술 중심의 융합 가속화에 따라 이를 해석하고, 활용할 수 있는 인재의 전략적 육성이 필요

- 과학기술에 대한 지식을 바탕으로 창의성, 도전정신과 융합 역량을 갖춘 핵심 인재에 대한 국가·사회적 수요 증대

□ **우수 인재 확보는 국가 과학기술 혁신 역량 강화의 핵심**

○ 미국, 이스라엘, 싱가포르 등 선진국들은 핵심 인재 확보를 위해 국가의 역량을 집결

- 과학기술 분야의 유능한 인재 발굴·육성이 국가 경쟁력 확보를 위한 전략적 정책 과제로 부상

※ 해외 영재교육 사례

- (미국) 연방 정부 차원의 영재교육법을 제정하고, 44개 주에서 다양한 분야 영재교육 실시. 대학 영재교육연구센터를 중심으로 연구 및 교육 활발히 운영
- (이스라엘) 과학영재교육을 위한 별도 행정조직 운영 및 IASA(Israel Arts & Science Academy) 설립·운영 등
- (싱가포르) 초·중등학교 대상 GEP(Gifted Education Program)과 SBGE(School Based Gifted Education) 프로그램 운영

* 영재교육 대상자: 미국 1~30%(주마다 상이), 이스라엘 5%, 싱가포르 1%, 중국 0.01~2% 등

○ 우리나라도「과학기술인재 육성·지원계획」및「창의적 인재육성 방안」수립 등을 통해 과학영재 등 우수 인재 육성을 위한 정책을 적극 추진

□ **과학영재가 세계적 과학자로 성장할 수 있는 전주기적 과학 영재 육성체계 확립 필요**

○ 그간 영재교육 수혜자 및 영재교육기관 확대에도 불구하고, 체계적인 과학영재 발굴·육성에는 한계

- 성장단계별로 과학영재교육이 단절적으로 운영되는 등 연계가 미흡
- '스펙쌓기' 위주의 영재교육으로 인해 다양한 분야의 프로그램 발굴 및 과학영재의 융합·도전 역량을 함양할 수 있는 기회가 부족

○ 타고난 잠재력과 재능 계발을 지속적으로 지원할 수 있는 전주기적 과학영재 발굴·육성 체계로의 구축이 필요

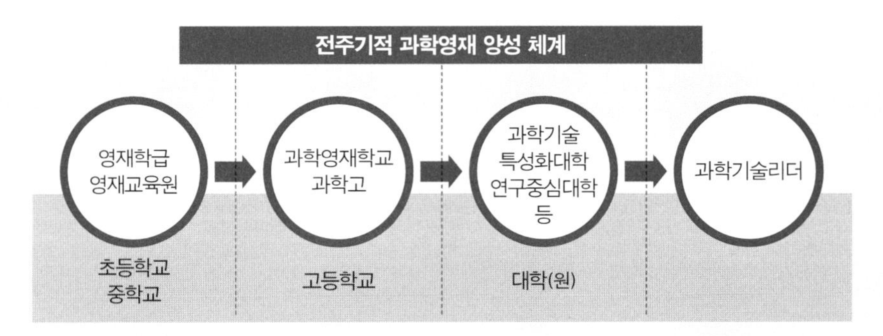

◇ 이에, 「과학영재 발굴 · 육성 종합계획('08~'12)」이 종료됨에 따라, 「과학영재 발굴 · 육성 종합계획('13~'17)」수립을 통해 창조경제를 견인할 창의적 과학영재 육성을 추진하고자 함

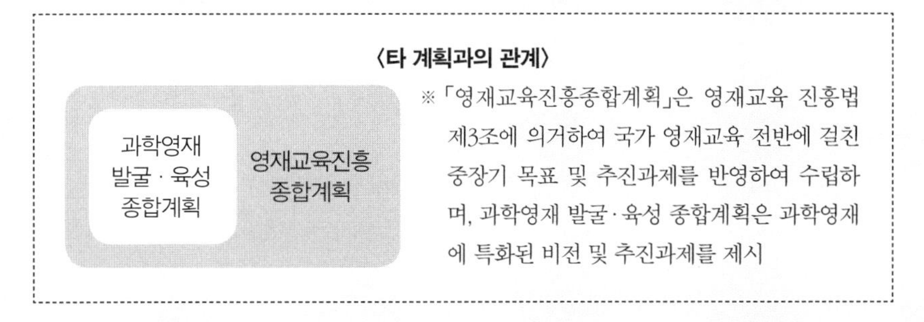

※ 과학기술기본법 제25조 제1항에 근거하여 수립 추진

※「과학영재 발굴·육성 종합계획(안)」수립 자문위원회(4회), 현장의견수렴(2회) 등

추진 배경은 현황과 자주 헷갈립니다. 〈장년고용 종합대책〉, 〈장년 고용서비스 강화 방안〉 두 보고서를 분석해보겠습니다. 〈장년고용 종합대책〉의 추진 배경은 배경(□ 인구 고령화~)+개요(□ 노동력 부족~)입니다. 이에 반해 〈장년 고용서비스 강화 방안〉의 추진 배경은 '□ 고령

I. 추진 배경

□ 인구 고령화가 빠르게 진행*됨에 따라 '17년에는 고령사회, '26년에는 5명 중 1명인 고령자인 초고령사회에 진입할 전망**

* 고령화 → 초고령사회 소요연수 : 韓26년, 日36년, 美105년, 佛154년

** '00년 고령화사회(65세이상 7%) → '17년 고령사회(14%) → '26년 초고령사회(20%)

○ 생산가능인구 감소*, 베이비부머 대량 은퇴에 따른 노동력 부족, 숙련 기술 단절 등으로 성장동력 약화 우려(인구 오너스 문제**)

* '17년부터 생산가능인구 감소, '21년까지 베이비부머(상용직) 연평균 20만명 은퇴

** 인구 오너스(Demographic Onus): 저출산·고령화로 인한 생산가능인구 감소 및 부양인구 증가 등으로 경제성장이 지체되는 현상

○ 노후준비가 미흡*한 가운데 의료·복지·연금 등 고령층 부양을 둘러싼 재정부담 및 세대간 갈등도 증대 우려**

* 노인빈곤율('13년 45.7%, OECD평균 12.7%) 및 자살율('11년 82.8명, 노인인구 10만명당 자살자 수)은 OECD 국가 중 최고 수준

** '10년 생산가능인구 6.6명이 노인 1명 부양 → '30년 2.6명이 노인 1명 부양

□ 노동력 부족 및 노인빈곤 등 고령화의 도전을 극복하기 위해서는 일할 수 있는 능력과 의지를 가진 장년 노동력의 적극적 활용이 중요

○ 장년 개인에게는 취업 기회 확대와 고용의 질 개선을 통해 안정적인 노후생활 기반을 마련

○ 기업은 숙련인력 활용 및 세대간 기술 전수로 생산성 향상

○ 국가 전체적으로는 노동 공급확대를 통한 성장동력 유지 및 고령층 부양과 관련한 재정부담 및 세대간 갈등 최소화

* 장년고용 증가는 가계소득·구매력향상 → 내수진작 → 경제활력제고의 선순환 촉진

⇨ 인구환경 변화에 따라 장년층을 사회적 부담이 아닌 생산적 자원으로 활용하기 위해 장년고용에 대한 선제적 정책 대응 필요

화, 기대수명 연장~'과 '높은 일자리 의존도~'는 뒤이어 나오는 현황을 요약한 내용입니다. '□어려운 노동시장 여건 하~' 부분은 개요에 해당합니다.

I. 추진 배경

□ 고령화, 기대수명 연장 등으로 보다 오래 일하고자 하는 장년* 증가

* 55~79세 장년의 61.0%가 연령과 관계없이 계속 일하기를 희망

○ 장년의 은퇴 연령*과 고용률**이 지속적으로 증가하고 있으며, OECD 국가 중에서도 상위 수준

* (韓) ▲남성 72.9세, ▲여성 70.6세, (OECD) ▲남성 64.6세, ▲여성 63.2세

** (韓) ▲55~64세65.9%, ▲65세이상30.6%, (OECD) ▲55~64세58.1%, ▲65세이상13.8%

□ 높은 일자리 의존도에도 불구하고 장년 고용의 어려움은 커질 전망

○ 50세 전후에 주된 일자리에서 퇴직한 이후 20년 이상 더 일해야 하나, 대부분 임시·일용직, 영세자영업에 종사하는 현실

* 장년층 재취업자 중 임시 일용직 44.3%, 자영업자 등 비임금근로자 26.1%

○ 특히, 금년부터는 고학력·고숙련직 종사자가 많은 베이비부머가 60대에 접어들면서 새로운 도전에 직면

○ 산업 구조조정의 상시화, 4차 산업혁명 등 노동시장 불확실성의 증가로 금년부터 장년 고용률 증가세가 감소하는 등 어려움 가중

* 그간 큰 폭의 증가세를 보이던 50~60대의 고용률이 '16년 들어 감소로 전환

□ 어려운 노동시장 여건 하에서 일할 능력과 의지가 있는 장년이 일을 통해 활력을 유지할 수 있도록 고용촉진 및 유지방안 모색 필요

○ 노동시장 환경변화에 대응한 고용서비스 혁신과정에서 인적·고용특성이 취약한 장년층이 소외되지 않도록 배려

○ 아울러, 고령사회에 대비하여 기업도 스스로 장년친화적 제도·관행을 모색·확산하도록 유도

배경: 어떤 사업을 하게 되는 계기, 조건

배경은 보고서를 통해 전하려고 하는 기획 · 제안(기획서, 제안서의 경우)이나 상황 · 결과(보고서의 경우)를 둘러싼 계기, 주변적 상황, 객관적 조건, 경과 등을 포함합니다.

기획서나 제안서의 경우 새로운 사업을 벌이려면 어떤 계기가 주어지거나 조건이 갖춰져야 가능한데, 그것을 모아놓은 것이 바로 배경입니다. 보고서의 경우 진행 중이거나 완료된 상황 · 결과에 이르기까지 어떤 조건이었는지를 설명해야 하는데, 그것을 모아놓은 것이 바로 배경입니다.

예를 들어 '해수욕장에 놀러가자'는 것이 기획 · 제안(상황 · 결과)이라고 가정할 때 배경은 '한여름 피서철'이 되는 셈입니다. '한여름 피서철'이 돼야 해수욕장에 놀러갈 수 있기 때문입니다. 어떤 일을 하려고 하는데(했는데) '바야흐로 이렇게 때(조건)는 무르익었다'에 해당하는 내용입니다.

앞서 〈경제활력 제고와 일자리 창출을 위한 '서비스경제 발전전략'(요약)〉 보고서를 예로 들어보면 이해가 빠를 것입니다. 서비스 경제화를 추진할 수밖에 없는 세계 경제의 흐름을 언급한 뒤 특히 독일, 일본, 중국 등 주요 경쟁국의 전략을 소개하고 있습니다. 바야흐로 서비스 경제를 진행해야 할 때가 무르익은 것입니다.

다음은 〈식(食)의 전쟁, 1차 산업이 미래다〉(삼성증권, 2011.5.4.)라는 제안서의 앞부분입니다.

'식(食)의 전쟁'이라 부른다. '잉여의 시대에서 부족의 시대'로 식량 산업의 패러다임이 전환된다. 식량자원 위기론이 힘을 얻는다. 생산대국의 자원주의 확산으로 공급 균형이 깊어지는 가운데 에너지·바이오·환경 산업으로 수요가 계속 팽창하고 있다. 식산업 부가가치에 대한 발상의 전환이 필요하다. 1차 산업 밸류체인은 잊혀진 과거 산업에서 국가경쟁력의 척도가 되는 미래 산업으로 진화 중이다.

Chapter 1. 농산물 시장: 공급과잉 시대의 종말

농산물 시장의 위상이 달라졌다. 1) 세계 인구 증가, 2) 친디아의 부상, 3) 지구온난화와 기상이변, 4) 대체에너지와의 결합이 초래한 구조적인 몸값 상승이다. 우리는 극단적인 에그플레이션 가능성은 낮게 본다. 단, 농산물 가격의 절대적 가격 수준이 높아지면서 농산물 가치사슬의 재평가가 계속될 것이다.

Chapter 2. 축수산물 시장: 식량산업의 기린아

축수산물 시장은 신흥국의 인구증가, 소득수준 향상과 맞물려 성장성이 가장 돋보이는 시장이다. 세계 시장에서 돼지고기 49.6%, 수산물 29.3%, 가금류 17.3% 소비를 차지하는 중국의 육류 소비 확대는 축수산물 가격 상승과 산업의 구조적 재편의 촉매가 될 것이다.

Chapter 3. 식산업 밸류체인 점검: 승자독식 vs. 토종 대결

세계 농식품산업 규모는 4.5조 달러에 달하는 거대한 비즈니스

시장이다. 이 거대한 시장을 두고 큰 판의 시장 쟁탈전이 이미 시작됐다. 식량 생산에서 소비에 이르는 'Food chain' 단계별로 다국적 기업의 지배력은 초국가적 존재로 구축되고 있다. 글로벌 기업의 침투와 국내 기업의 산업 재편이 긴박하게 진행되고 있다. 식산업 밸류체인에서 기회를 찾는다.

Chapter 4. **투자전략**

글로벌 식량산업은 식량의 안정적인 공급을 뛰어넘어 환경과 에너지, 바이오산업으로 그 부가가치를 확장하고 있다. 일본 원전사태 이후 더욱 높아진 식품 안정성과 품질관리의 눈높이는 식산업의 대형화와 차별화를 촉발시킬 것이다. 글로벌 메이저 기업의 침투 속에서 경쟁력을 구축하고 있는 종자산업·바이오 사료·축수산 가공과 식자재 유통에 주목한다.

이 제안서에서 배경은 어떤 부분일까요? 그것을 알기 위해선 먼저 이 제안서의 개요를 살펴보는 게 좋습니다. 이 제안서 첫 문단과 'Chapter 4'의 내용을 압축해 개요를 만들면 이렇습니다.

1. 개요

□ 식산업 부가가치에 대한 발상의 전환이 필요하고 1차 산업 밸류체인은 잊혀진 과거 산업에서 국가경쟁력의 척도가 되는 미래 산업으로 진화 중

□ 종자산업 · 바이오 사료 · 축수산 가공과 식자재 유통에 투자할 필요

배경은 이렇게 투자의 패러다임을 1차 산업으로 바꾸게 만드는 계기, 주변적 상황, 객관적 조건들입니다. 그것들은 첫 문단의 일부분과 'Chapter 1~3'에 나열돼 있습니다. 이것을 요약해 배경으로 정리하면 이렇습니다.

2. 배경

□ (농산물 시장) 세계 인구 증가, 친디아의 부상, 지구온난화와 기상이변 등으로 '잉여의 시대에서 부족의 시대'로 식량산업 패러다임 전환

□ (축산물 시장) 신흥국 인구 증가, 소득수준 향상과 맞물려 식량산업 기린아로 부상

□ (식산업 밸류체인) 4.5조 달러 농식품 시장을 두고 글로벌 기업의 침투와 국내 기업의 산업 재편이 긴박하게 진행

여기서 배경과 현황의 차이점을 더 설명하겠습니다. 배경과 현황은 어떤 사업을 벌이려고 할 때 그와 연관된 상황이라는 점에선 공통점이 있습니다. 하지만 사업(보고) 주체 입장에서 보면 명확하게 구분됩니다. 사업(보고) 주체가 개선 · 변화시킬 여지가 없이 그냥 주어진 '조건'으로서의 상황이라면 배경입니다. 사업(보고) 주체가 개선 · 변화를 하기 위해 참여하거나 과제를 수행하기 위해 해결할 '과제'로서의 상황이라면 현황입니다.

대통령 보고서에는 제목 다음에 보고 내용과 관련한 대통령 지시사

항, 관련 발언을 상자로 묶어 정리합니다. 정부, 공공기관, 기업의 경우 기관장이나 CEO의 공약 및 지시사항, 회의 결정 사항을 이렇게 처리하는 경우가 있습니다. 이런 내용들도 이 사업(보고)을 하게 된 계기에 해당되므로 배경의 범주에 넣을 수 있습니다.

〈정책연구용역 효율화 방안 검토〉는 I. 검토 배경에서 대통령이 '비정규직 대책 추진 정책 과제 토론회' 때 지시했던 내용을 정리하고 이와 관련된 핵심 발언을 인용하고 있습니다.

보고자와 상황 간의 거리로 배경과 현황을 구분하기도 합니다. 거리가 가까운 것이 현황이고 먼 것이 배경입니다. 미시적 상황이 현황이고 거시적 상황이 배경입니다.

('07. 8. 29. 정책연구용역 효율화 방안 검토, 혁신관리비서관실)

정책연구용역 효율화 방안 검토

I. 검토 배경

□ 대통령님께서 정책연구용역 수행과정에 정부참여 활성화 방안 지시

〈 대통령 지시사항 〉

연구방식으로는 시간이 오래 걸리고 해서 용역을 발주해 놓고 용역 과정에 정부가 바로 개입해서 토론으로 진행시키고 용역 결과가 나오면 바로 정책결정되도록 하는 업무기법 검토 ('07.6.1. 비정규직대책 추진 정책과제토론회 시)

≪관련 말씀≫

○ 용역 줘놓고 무한정 기다릴 것이 아니라 바로 같이 참여해서 정책 결정이 빨리 이루어지도록 하는 업무기법이 필요

○ 물론 정부 입김이 어쩌고 하는 이야기들이 나올 수 있고 공정성이 꼭 필요한 것은 어쩔 수 없지만 그 외의 것은 촉진할 필요가 있음

II. 추진 경위

□ 정책연구용역 활성화 방안 마련을 위한 T/F 구성: '07. 6. 25

○ 비서실(혁신관리), 행정자치부 지식행정팀장, 정부혁신지방분권위원회

□ T/F 회의 개최(3회): '07. 6 - '07. 8

○ 그동안의 제도 개선 성과와 한계에 대한 객관적 분석·평가 실시

※ '06년 1월 「정책연구용역관리규정」 제정 및 정책연구정보서비스시스템(PRISM, Policy Research Information Service & Management) 구축

○ 정책연구용역의 효율성을 제고하기 위해 혁신적인 변화관리 방식을 도입하는 방안을 검토

- 책임을 미루거나 결정하기가 곤란한 경우, 관행적으로 추진하는 연구용역을 방지

경과: 사업이 진행돼온 역사, 과정, 절차

경과는 말 그대로 그 일이 진행돼온 역사와 과정, 절차를 일목요연하게 정리한 것입니다. 청와대 〈보고서 작성 매뉴얼〉은 노무현 대통령의 발언을 인용해 대통령 보고서에 경과(경위)를 비중 있게 다룰 것을 강조했습니다.

'정책 보고에 항상 정책 이력이 있어야 함. 이 정책은 언제부터 이렇게 발전되어온 것이라는 것, 어떤 문제 때문에 이렇게 왔다는 정책 이력을 붙이고, 그다음에 그 정책의 대상과 환경을 분석하고, 정책의 영향 평가, 이런 것들이 반영되어야 함.'

자치경찰제 도입 관련 입법추진 동향

□ 추진경위

- ◦ '04.9.16 국정과제회의에서 시장·군수·구청장 소속으로 자치경찰대를 설치·운영하는 자치경찰제 도입방안 확정
- ◦ '05.4.20 자치경찰법안 당정협의(제1정조위원장 주재) 시 당에서 행정구역개편 등의 과제와 연계하여 신중한 검토가 필요하다는 의견 제시
- ◦ '05.12 시범 실시(로드맵상 일정)를 위해 6월 임시국회에서 의원입법을 추진하였으나 당정협의가 개최되지 않아 입법추진이 중단

대통령과 청와대가 이렇게 경과를 강조한 데에는 특별한 이유가 있습니다. 청와대는 국정 전반의 이슈를 다루고 있고 보고서를 작성하는 주체도 다양하기 때문에 그 사업의 맥락을 알지 못하면 정확한 판단을 내릴 수 없습니다.

심지어 어떤 이슈는 이전 정부에서부터 내려온 것도 있습니다. 새만금 개발, 방사성 폐기물 처분장 선정, 용산기지 이전, 전시 작전권 전환 등이 그 좋은 예입니다. 이것들은 대부분 전두환, 노태우 정부부터 시작된 일입니다. 그 사이 김영삼, 김대중 정부를 통과하고도 해결되지 않았습니다. 10년, 20년 넘은 긴 역사를 돌아보지 않고 어떻게 오늘 이 시점에서 정확한 판단을 기대할 수 있겠습니까?

('07. 7. 9. 「병역제도 개선」 국무회의 자료 보고, 안보전략비서관실)

「병역제도 개선」 국무회의 자료 보고

국무회의시('07.7.10) 국방부장관이 대통령님께 보고드릴 '병역제도 개선(군복무제도 · 사회복무제도)'에 대한 주요 내용을 요약 보고함

1. 주요 추진 경과

○ '06. 9. 18: 병무청에 「병역자원연구기획단」 구성

○ '07. 2. 2: '병역제도 개선 방안' 대통령님 보고, 대국민 발표(2.5일)

○ '07. 2. 15: 총리실 「2+5전략」 추진 체계와 연계하여 국방부 「병역제도개선추진단」 운영

2. 군 복무제도 개선 추진 계획

□ 병 복무기간 점진적으로 6개월 단축('08.1월부터 시행)

○ '06.1월 입대자부터 '14.7월 입대자까지 8년 7개월에 걸쳐 점진적 단축

* 육군 · 해병대: 24 → 18개월, 해군: 26 → 20개월, 공군 27 → 21개월

○ 단축 절차는 국무회의 심의 및 대통령 승인사항(병역법)으로 '07.9월 대통령님 승인 추진 예정

□ 유급지원병제 도입

○ 의무복무 후 6~18개월간 연장 복무하는 숙련직위(1만명)와 입대시부터 3년간 복무하는 전문직위(3만명)로 구분하여 운용

* '08년(2,000명)부터 2년간 시험운영 후 점진적 증원, 2020년에 4만명 유지

○ 보수는 연장복무기간 중 월 120만원(연 1,440만원) 수준 지급

○ '07.6월 임시국회에서 병역법 개정안이 의결되었으며, 기타 법령(군인사법 등)은 '07.9월까지 정비 완료토록 추진 예정

I. 제주특별자치도 특별법 제정 추진경위

□ 1960년대~1980년대: 국가차원에서 국제관광지 육성 착수

○ '63년 총리 소속으로 '제주도건설연구위원회'를 두고, '자유지역' 가능성 등 검토

○ '70년대 들어 '중문관광단지' 개발을 중심으로 국제수준의 관광지 조성 추진

□ 1990년대: 대규모 관광 거점 개발 추진

○ '91년 '제주도개발특별법' 제정을 계기로 '94년부터 3개 관광단지, 20개 관광지구 개발 추진

○ 그러나, '97년 외환위기 이후, 국내외 투자 위축으로 개발사업 사실상 중단

□ 2000년대: 국제자유도시 조성을 목표로 다양한 사업 추진

○ '01년 '제주국제자유도시특별법' 제정을 통해 물류 · 금융 · 관광 등 복합형 개발 추진

※ 법 주요 내용: 투자진흥지구 등 7대 선도프로젝트 추진
투자자 생활편의 위해 교육 · 의료 특례 설정

○ 그러나, 중앙정부 지원에 의존하는 개발과 투자 활성화를 위한 제도적 기반 부족으로 성과는 미흡

청와대는 이렇게 묵은 과제를 푸는 것 못지않게 각 정부 부처와 지자체로부터 올라오는 새로운 이슈와 늘 마주하게 됩니다. 어떤 상황과 정황이 이 이슈를 만들었는지 빨리 파악해야 합니다. 시간을 두고 천착할 여유가 없습니다. 이럴 때 그 이슈의 경과를 정리해주면 빠르게 맥락을 이해할 수 있습니다.

이렇게 시간적으로 긴 맥락의 사업과 긴급하게 처리해야 할 다양하고 새로운 이슈를 다루는 조직이라면 경과를 비중 있게 표현하는 것이 아주 유용합니다. 보고서에 추진 경과 항목을 별도로 생성하는 게 좋습니다.

경과는 단순하게 일정을 나열하는 데 그치면 곤란합니다. 경과를

아일랜드의 사회적 협약 검토 보고

- 사회정책수석실 노동비서관실 ('05.3.18, 금) -

◇ 아일랜드는 '80년대 경제위기 국면에서 **노사정 파트너십에 바탕한 사회적 협약 체결**로 높은 성장률, 실업률 급감 등 경제회복·노사협력에 성공적 평가를 받고 있어 **3.23 정상회담時 참고자료**로 보고드림

1. 사회적 협약 추진 배경 및 경위

○ '70년 노사정 3자로 구성된 "국가산업경제위원회 (NIEC)" 권고로 국가임금 합의를 도출하는 등 70년대 중반까지 협력기조 유지
  - '80년대 정치적 불안과 경기침체로 인해 높은 임금인상, 고인플레, 노사갈등이 악순환되어 IMF 관리체제 등 국가위기상황 초래

○ '80년대 후반부터 노동계에서 경제회생을 위한 사회적 협약 (Social Pact) 필요성이 제기되고, 당시 노·사·정·농업조직으로 구성된 "국가경제사회위원회 (NESC)"를 중심으로 연대협약 체결 시도
  - '87.2월 출범한 공화당 (Haughey 수상)은 노사정 합의로 「국가재건 프로그램 (Programme for National Recovery: PNR)」 협약 체결
    * 협약내용: 임금인상 완화 (2.5%이내)·저소득근로자 보호 등 노동부문 외에도 세금감면·고용창출과 장기실업 해소 등 광범위한 경제·사회 정책부문을 포함하며 실천과제 중심으로 구성

○ 이후 매3년 단위로 총 6차례 후속협약 체결, 3차협약까지는 경제 위기 극복·성장·경쟁력 강화에 초점, '97년이후 4차협약 (2만 달러 도달) 부터는 분배와 사회적 형평에 더 많은 비중
  - '97년 당시 공화당/진보민주 연립정부 (Bertie Ahern 現 수상)는 4자대표外 공동체·시민단체 (종교지도자, 여성, 청년단체 등)를 포함, 사회통합을 강조

○ 현재 사회협약체결·이행점검은 '93년부터 설립된 "국가경제사회포럼 (NESF)"에서 담당하며, 수상부 - NESF - NESC 간 유기적 협조

('06.7.7, 대통령비서실 기록관리시스템 구축 완료보고, 기록관리비서관실)

대통령비서실 기록관리시스템 구축 완료보고

○ 대통령비서실 기록관리시스템(RMS)의 구축 완료에 따라 사용자 위주의 기능과 시스템의 단계적 운영계획 그리고 후속 고도화 사업 추진방안에 대하여 보고 드림

○ 기록관리시스템 구축 관련 보고 및 대통령 말씀
  - '05.1.28. '기록관리혁신 추진 계획' 보고시 "기록관리체계를 혁신하고 시스템을 구축할 것"
  - '05.10.4. '기록관리혁신ISP' 결과 보고시 "기록의 즉시공개, 비밀기록의 관리방안, 접근권한에 대한 추가 검토할 것"
  - '05.11.2. '기록관리혁신 ISP' 개선사항 검토보고시 "기록화의 대상 및 시점, 홍보와 공개의 범위, 템플릿 적용방안 마련할 것"
  - '06.4.24. 기록관리시스템 구축현황 보고시 "기록관리시스템은 혁신의 결과로 국민에게 홍보하고 부처로 확산할 것"

보고순서

1. 대통령비서실 기록관리시스템 개요
2. 기록관리시스템의 사 용 자 기능
   ① 단위과제별 보 존 기 간 설정
   ② 문서유형별 공 개 여 부 기 준 제공
   ③ 생산시스템에서의 기 록 물 인 계 기 능 구축
   ④ 기록분류체계 정비
3. 기록관리시스템 운영계획
4. 후 속 사업 계획

적는 목적은 그 사업의 맥락을 공유하기 위한 것입니다. 그것을 파악할 수 있도록 표현해야 합니다. 카테고리와 핵심 키워드를 활용해 개별 일정이 갖고 있는 의미와 흐름을 짚어줘야 합니다. 〈'병역제도 개선' 국무회의 자료 보고〉, 〈제주특별자치도 특별법 제정 추진 경위〉는 관련 일정을 3단계로 분류하고 각 항목의 특징을 몇 개의 키워드로 추려내 의사결정권자의 이해를 돕고 있습니다.

경과에는 의사결정권자나 상관의 업무지시 사항, 자체 감사 및 외부 평가 기관의 지적 사항, 이 사업과 관련한 조직 안팎의 환경 변화, 이와 관련한 과거 보고서 등을 포함시킬 수 있습니다. 경과는 배경과 구분하기 어려울 때도 있습니다. 같은 내용이라도 날짜와 시간에 따라 프로세스를 보여줄 수 있으면 경과에 가깝고 그렇지 않으면 배경에 가깝습니다. 다음 보고서는 경과와 배경을 함께 묶고 있습니다.

한 조직 내에서 과정과 맥락을 설명하지 않아도 모두 잘 알고 있는 이슈라면 굳이 배경과 경과를 자세하게 쓸 필요가 없습니다. 어떤 조직에선 의사결정권자에 대한 의전 차원에서 보고서 앞부분에 이미 다 알고 있는 경과를 길게 나열합니다. 이렇게 하면 의사결정권자의 기분을 맞추는 데는 도움이 될지 모르겠지만 효율적인 의사소통과는 거리가 멀어집니다.

목적: 사업의 취지, 이유, 필요성

목적은 한마디로 이 일을 왜 하는가에 대한 응답입니다. 즉 이 일을 하는 취지와 이유, 필요성 모두 목적에 포함됩니다. 기획서, 제안서의 경우 이 사업을 하는 이유와 취지, 필요성이 목적에 담깁니다. 요약보고서나 결과보고서의 경우 이 보고를 하는 이유와 취지, 필요성이 목적에 담깁니다.

목적은 흔히 목표와 혼동됩니다. 목적은 정성적이고 추상적인 데 반해 목표는 그 사업이나 보고를 통해 구체적으로 얻어야 할 것들, 도달해야 할 지점이나 상태를 정량적, 구체적으로 표현한 것입니다.

목표는 별도의 카테고리로 표현되기도 하지만 주로 정책기획보고서나 중장기발전보고서의 해결 방안 앞부분에 위치하는 전략 지도(추진 체계)의 하위 카테고리로 사용됩니다. 사업의 중장기적 방향과 도달 지점을 슬로건 형태로 표현한 것이 비전이라면 이를 정량화, 구체화한 것이 목표입니다.

목적과 목표는 모두 사전적 관점에 가깝습니다. 목적은 기대 효과와도 혼동될 가능성이 높습니다. 기대 효과는 이 사업을 완료했다고 가정하고 어떤 결과가 도출될 것인지, 즉 사후적 관점에서 예측하는 것입니다. 기대 효과에 대해선 뒤에서 따로 설명하겠습니다.

목적을 어떻게 잡느냐에 따라 문제의 범위와 각도가 설정됩니다. 그것에 따라 현황을 특정하고 문제와 그 원인을 분석할 수 있으며 해결 방안을 도출할 수 있습니다. 과제가 발생한다는 것은 목표와 목적이 있기 때문입니다. 어떤 바람직한 상태(목표, 목적)를 가정하고 현 상황을 바라보는 것입니다.

('07.8.13, 과학교양서발간, 정보과학기술보좌관실)

과학교양서('과학이 세상을 바꾼다') 발간

과학교양서가 발간됨에 따라 책자 기획부터 출간까지의 그간 진행 상황과 홍보 및 활용 계획 등을 보고드림

1. 발간취지

○ 청소년 및 일반국민을 대상으로 과학기술이 인류발전의 중심 축이었음을 쉽게 이해할 수 있는 계기 마련

○ 과학기술 발전사를 중심으로 구성된 기존의 과학교양서를 대체할 새로운 접근방식의 과학교양서 필요

- 국내·외 주요 역사적인 사건의 과학기술 이야기 및 그 영향 집중 조명

※ 대통령님 지시말씀('06.10월)
• 청소년을 위한 알기 쉬운 과학기술 이야기책을 제작 보급 바람

Ⅱ. 해외 M&A의 필요성과 제약요인

1. 해외 M&A의 필요성

□ 성숙단계에 이른 국내시장을 벗어나 새로운 수익원 창출 필요

○ 국내 경제가 안정적 성장단계에 접어들면서 국내시장이 포화, 기업간 경쟁이 심화되는 등 기업환경이 크게 변화

○ 따라서 해외 M&A를 통한 새로운 수익원 확보와 새로운 성장동력이 필요

* '98.7월 세계 5위 제약사인 美 존슨앤존슨은 연평균 70%이상 고성장하는 인공관절 사업 분야에 진출을 위해 스위스 Deputy를 35억달러에 인수

□ 시장지배력 확보, 기업규모의 확대로 글로벌화에 적극 대응

○ 국가간 국경이 의미없는 글로벌화가 빠르게 진행되면서 시장주도자로 변화하거나 압도적인 경쟁력을 확보할 필요성

* '06.1월 조강 생산규모 세계 1위 업체인 네델란드 Mittal은 세계 2위 업체인 룩셈부르크 Arcelor를 436억달러에 인수함으로써 시장지배력을 확보

* '06.10월 인도의 Tata Steel은 영국의 Corus(세계9위)를 인수함으로써 세계에서 5번째 규모의 철강회사로 성장

□ 에너지 자원의 전략적 중요성 증대에 따른 자원개발 확보

○ 에너지 자원에 대한 국가간 경쟁이 치열해져 가는 상황에서 안정적인 자원공급 기반의 조성을 위해 해외 M&A 적극 활용

* 최근 중국은 전세계적으로 유전 및 석유회사, 철강회사를 인수

- 중국해양석유총공사의 나이지리아 SAPETRO 인수(22억불)

현황, 문제점, 해결 방안 : 이것이 과제다

모든 보고서는 어떤 과제를 해결하거나 개선하기 위해 작성됩니다. 과제가 없는 보고서는 상상하기 어렵습니다. 과제가 발생하는 경로는 3가지입니다. 첫째, 회사 안팎에서 어떤 상황이 발생해 그에 대한 대응이 필요할 때. 둘째, 상관이 과업 지시를 내릴 때. 셋째, 보고자가 스스로 판단해 제안할 때. 이 3가지 상황은 서로 얽히기도 합니다.

사토 인이치는《문제해결의 기술》에서 과제(책에서는 '문제'라고 쓰고 있지만 여기선 과제라는 해석이 더 적절함. 이하 같음)는 조직 안팎의 환경 변화에서 생겨나며, 조직은 환경 변화에 대한 정보에 민감하게 대응해야 한다고 말했습니다. ① 영업 활동을 규제하는 새로운 법률이 제정되었다, ② 매출액에서 이익으로 목표가 달라졌다, ③ 수출 중시에서 국내 시장 중시로 방침이 달라졌다 등과 같은 예가 여기에 해당합니다.

사토는 과제(문제)의 패턴을 세 가지로 나눕니다. 이 유형에 실제 사례를 대입하면 이렇게 표로 만들 수 있습니다. 유형에 따라 현황, 문제점, 해결 방안의 내용도 달라집니다.

<table>
<tr><th colspan="2">유형</th><th>예시</th><th>현황, 문제점</th><th>해결 방안</th></tr>
<tr><td rowspan="2">발생형
(과거)</td><td rowspan="2">이미
일어난 문제</td><td rowspan="2">삼풍백화점 붕괴
(위기 대처),
저출산 고령화
(목표 달성)</td><td>일탈 문제: 기준치(이상적 모습, 바람직한 모습)를 벗어난 것</td><td rowspan="2">해결
방안</td></tr>
<tr><td>미달 문제: 계획한 목표나 과제를 달성하지 못한 경우</td></tr>
<tr><td rowspan="2">탐색형
(현재)</td><td rowspan="2">앞으로
개선하고자
하는 문제</td><td rowspan="2">조직 개편,
공격적 마케팅
시스템 전환</td><td>개선 문제: 단점을 없애기 위한 것</td><td rowspan="2">개선
방안</td></tr>
<tr><td>강화 문제: 장점을 더욱 키우기 위한 것</td></tr>
<tr><td rowspan="2">설정형
(미래)</td><td rowspan="2">앞으로
예상되는
문제</td><td rowspan="2">중장기 비전,
내년 경영 전략,
온실가스 대책</td><td>개발형 문제: 전혀 새로운 분야에 진출하기 위해 목표를 세우는 것</td><td rowspan="2">추진
대책</td></tr>
<tr><td>회피형 문제: 미래의 위험을 예상하고 대비하고 준비하는 것</td></tr>
</table>

어쨌든 과제는 보고서의 출발선이자 이정표입니다. 보고서를 작성할 때 과제를 잘 정의하고 그것이 품고 있는 본질을 잘 파악하는 것이 무엇보다 중요합니다. 과제는 그것과 관련한 상황이나 사태를 드러내고(현황), 문제의 본질이나 원인을 분석하고(문제점), 문제점을 해결하거나 개선할 방안을 제시(해결 방안)하는 방식으로 진행됩니다.

이 진행 과정의 내용이 바로 현황 - 문제점 - 해결 방안에 담깁니다. 결국 문제는 무엇이고, 그것을 어떻게 풀 것인가를 설명하는 과정입니다. 보고서에서 가장 자세하고 구체적인 내용이 이 부분에서 검토

되고 논의됩니다. 본론에 해당하는 부분입니다.

현황, 문제점, 해결 방안은 보고 주체에 따라 범위가 달라집니다. 보고서를 작성하는 주체가 노원구냐, 기획재정부냐, 서울시냐에 따라 현황, 문제점, 해결 방안의 각도와 범위가 바뀌는 것을 앞서 노원구 보도자료를 보고서로 만드는 사례에서 설명했습니다.(203쪽 참조)

같은 주제도 보고 주체의 입장에 따라 내용이 달라집니다. 2015년 '온실가스 배출권 거래제'를 둘러싸고 정부부처 간 주도권 경쟁을 벌인 적이 있습니다. 환경부와 지식경제부는 각각 자신이 전담 부처가 돼야 한다는 논리를 폈습니다. 그에 따라 보고서에도 판이하게 다른 분석과 대안이 제시됐습니다. 그 경쟁에서 한걸음 물러서서 관련 규정, 인사 및 후속 대책을 세워야 했던 행정안전부는 중립적으로 이 문제를 다뤘습니다.

이진경은《철학과 굴뚝청소부》에서 철학자 루이 알튀세르의 '문제설정' 개념을 인용해 과제 설정의 의미를 설명하고 있습니다. 불법 주차한 자동차에 펑크를 낸 사례를 들어 과제 설정에 따라 현황, 문제점, 해결 방안이 어떻게 달라지는지 보여줍니다.

> 여기서 문제가 어떻게 설정되었나를 봅시다. "불법 주차한 자동차에 펑크를 낸 행위가 불법인가, 적법인가?" 그런데 이렇게 문제를 설정하면 그 대답 역시 그 문제를 설정하는 방식에 크게 좌우됩니다. 다시 말해 여기서는 제 행위가 법에 맞는가 아닌가만이 문제가 됩니다. 그러나 잘 생각해 봅시다. 자동차와 나, 자동차 주인과 나 사이의 관계를 이해하는 데는 그밖에도 많은 방법이 있습니다. 예컨대 그 사람은 왜 주차

장이 아닌 남의 집 앞에 불편하게 주차해 두었나? —그건 주차장이 모자라기 때문이며, 근본적으로는 도시 교통정책에 문제가 있기 때문이다. 이는 사회적 측면에서 접근한 거죠. 혹은 이럴 수 있습니다. 왜 나는 결코 바람직한 일이 아님을 알면서도 그 자동차에 펑크를 냈나?—자동차 없는 것도 서러운데, 남의 차 때문에 하루 종일 고생을 했으니 화가 나서 그랬다. 이는 심리적 측면에서 접근한 거죠.

그러나 이런 대답은 "불법인가 적법인가"를 따지는 문제에선 결코 나올 수 없습니다. 그 같은 문제에선, 불법 주차한 차에 손해를 입힌 게 불법인가 아닌가라는 법적 문제만이 대답이 될 수 있습니다. 결국 문제를 어떻게 설정하느냐에 따라 어떤 종류의 대답은 '대답'이 될 수 없게 되고, 아예 생각하기도 힘들게 됩니다. 문제를 해결하는 방법도 문제를 설정하는 방식에 따라 크게 달라집니다……. 이런 이유에서 "문제가 제대로 제기되기만 하면 이미 반은 풀린 것이다"라는 말도 하는 겁니다.

— 이진경, 《철학과 굴뚝청소부》

현황, 문제점, 해결 방안의 전개 과정을 Why, How, What의 로직트리Logic Tree로 설명하면 다음과 같습니다. 이 로직트리는 다음 표의 왼쪽 과제에 대한 Why, How, What 차원의 의문을 오른쪽에서 상위, 하위의 카테고리로 답변하고 있습니다. 미세먼지와 〈4·27 판문점 선언〉을 예시로 작성해보았습니다.

WHY: 왜 이런 문제가 발생했을까?

현황, 문제점	발생 원인	
미세먼지가 심각하다	국외 인위적·자연적 요인	중국 동부 지역 쓰레기 소각장 연기
		중국 산둥반도 공장의 매연
		서풍으로 국내 유입 후 대기 정체
	국내 인위적 요인	화력발전소의 매연
		자동차 배기가스
		건설 현장 및 공장의 분진
	국내 자연적 요인	흙먼지
		꽃가루
		바닷물의 소금

HOW: 어떻게 이 문제점을 해결할까?

문제점	해결 방안	
미세먼지 피해를 줄이기 위한 개인적·사회적 대책이 필요하다	개인적 대책: 외출시	외출 최소화
		마스크 착용
		미세먼지 심한 지역 접근 자제
	개인적 대책: 재택시	공기청정기 가동
		물과 과일 많이 먹기
		깨끗이 씻기
	사회적 대책	대중교통 이용 문화 정착
		친환경 에너지 개발 및 사용
		미세먼지 제거를 위한 중국과의 공조

WHAT: 무엇을 실행할 것인가? 무엇을 남길 것인가?

해결 방안	세부 과제(추진 계획), 조치 사항, 기대 효과	
4·27 판문점 선언	남북관계 개선 및 발전	합의의 철저한 이행 및 실천
		고위급 회담 개최 및 개성 남북공동연락사무소 설치
		다방면적 협력과 교류 왕래 및 접촉
		8월 15일 이산가족·친척 상봉 진행
		10·4선언 추진, 동해선·경의선 철도·도로 연결 및 현대화
	군사적 긴장 완화, 전쟁 위험 해소	일체의 적대 행위 중지 및 DMZ 평화지대화
		서해 북방한계선 일대를 평화수역으로 지정
		군사당국자회담 수시 개최 등 군사적 보장 대책
	항구적 한반도 평화체제 구축	무력 불사용과 불가침 합의 재확인 및 엄격 준수
		단계적 군축
		2018년 종전선언, 항구 평화체제 구축을 위한 회담 개최
		한반도의 완전한 비핵화

현황: 과제로 주어진 상황

현황에선 과제와 관련된 상황이나 사태를 정확히 그려내야 합니다. 현실태, 현상황이라 하기도 합니다. 현황을 작성할 때 상황과 사태를 단편적으로, 나열식으로 전달해선 안 됩니다. 그 가운데 어떤 것을 선택하고 초점을 모아내야 합니다.

과제와 관련한 상황이나 사태를 보자기라고 가정해보겠습니다. 현황은 바닥에 평평하게 놓여 있는 상태로 보자기를 보여주는 것이 아닙니다. 보자기의 본질이 응축돼 있는 어떤 지점을 선택하고 거기를 손가락으로 집어 올립니다. 손가락으로 집어 올린 지점, 즉 꼭짓점을 정점으로 보자기의 다른 부분이 모두 딸려옵니다.

꼭짓점은 과제 가운데 개선 혹은 변화시켜야 하는 지점입니다. 현황은 보고자가 개선 혹은 변화시켜야 할 상황입니다. 개선과 변화를 전제로 선택된 상황이란 표현이 더 정확할 것입니다. 개선, 변화와 거리가 있거나 관련이 없는 상황은 배제돼야 합니다.

추진 배경 역시 과제와 관련된 상황이지만 보고자의 입장에서 개선, 변화가 불가능한 것이라고 앞에서 언급했습니다. 추진 배경과 현황을 혼동하는 경우가 많습니다. 현황에 들어갈 내용을 추진 배경에 씁니다. 이러면 뒤에 이어지는 문제점, 해결 방안의 논리적 맥락이 흔들려버립니다. 추진 배경과 현황을 분리해서 표현하는 이유는 개선, 변화의 지점을 정확히 포착하기 위해서입니다. 그래야 문제점, 해결 방안도 제대로 도출할 수 있습니다.

현황은 관련된 상황을 그냥 설명했을 때 별다른 시사점을 갖지 못합니다. 과제가 지향하는 목표와 비교해야 합니다. 목표와의 차이점을 드러내야 합니다. 그래야 그 틈바구니에서 문제점과 해결 방안으로 향하는 길을 발견할 수 있습니다.

과제는 항상 목표를 가지고 있습니다. 목표가 없는 과제는 없습니다. 회사가 공식적으로 사업 목표를 설정하고 표방했다면 명시적 목표입니다. 시장 점유율 ○○% 신장, 매출액 ○○원 달성, 회원 ○○

명 돌파 등이 그것입니다. 이 목표 대비 현재의 수준을 나타내주면 됩니다. 정부와 지자체는 항상 정책 목표를 세웁니다. 산하 기관은 감독부처나 기관에서 경영 목표를 제시합니다. 민간기업에선 연말연시에 다음 해의 사업 목표를 세웁니다.

명시적으로 설정하지 않았더라도 반드시 묵시적 목표가 있게 마련입니다. 과거의 실적이 목표가 됩니다. 전년 대비, 전분기 대비가 그것입니다. 동종업계 실적이 목표가 됩니다. 동종업계 평균 대비, 경쟁사 대비 따위가 그것입니다. 사업 성격에 따라 타업종의 실적이 비교 대상이 되기도 합니다.

그렇기 때문에 통계는 주로 현황 부분에서 다룹니다. 통계를 사용할 때는 단순하게 숫자를 나열할 게 아니라 상황의 본질을 보여줘야 합니다. 상황의 특징을 담고 있는 통계 내용을 선택해 그것이 도드라지도록 표현해야 합니다. 과제(목표)와 현실의 차이를 숫자를 활용해 명료하게 드러내야 합니다.

상황은 연속적이고 총체적이기 때문에 그대로 보여줄 수 없습니다. 어떤 단면과 국면을 잘라서 보여줘야 합니다. 그것을 자르는 각도와 기준이 중요합니다. 보고자의 시점이나 관점, 논리의 형식, 기획의 도구 등이 그 역할을 합니다. 문제점, 해결 방안 부분을 살펴본 뒤 기획의 도구를 살펴보겠습니다.

현황은 크게 외부 환경과 내부 환경으로 나뉩니다. 외부 환경은 트렌드, 정세, 관련 법률, 제도, 문화, 시민사회, 언론, 경쟁 환경, 시장, 고객, 이용자 등입니다. 내부 환경은 조직, 예산, 인력, 주체적 역량, 운영 성과, 의사결정 시스템, 내부문화 등입니다. 외부와 내부의 조건 속에서 사업의 설정은 타당했는지(기획, 결정), 수단과 방법은 적실했는지(예산, 인력), 대상은 적절했는지(고객, 이용자), 그동안의 추진 실적은 성공적인지(운영성과, 환류)를 따져보는 것입니다.

〈건설선진화 방안 보고서〉는 거시적으로 미래 사회의 환경 변화와 대내외 여건 변화를 진단하고 이로부터 건축문화와 도시 환경의 문제점을 도출하는 방식입니다.

Ⅱ. 현황과 문제점 진단

1. 미래 사회의 환경 변화

□ 미래 사회의 변화 전망('05년, 과기부 예측)

○ 미래 사회는 고령화, 물 부족, 대기오염, 온난화 문제 직면

○ 고령화·빈부격차 해소를 위한 사회적·공간적 통합기술과 지능형·고효율 시스템을 적용한 건축·도시건설 필요

※ 미래 사회 주요이슈: 지속가능발전, 물 부족, 인구정체와 고령화, 빈부격차, 정보통신기술, 에너지, 과학기술 등(UN미래보고서)

□ 환경문제 심화 및 국제적 환경규제 직면

○ 기후변화협약에 의한 온실가스 감축 의무화 대상국에 편입될 것으로 예상되며('13년), 국내산업에 큰 변화 예상

- 국가 CO_2 감축목표 달성을 위해, 에너지 과소비형 건설 산업을 에너지 저감형 친환경산업으로 전환 필요

※ 건축물(생산, 사용)이 전체 CO2발생의 30~40%, 에너지 사용의 40%차지

○ 환경문제와 에너지·자원의 부족문제 등으로 인해 첨단 친환경 도시개발(U-Eco City 등)의 필요성 증대

□ 건축문화 욕구의 증가

○ 국민소득의 증가로 인해 삶의 질 개선과 건축문화에 대한 욕구는 증가하고 있으나, 건축문화 인프라는 부족

※ 1인당 국민소득 증가 전망('03년: 12,030$ → '20년: 31,000$) ※ '06년 경향하우징페어는 총 55만명(하루 평균 9만여명)이 참관

○ 행복도시와 혁신도시가 건설되는 시기로서, 도시건축의 문화경쟁력을 확보할 수 있는 중요한 기회

2. 대내외 여건 변화

□ 시장 개방과 경제블록화 등으로 경쟁 심화

○ WTO DDA 협정, FTA 체결 등으로 개별 국가경제가 하나의 세계시장으로 통합되는 추세

※ WTO DDA(다자간 무역협정)협정 체결시 건축사 등 10개 직종 개방 ※ 우리나라는 '04년 칠레, '05년 싱가포르와 FTA를 체결하였으며, 일본, 미국, ASEAN 등 20여개국과 협상 진행 중

○ 한편으로, 급속한 세계화에 대응하여 경제블록화를 통해 시장을 보호하려는 움직임도 활발히 진행

※ 북미자유무역협정(NAFTA), 유럽연합(EU), 동남아국가연합(ASEAN) 등

□ 경제성장의 둔화

○ 최근 3~4% 수준으로 경제성장률이 둔화되고 있어서, 건설산업의 지속적 성장을 위해서 해외진출이 필수적

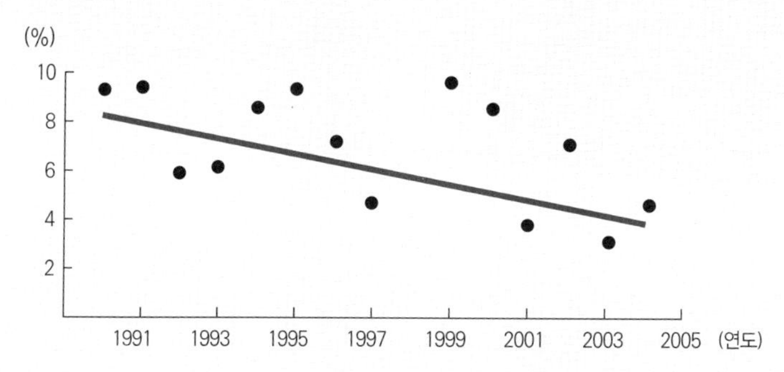

□ 건설기술의 표준확보 경쟁 심화

○ 건설분야는 미국과 EU를 중심으로 기술표준화 경쟁

- 유럽의 Eurocode는 국제적 위상을 확보(50여개국 표준), 미국은 ICC Code를 제정하여 국제표준 확보 경쟁 참여

3. 우리의 문제점 진단

[건축문화와 도시 환경]

□ 품격 낮은 건축물

○ 도시화, 인구증가에 따른 주택공급에 치중한 결과, 성냥갑 아파트와 농촌지역의 나 홀로 아파트 등 품격과 경관 훼손

※ 주택보급율: 71.2%('80년), 72.4%('90년), 96.2%('00년), 102.2%('04년)('80년대 25만호/년, '90년대 58만호/년, '00년 이후 52만호/년 공급)

○ 좋은 건축에 대한 건축주의 관심이 부족하고 건축가가 작가 의식을 발휘할 수 있는 제도적 환경이 취약

○ 건축을 담당하는 정부조직 취약하여 체계적인 정책 추진에 한계

※ 전담인력은 건교부 건축기획팀 16인 (민원 13,000건/년, 1인당 812건)

□ 한국 고유의 정체성 부족

○ 고유의 건축문화(이미지, 형태, 재료 등)를 발굴·계승하기 위한 노력이 부족하여 한국적인 고유 이미지 창조 실패

○ 전통·건축문화자산이 일제시대와 6.25전쟁 중 파괴되고, 근대화과정에서도 관심부족으로 다수 소멸

※ 화신백화점, 스카라 극장, 단성사, 대한증권거래소건물 등 멸실

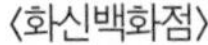
〈화신백화점〉

〈단성사〉

□ 도시의 부조화

○ 조화로운 도시경관을 위해 스카이라인, 건물 높이, 형태 등을 관리하는 3차원의 체계적인 도시공간 및 경관계획 부재

- 필지별로 해당 법규만을 충족하면 되는 건축허가방식으로, 주변경관을 고려하지 않고 개별적으로 건축물이 건설

※ 3차원의 지구단위계획을 도입하였으나('00.7) 개발사업지구 등만 대상

○ 광고물 규정은 있으나 획일적이고 세부적 단속도 어려워 사실상 통제 불능의 간판난립으로 도시경관 훼손

※ 전체 간판의 19.2%가 불법 간판(행자부, '01)

□ SOC 및 가로시설물, 공원의 획일적 디자인

○ 교량, 도로 등 SOC시설은 경관형성의 중요한 요소이나, 경제성과 기능성만 고려하여 건설

※ 설계심의 기준 등에 미관, 예술성을 고려하는 항목이 없음

○ 육교, 정류장 등 가로시설(Street Furniture), 가로조경, 공원은 도시의 얼굴이나, SOC 또는 도시개발사업의 일부로 인식

※ 가로시설, 공원 등에 대한 설계경기제도가 없으며, 기술공모로 부분적 디자인경쟁이 가능하나 발주기관의 관심부족으로 적용실적 극히 저조

〈선유도 공원: '건축환경문화' 선정작〉
- 서울시장 방침으로 설계경기 (국내작)

〈아쿠아 아트 육교: 서초동〉
- 민간이 초청설계 (프, 잘리콩)

다음은 산림청이 작성한 〈휴양림 서비스 개선 방안(안)〉 보고서의 현황과 문제점 부분입니다. 현황에서 휴양시설 관련 법률을 시설, 프로그램, 법률 및 제도의 측면에서 언급하고 그간의 운영 성과를 시설, 프로그램, 운영의 측면에서 점검합니다. 문제점에서 설문조사, 간담회, 내부 토론을 통해 시설, 프로그램, 운영 세 가지 측면에서 어떤 문제점이 있는지, 발생 원인이 무엇인지 분석합니다.

시설, 프로그램, 운영은 이 보고서 전체를 관통하는 카테고리와 프레임입니다. 이 항목 뒤에 이어지는 개선 방안과 세부 실행 계획도 이 카테고리와 프레임으로 내용이 짜입니다. 운영성과, 문제점, 발생 원인, 개선 방안, 세부 실행 계획을 한 두름에 꿸 수 있습니다.

Ⅱ. 현황 및 문제점

1 휴양림 운영 현황

□ **휴양시설 및 관련법률**

○ (시설) '88년부터 시작하여 전국 152개소 조성·운영

* 국유림 39개소, 공유림 96개소, 사유림 17개소

○ (프로그램) 치유의 숲, 숲유치원, 국민의 숲 등

○ (법률 및 제도) 국민에게 질 높은 친환경적 산림문화·휴양서비스를 제공하기 위하여 '05. 8월 "산림문화·휴양에 관한 법률" 제정

- 동 법률에 따라 '08년 산림문화·휴양기본계획(2008~2017) 발표

□ **그 간의 운영 성과**

○ (자연휴양림 조성 확대) 여가시간 확대 등으로 국민의 산림휴양 수요가 매년 증가

* 이용객: '07. 1~6월 3,419천명 → '11년 1~6월 4,303천명

** 수입액: '07. 1~6월 37,583백만원 → '11년 1~6월 13,984백만원

○ (서비스 수준 향상) 특성화 시도를 통해 고객수요 충족 노력

* 청옥산휴양림(야영), 삼봉휴양림(장기), 지리산휴양림(한지)

○ (다양한 프로그램 운영)

- 체험, 산악레포츠, 장애인 숲체험 등 프로그램 운영

* 산림문화 행사(306회), 사회적약자를 위한 프로그램(57회), 산림교육(357회), 숲해설 제공(6,955회)

2 문제점 및 원인 분석

○ 설문조사, 간담회 참석, 내부토론을 통해 현행 휴양림 서비스의 문제점 분석

구분	일시	참석자
내부 토론회	6. 12(수)	민경2분임 10명
산림휴양학회 간담회	6. 13(목)	산림청 산림휴양문화과장 등 20명
설문 조사	6. 14(금)	중공교 교육생 및 직원 296명

○ 논의된 문제점을 시설(Hardware), 프로그램(Software), 운영(Operation) 측면에서 구분하여 살펴보고, 각각의 원인 분석

구분	문제점	발생 원인
시설	원거리에 위치하여 숙박하지 않고 이용이 어려움	- 휴양림 설계 시, 산림 지역에 숙박목적의 휴양시설만 계획 - 사회변화에 따라 치유, 교육 등 다양한 수요 등장
	숙박시설 유형이 단조로워 다양한 체험기회 제공 부족	- 다양한 숙박체험 수요 발생
	시설 노후화	- 개장 후 10년이 경과한 휴양 시설의 자연 노후화
프로그램	다양한 프로그램 부족	- 아동, 청소년, 장년, 노년 등 연령대별 다양한 휴양 서비스 수요 발생
	학생 대상 교육 목적의 프로그램 강화 필요	- 학생의 일일 방문 체험 수요 증가
	치유 목적의 프로그램 강화 필요	- 직장인의 사회적 스트레스 증가에 따른 치유 수요 증가
운영	지역경제에 대한 낮은 기여도	- 이용객은 대형마트에서 장을 보고, 휴양림에서는 숙박만 이용
	보편적 이용이 어려우며, 대부분 휴양시설이 적자운영	- 수요의 지나친 주말 편중 현상 - 평일(1일) 프로그램에 대한 홍보 부족 - 고객이 원하는 휴양림 예약에 실패할 경우, 대체 휴양시설 추천시스템 미구축 - 대중교통으로 휴양림 이용이 어려움
	휴양 산업 관련 전문인력 부족	- 휴양수요가 급증함에 따라 숲해설사, 치료전문가 등 인력 부족

이렇게 카테고리와 프레임을 잘 활용하면 용이하게 보고서를 작성할 수 있습니다. 피보고자 역시 익숙한 패턴이기 때문에 어렵지 않게 보고서 내용을 소화할 수 있습니다.

현황, 문제점을 분리하기 어려우면 '현황과 문제점'으로 통합해 서술해도 됩니다(〈개발과 보전이 통합적 국토관리체계 구축 방안〉). 현황, 문제점을 명백하게 나눌 수 있는데 굳이 '현황과 문제점'으로 묶고 그 아래 카테고리에서 현황, 문제점을 따로 나누는 것은 별로 바람직하지 않습니다(〈사행산업 실태 및 향후 정책방향 보고〉).

Ⅱ. 국토관리의 현황과 전망

1 현황 및 문제점

□ 공급위주 정책으로 개발의 무분별한 확대

○ 도시·산업화의 진전에 따른 토지공급 우선정책으로 개발지역의 급격한 확대

- 양호한 농지와 산지 훼손 등으로 국토의 자연정화기능 약화

※ '90~'03년에 농지·산림의 3,325㎢(서울면적의 5배)를 개발: 85,848㎢('90) → 82,523㎢('03) (농지·산림 총 면적의 3.8%)

○ 자연환경이나 경관, 기존 도시와의 조화를 고려하지 않는 개발로 환경 파괴, 경관 훼손, 무질서한 외연적 도시확대 양산

- 백두대간 상에 고속도로, 임업도로 등의 개설과 관광리조트, 댐 건설 등과 같이 우수한 자연환경 훼손 및 생태축의 단절 초래

※ '02년 현재 백두대간에 72개의 도로가 평균 9㎞ 간격으로 관통, 이 중 30개는 생태축을 단절

□ 환경부하의 지역적 집중에 따른 사회적 비용 증가

○ 도시열섬현상, 교통혼잡, 녹지부족 등 도시 환경의 체계적 관리 요구

- 개발과 보전의 갈등구조에서 벗어나 자연생태환경에 대한 보전, 복원·창출 등 다양한 환경수요 점증

○ 수도권은 인구와 기능의 과도한 집중과 증가추세로 사회적, 환경적 비용이 높고 삶의 질 측면에서도 국제 경쟁력 상실 우려

- 수도권은 국토면적의 11.8%에 불과하나 인구는 48.3%('05), 지역내 총생산의 47.7%('04)을 차지하는 등 과도하게 집중

※ 수도권의 사회·환경적 비용: 교통혼잡 비용 12.4조원(전국의 56.1%, '02), 대기오염의 사회적 비용 10.4조원(환경처리비용 4.2조원)

※ 수도권(서울)의 경쟁력 평가 예: 세계도시 삶의 질 평가에서(서울은 89위('06), Mercer Human Resource Consulting) 미세먼지 오염도는 OECD 38개국 중 1위를 차지, 이산화질소는 선진국 대도시(런던, 파리, 동경, 뉴욕 등)의 1.7배('02)

□ 경제발전에 중점을 둔 국토·토지정책으로 국토의 지속가능성 저해

○ 환경용량과 연안 등 환경특성을 고려한 계획적, 효율적 토지이용 부재 등 지속가능한 토지이용정책 미흡

○ 양호한 자연환경에 대한 보상 및 지원체계가 미비하고 개발이익 사유화에 따른 난개발 및 사회적 위화감 등 심화

□ 지속가능성이 전제된 국토 공간 관리체계 미흡

○ 국토계획에서 환경계획을 연계하는 실질적 수단이 없어 계획단계에서의 협력 및 사전예방 미흡

- 개발계획에 따른 자연환경훼손 등을 예방하기 위해서는 토지 생태적 가치를 고려한 환경계획이 필요하지만 이러한 환경계획은 미흡한 실정

○ 지속가능성을 고려한 국토관리정책의 평가 및 모니터링시스템의 미흡으로 국토환경의 불균형 가속

- 개발지표는 구체적으로 제시되고 있으나 생태계 서식처, 연안 매립면적 등 지속가능 국토관리지표는 부재

□ 국토정책의 사회적 합의 도출을 위한 거버넌스 부재

○ 국토관리가 개발과 보전의 개별적 목적을 지닌 행정기관으로 분산 관리되어 계획·보전과 사업의 조정 체계 미흡

○ 개발계획·정책에 대한 사전협의 부족, 참여 제한으로 국토의 이용과 보전을 둘러싼 갈등 증가

- 계획수립 초기단계의 의견수렴 절차가 미흡하여 사업집행단계에서 갈등이 심화되어 공사 지연·중단 등에 따른 사회적 비용 증가

('07.7.16, 사행산업 실태 및 향후 정책방향 보고, 교육문화비서관실)

1 추진 배경

□ 지난해 사회 문제화된 불법 사행성게임물 "바다이야기"가 정부 집중단속으로 척결되었다고는 하나, 도박산업의 폭발성은 예측 불가 (잠복상태)

□ 경마·경륜·복권 등 합법적인 사행산업의 매출규모는 12.1조원으로 최근 정체·감소하고 있지만 사행산업 대한 사회적 논란은 여전

※ 불법 도박사업 포함 시 매출액 규모는 29조~43조원 추정('06.9월, 삼성경제연구소 발표)

〈 전체 사행산업 매출액 연도별 추이 〉

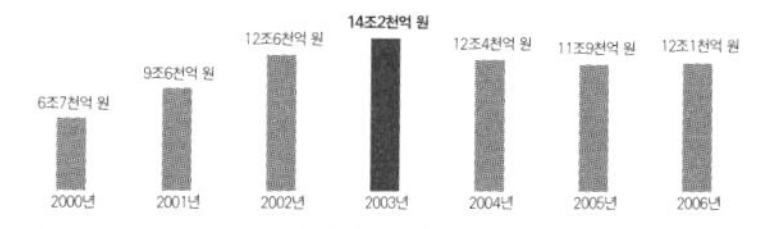

※ '03년도 성장배경: 로또발행('02.12), 경정시행('02.6), 강원랜드 메인카지노 개장('03.3) 등에 기인

□ 사행산업의 건전화 및 부작용 최소화를 위한 사행산업통합감독 위원회법 제정·공포('07.1.26, '07.7.27부터 시행 예정)

○ 그동안, 국무조정실주관으로 법 시행에 대비 관계부처 T/F 구성, 사행산업 전반에 대한 실태조사 실시 등 향후 정책방향 모색

- 통합감독위원회가 사행산업 확산억제 및 사행성 심화방지를 위한 적절한 관리방안을 본격적 논의·추진해 나갈 수 있도록 준비

2 사행산업 현황 및 문제점

□ 사행산업 현황 ☞ 별첨1: 사행산업 현황

○ 사행산업은 '98년 외환위기 직후에 비해 매출규모 또는 고객 실 지출액이 최대 4~5배 증가 (이용고객은 2.4배 증가)

- '06년 사행산업 매출규모는 12.1조원으로 GDP(848조원) 대비 1.4% 수준

※ 사행산업 규모 '98년(3.3조) → '03년(14.2조) → '06년(12.1조)

('07.7.16, 사행산업 실태 및 향후 정책방향 보고, 교육문화비서관실)

□ 사행산업 확산 주요 원인

○ 정부부처는 조세수입 확충 및 기금조성을 위해 사행산업 확산 정책 추진

- '98년 이후 강원랜드('00.10), 스포츠 토토('01.10), 경정('02.6), 로또('02.12) 도입 ('98년 이전: 경마, 경륜, 복권만으로 유지)

○ 지방자치단체는 안정적 세수확보 및 지역경제 활성화를 이유로 각종 사행산업을 적극 유치

- 부산 경마장('04.9) 및 경륜장('05년), 창원 경륜장 개장('06) 및 장외 매장 유치

※ 현재 대전, 전주, 부평(경륜장) / 인천, 의왕(경정장) 유치 추진 중

○ 사행업종간 경쟁 격화로 장외발매소 증설, 온라인 배팅 도입, 경기일수·횟수 연장, 새로운 배팅방식 도입 등 사행성 조장심화

☞ 별첨2: 사행산업 업종별 운영실태

□ 주요 문제점

○ 사행산업 업종별 근거법률이 다양하고, 관리부처가 분산되어 있어 총괄적인 조정·규제가 미흡 ☞ 별첨3: 사행산업 소관 및 시행기관

○ 도박중독율이 6.5% 내외로 선진국 5%에 비해 높은 수준임에도 정부차원의 중독자 예방·치료(재활)대책은 미흡한 실정

☞ 별첨4: 도박중독 예방 및 치료센터 운영실태

- 중독예방·치료를 위하여 사행산업에서 발생하는 수익금을 전혀 사용하지 않고 있음 ☞ 별첨5: 수익금 운용실태

○ 불법 사설경마(3조4천억규모, '04년 형사정책연구원 추정), 경마장 등 주변 불법수표 환전, 카지노 주변 전당사 난립 등 부작용 상당

○ 경마, 경륜 등의 온라인·전화·모바일 베팅 허용으로 사행심 조장

※ 현재 경마 전체 매출의 3.3%를 차지하고 있으나, 향후 급증 예상 (홍콩: 52.5%, 일본 43.4% 차지)

○ 매출위주의 사행업체 기관평가로 매출 확대에 집중함으로써 부작용을 심화시키는데 한몫

문제점: 과제 목표와 현실 사이의 차이로 인한 부정적 요소

문제란 사람들에게 어려움을 발생시키는 상황이나 불만족한 상황을 말합니다. 현황이 불만족한 상황을 드러내는 것이라면, 문제점은 그 상황을 분석해 그 이면에 담긴 본질을 드러내는 것입니다.

현황이 개선, 변화를 전제로 한 것이기 때문에 문제점은 긍정적 요소(성과)보다 부정적 요소(한계)에 더 주목합니다. 긍정적 요소를 드러낼 때에도 부정적 요소를 강조하기 위한 전제의 의미가 큽니다. 한마디로 문제란 목표와 현실 사이의 차이로 인해 빚어지는 부정적 요소라 정의할 수 있습니다.

그동안 지속됐던 과제라면 추진 상황, 실적, 성과를 먼저 평가하고, 목표에 견주어 어떤 한계를 드러냈는가를 점검합니다. 처음 맞닥뜨리는 과제라면 성과와 한계를 전제하지 않고 목표를 이루기 위해 어떤 문제점만을 극복해야 할 것인가를 분석합니다.

문제점을 분석하는 방향은 두 갈래로 뻗어갑니다. 첫째, 그 사업을 수행하는 주체적 역량(내부)의 관점에서 강점Strength과 취약점Weakness을 살펴보는 것입니다. 둘째, 그 사업이 진행되는 객관적 조건(외부)의 관점에서 기회Opportunity와 위협Threat의 요인을 살펴보는 것입니다. 이것을 교차시켜 매트릭스로 만든 것이 바로 SWOT 분석입니다.

문제점은 이 가운데 취약점과 위협의 요인을 중심으로 분석하는 것입니다. 강점을 갖고 있었지만 위협 요인을 만나는 경우(ST), 취약점을 갖고 있으면서 위협 요인을 만나는 경우(WT), 취약점 때문에 기회 요인을 살리지 못하는 경우(WO) 등이 그것입니다.

〈경제자유구역추진 현황과 향후발전 계획〉 보고서는 SWOT 분석으로 한국 경제의 주체적 역량과 세계적 경제 환경을 대비시켜 경제자유구역 개발 가속화의 필요성을 설명합니다. '경제자유구역 추진 현황 평가'에선 매트릭스를 활용해 구역 개발, 투자 유치, 추진 체계라는 세 항목의 잘된 점과 미흡한 점을 정리했습니다. 이렇게 매트릭스 등 기획의 도구를 활용하면 일목요연하게 문제점을 정리할 수 있습니다.

문제점 항목에서 빈번하게 등장하는 분야들은 역량, 조직, 제도, 운영, 프로그램, 예산, 시설, 인프라, 홍보 등입니다. 문제점이 잘 떠오르지 않을 때 이 분야에 해당하는 내용을 찾아보는 것이 좋습니다.

문제점 항목에서 문제가 발생한 원인까지 밝혀내기도 합니다. 원인

I. 경제자유구역 의미 재조명

◇ 경제자유구역은 우리경제의 위기와 약점을 극복하고 기회와 강점을 최대한 활용하기 위한 최선의 전략

◇ 경제자유구역은 외국인 투자유치 뿐 아니라, 부가가치·일자리 창출을 통한 우리경제의 "선진화·신성장 전략"

◇ FTA와 특구경쟁 등 국가간 개방과 경쟁이 격심해지는 상황에서 경제자유구역 개발 가속화의 중요성이 더욱 증대

〈SWOT 분석〉

Strength	Weakness
• 세계적인 공항과 항만 • 우수한 인적자원과 기술 • 세계적인 국내 제조기업	• 각종 규제 잔존 • 재정·세제 등 획기적인 지원 미흡 • 집중개발과 국토의 균형발전 간의 조화 문제
Opportunity	**Threat**
• 국내·외 인지도 증가 • 개방에 따른 거대 시장형성과 선진제도 도입 • IT 기술에 의한 최첨단 국제도시 건설 가능성	• 중·일간 Nut-cracker의 위기 • 주변국 간의 허브경쟁 가속화 • 노동 등 외국인투자 환경의 개선 필요성

III. 경제자유구역 추진 현황 평가

◇ **종합평가** ◇

◇ 단기간내 인지도 제고, 선도지구 개발 진행 등 선도사업 성과 가시화 단계

◇ 두바이, 상해 등 선발 특구에 비해서는 성과가 미흡

* UAE, 중국은 국가 역량을 경제특구 성공에 집중

* 1985년 두바이 Jebel Ali Free Zone (UAE), 1990년 상해 포동 신구 특구 지정 (중국)

◇ 국가간 허브경쟁 가속화, 국가 역량결집 부족 등으로 획기적 성과 거양에 미흡

⇒ 경제자유구역 개발과 외자유치 가속화와 함께 추진·지원 체계를 개선하여 속도경쟁에서 우위를 점할 필요

〈분야별 경제자유구역 평가〉

	구역개발	투자유치	추진 체계
잘된점	• 주요 사업지구 개발방향 확정·개발 착수	• 300억불 이상의 계약, MOU 체결 • 해외 유수 학교·병원 유치 및 제도개선	• 경제자유구역의 인지도 제고 • 경제자유구역위원회를 통한 정책조정·의사 결정기능 활성화
미흡한점	• 경제자유 (Free) 구역에 걸맞는 규제완화 미흡 (각종 부담금, 수도권규제, 행정절차 등) • 가용부지 확보 문제 • 국가지원 규모에 대한 적정성 논란	• 개발사업자 중심 유치 • 개발사업자를 통한 입주기업 유치성과 미흡 • 선도 입주자(tenant)에 대한 지원기준 미비	• 경제자유구역청의 자율성·전문성 제고 필요 • 특별지방자치단체 도입과 관련 이견 표출 • 국가사업과 지역 개발간의 인식차이

은 또 해결 방안과 직접 연결될 수도 있습니다. 원인을 해소하면 결국 문제가 풀리기 때문입니다. 원인은 주로 주체적 역량·시스템과 객관적 조건·환경이 어긋나는 지점에서 찾을 수 있습니다. 원인은 문제점과 해결 방안 사이에 위치해 있습니다. 원인은 해결방안 항목에서 다루기도 합니다.

아래는 〈각 부처 성과관리 시스템 현황 및 분석〉 보고서입니다. 평가 결과가 어떤 체계 속에서 환류되는지 설명하고 있습니다. 정책, 인사, 조직, 예산 4개의 분야로 나눠 분석하고 있습니다.

2 평가 결과 환류체계 현황

〈 환류 현황 〉

○ 평가 결과를 정책·인사·조직·예산 등 부문별로 환류하는 방법 및 수준을 제도화시켜 나가고 있음

- 정책부문(성과관리에 의한 정부업무평가제도)
- 인사·성과급(인사위의 각종 인사 및 보수관련 규정)
- 조직(행자부의 조직관리지침)
- 예산(기획예산처의 재정사업 자율평가제도)

○ 부처별 환류체계

- 각 부처가 운영하고 있는 성과관리시스템의 평가 결과가 당해 부처의 정책·인사·조직·예산에 반영되는 체계를 구축(주요부처 사례 참고)

〈 부문별 환류현황 종합 〉

부문	환류현황
정책	• 연두업무계획에 대한 성과관리 강화('06년까지) - 연두업무계획 수립시 주요정책에 대한 성과목표 및 성과지표 제시 - 부처는 추진현황을 분기별로 자체점검하고, 국무조정 실은 부처 자체 점검결과를 모니터링 - 분기별 점검 또는 평가 결과 문제 정책은 목표수정·보완 또는 익년도 연두업무계획 수립시 보완 • 부처별 성과관리계획과 성과관리 체계화('07년부터) - 성과목표, 성과지표가 반영된 성과관리시행계획을 매년 작성·평가함으로서, 정책개선 등에 활용 * '07년부터 성과관리시행계획을 연두업무보고와 연계 • 전자통합평가체계(e-IPSES)를 구축을 통한 각종 성과 평가 자료의 체계적인 축적 및 연계
인사·성과급	• 성과평가 결과의 활용범위 확대 - 직무성과계약(4급 이상) 및 근무성적평정(5급 이하)에 반영하여 승진, 인사에 직접 연계 - 특별승진 및 특별승급시 성과평가 결과 반영 - 성과연봉 및 성과상여금 지급기준으로 활용 - 국외훈련 대상자 선발시 성과평가 결과 활용 • 업무성과를 누적적으로 기록하는 성과관리카드 도입 - 다면평가, 재정성과평가 등 각종 평가 결과를 기록·관리 - 승진심사, 개방형 직위 심사 등 다양한 용도로 활용
조직	• 성과평가 결과를 조직 및 정원관리에 반영 - 인력증원시 조직의 성과목표·생산성 향상방안 및 최근 2년간 증원내역과 그 성과심사의 결과 반영 • '05년 총액인건비제를 시범실시하고, '07년부터 전면 시행 * 총액인건비 실시기관은 인건비 총액 한도 및 기관 총정원의 3% 범위내에서 조직 및 정원을 자율 운영
예산	• 재정사업 자율평가제도를 통해 재정사업의 성과를 점검하고, 그 결과를 예산편성 등에 활용 - 부처 소관 재정사업을 매년 1/3씩 평가하고, 기획예산처가 평가 결과 점검 * 미흡으로 평가된 사업은 전년대비 예산 10% 삭감

해결 방안(개선 방안): 현실을 목표에 끌어당겨라

'문제점(원인)'은 목표와 현실의 차이로 인한 부정적 요소입니다. 이 부정적 요소를 긍정적 요소로 전환시켜 문제를 해결하거나 개선하는 것이 해결 방안(개선 방안)입니다.

그러나 모든 방법이 해결 방안이 될 수는 없습니다. 반드시 실현 가능성이 있어야 합니다. 그것이 없다면 굳이 보고서에서 언급할 가치가 없습니다. 구체성도 중요한 기준입니다. 방향과 원칙만 있고 실행할 내용이 없다면 '그림의 떡'입니다. 일반화의 함정을 경계해야 합니다. 상황의 특수성, 개별성을 무시하고 일반적, 보편적 잣대를 들이대면 문제가 해결되기는커녕 오히려 미궁에 빠져버립니다.

해결 방안을 단순하게 병렬적으로 늘어놓는 것도 문제입니다. 보고자가 적극적으로 판단하지 않고 '아무거나 하나 걸리면 다행'이라는 식으로 백화점식 나열을 하는 것은 책임을 회피하는 일입니다. 결국 그 책임을 피보고자인 상관에게 전가시키는 행위입니다. 상관도 별도의 판단과 결정을 내리겠지만 주무인 보고자의 판단과 결정이 선행돼야 의사결정이 생산적인 방향으로 진행됩니다.

해결 방안은 문제해결을 위한 우선순위와 실행의 프로세스를 고려해 제시해야 합니다. 해결 방안을 복수로 제시할 땐 보고자의 판단을 담아 어느 한쪽에 가중치를 두는 것이 좋습니다. 자신의 책임을 의사결정권자에게 미루기 위해 가중치를 두지 않고 복수로 나열하는 것은 바람직하지 않습니다.

한마디로 해결 방안은 편파적이어야 합니다. 어느 조직이든 한정된 예산과 인력으로 일을 합니다. 경직성 분야를 제외하고 나면 가용할 수 있는 예산과 인력은 제한적입니다. 그 제한된 예산과 인력을 어느 지점, 어느 대상, 어느 분야에 쏟아부어야 당면한 문제를 해결할 수 있는가를 찾아내는 것이 기획입니다. 모든 지점, 모든 대상, 모든 분야에 걸쳐 해결 방안을 제시하는 것은 무책임할 뿐 아니라 실현 가능성이 없는 공염불입니다.

앞서 현황을 보자기의 꼭짓점에 비유했다면 해결 방안은 돋보기에 빗댈 수 있습니다. 누구나 어릴 때 돋보기 놀이를 합니다. 이때는 돋보기를 통과한 햇빛을 얼마나 뜨겁게 만드느냐가 관건입니다. 초점을 작고 또렷하게 모으면 화력이 세지고 넓고 흐릿하게 모으면 화력이 약해집니다.

해결 방안 역시 어느 하나의 초점을 향해야 상관을 비롯한 의사결정권자의 머리와 가슴에 불을 붙일 수 있습니다. 상관이 "용건이 뭐야?" "결론이 뭐야?"라고 물었을 때 그가 알고 싶은 것이 바로 이 초점입니다. 해결 방안은 결국 타깃target과 골goal이 명확해야 합니다.

해결 방안의 초점을 제대로 모아내기 위해 전략 지도를 만들기도 합니다. 전략 지도는 미션-비전-목표-전략-이행 과제(세부 과제)의 순서로 전개됩니다. 대부분의 보고서는 전략-이행 과제(세부 과제) 수준에서 해결 방안을 다루지만 비중이 높은 정책기획보고서나 사업기획보고서, 중장기발전전략보고서는 전략 지도 전체를 보여줍니다.

미션은 그 조직의 사명, 설립 목적입니다. 미션은 그 조직의 성격이 완전히 바뀌지 않는 한 변경되지 않습니다. 비전은 짧게는 4~5년, 길게는 10년 이상을 두고 세우는 중장기 목표입니다. 대통령이 새로 임기를 시작하면 국정 비전을, 시장이 새로 임기를 시작하면 시정 비전을 만듭니다. 요즘은 기관장이 자신의 임기 동안 이루고자 하는 목표가 비전이 되기도 합니다. 구성원들과 공감의 폭을 넓히고 그들의 열의를 이끌어내기 위해 비전은 주로 슬로건의 형태로 표현됩니다.

목표는 비전을 구체화, 정량화한 것입니다. 정성적, 정량적 결과는 수치로 나타내야 합니다. 예를 들어 비전이 '선진국가 진입'이라면 목표는 '1인당 GDP 3만 달러 달성'으로 표현합니다. 전략은 목표를 이루기 위한 사업의 방향입니다. 구체적인 사업 과제를 설정하기에 앞서 정책이나 사업의 어젠다에 대한 정책적 해결 방향을 제시하는 것입니다. 통상 하나의 전략 아래 3개 내외의 이행 과제나 세부 과제가 붙습니다. 세부 과제 단계에 이르러야 구체적인 실행 내용이 등장합니다.

다음은 한국마사회의 중장기 발전 전략 지도입니다. 비전을 'No. 1 공기업'으로 설정하고 4가지 수치화된 목표를 제시했습니다. 6가지 전략 아래 2가지씩 총 12개의 이행 과제가 정리됐습니다. 각 이행 과제마다 구체적 사업 계획과 추진 내용이 따라붙습니다.

□ **미션**

말산업으로 국가경제 발전과
국민의 문화·레저생활 향상 및 복지증진에 기여한다.

□ **비전**

고객감동과 혁신을 통한 No. 1 공기업
* No.1 : 고객만족, 사회기여, 투명신뢰, 일하고 싶은 직장

□ **중장기 경영목표**

중장기 경영목표

경마매출	승마인구	비경마수익	국민평가 최상위
9조 원	8만 명	1,600억 원	(고객만족도 97점)

□ **전략목표**

1 경마사업 구조 혁신	2 말산업의 창조적 융합발전	3 경마·기업 이미지 쇄신	4 지속성장 기반 강화
1. 경마 상품성 제고 및 국제화 2. 공정하고 신뢰받는 경주 구현	3. 체계적인 말산업 생태계 조성 4. 승마 댕중화 및 활성화	5. 함께하는 복합문화 공간 조성 6. 전략적 홍보 및 사회기여 강화	7. 미래성장 동력 확충 8. 사업다각화 및 수익 구조 개선

5 고객감동 실현	6 책임경영 확립
9. 고객중심 경영 기반 구축 10. 고객가치 창출형 서비스 제공	11. 경영효율화 구현 12. 미래지향적 기업문화 구축

다음은 〈건설선진화방안 보고서〉의 전략 지도입니다. '건설산업을 3D에서 3C로 전환', 'Creative, Competitive, Credible'. 이니셜을 활용해 카피형 비전을 제시하고 있습니다. 목표는 정성 1가지와 정량 2가지로 구성돼 있고, 4가지 전략 아래 3가지씩 총 12가지 핵심(이행) 과제가 설정됐습니다.

2 비전 및 목표 (2015년)

□ **비전(Vision)**: 쉬운 표현으로 설정하여 슬로건化

좋은 환경 좋은 건축 21

◀ 건설산업을 3D에서 3C로 전환 ▶

▶ **Creative**: 고품격, 창의성, 문화 컨텐츠화
▶ **Competitive**: 기술력 위주, 민간 활력, 전문가 주도
▶ **Credible**: 투명성, 공정성, 안전성, 삶의 질

□ **목표(Goal)**: 비전 달성을 위한 지향점 및 성취기준 설정

○ **목표 1: 도시/건축 속의 인간 삶의 질 향상**
- 세계를 선도하는 건축문화강국 진입
- 전통문화와 융합하는 지역 고유성 계승 발전

○ **목표 2: 건설생산성 향상**
- 사업기간 50% 감축, 공사비 30%, CO2 발생 30% 절감
- 미래의 지식기반 사회 선도

○ **목표 3: 세계 5위 해외시장 점유율 달성**
- 세계일류 건설브랜드 5개 확보
- 건설업 역량 강화 및 건설산업구조 고도화

3 12대 핵심과제 및 3+3 현장실천운동 (ACCT-1233)

□ **전략 및 12대 핵심과제**

○ **전략 1: 건축문화 혁신기반 조성**
- 과제 1: 창의·예술성 제고를 위한 건축/경관 제도 정비
- 과제 2: 전문가에 의한 도시경관 관리
- 과제 3: 건축문화 지원네트워크 구축

○ **전략 2: 공공선도 프로젝트 시행**
- 과제 4: 건축문화 이벤트 개최
- 과제 5: 좋은 건축물 프로젝트 기획
- 과제 6: 지역공동체 형성을 위한 도시 공간환경 조성

○ **전략 3: 기술혁신 인프라 구축**
- 과제 7: 세계일류 건설브랜드 확보를 위한 R&D 프로젝트
- 과제 8: 신기술 개발 활용 촉진
- 과제 9: R&D 투자·인프라 확충 및 네트워크화

○ **전략 4: 글로벌스탠더드 생산체계**
- 과제 10: 기술경쟁 중심으로 건설생산체계 개선
- 과제 11: 건설기준의 국제화 및 설계 품질 제고
- 과제 12: 해외시장 개척을 위한 글로벌네트워크 구축

□ **3+3 현장실천운동**

건축문화 분야			건설기술 분야		
도시건축 하모니운동	건축환경 걸작운동	한국느낌 만들기운동	건설코리아 명품운동	아름다운 구조물운동	건설공기 혁신운동

다음의 〈휴양림 서비스 개선 방안〉 보고서에서는 전략 지도 내용을 바탕으로 '개선 방안' 내용이 전개되고 있습니다. 추진 전략을 개선 방안의 상위 항목으로, 세부 과제를 중위 항목으로 설정했습니다.

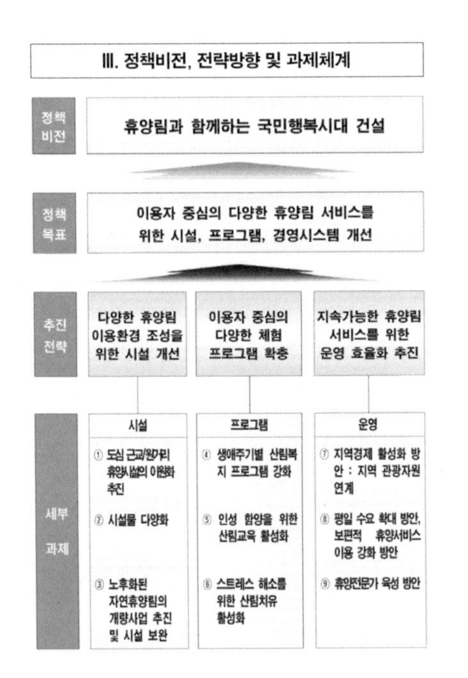

Ⅳ. 개선 방안

Ⅳ 다양한 휴양림 이용환경 조성을 위한 휴양림 시설 개선

▶ 캠핑(야영), 비박 등 다양한 휴양 수요의 맞춰 휴양시설을 도심근교 및 원거리로 이원화
▶ 맞춤형 산림휴양 시설 및 매력 있는 휴양림 조성을 위해 시설물을 다양화
▶ 쾌적한 휴양공간 조성을 위해 노후시설 및 부대시설 보완

1-1. 도심 근교/원거리 휴양시설의 이원화 추진

○ (도시형 근교 휴양림 조성) 도시 생활권 주변의 산림, 공원 등을 연결한 녹색 네트워크를 조성하여 바쁜 도시민이 당일 내 산림 문화 및 휴양을 체험할 수 있는 기회 제공 (국토교통부와 협업. 별첨 2 참조)

○ (원거리 휴양시설 확충) 야영 수요의 급증에 따라 오토캠핑장 등 캠핑시설 확충

1-2. 시설물의 다양화

○ (휴양시설 다양화) 산림휴양의 유형*에 맞는 맞춤형 시설 확충

* 등산체육형, 휴양치료형, 교육체험형, 놀이레포츠형 등

○ (숙박시설 다양화) 한국 및 세계전통가옥 등을 테마로 한 숙박 시설 운영

○ (민간투자유치) 대규모 투자가 필요한 경우 사업의 타당성과 적합성 등을 평가하여 민간의 투자 유치 유도*

* 공익사업 참여라는 인식과 함께 사회적 기업의 이미지 제고에 기여함을 강조

1-3. 노후화된 자연휴양림의 개량사업 추진 및 시설 보완

○ (노후시설 보수) 통나무집, 경골목구조 등 노후정도에 따라 순차적으로 개량

○ (부대시설 보완) 시설별 이용자의 불만족도 및 수요를 반영하여 샤워장, 취사장, 화장실 등 부대시설 보완

다음의 〈연구비관리제도개선 방안〉 보고서처럼 문제점과 해결 방안이 한 항목으로 묶이기도 합니다. 문제점을 언급하고 그 아래 ➞ 표시 부분에 해결 방안을 제시하고 있습니다.

4. 연구비 관리제도의 문제점과 제도개선 현황

> 기자재 구입비와 대학원생 인건비 등을 전용하는 원인을 원천적으로 차단할 수 있도록 관리제도를 현실화하고, 이후 대학과 연구자의 위법행위에 대해서 철저하게 책임을 묻을 수 있도록 제도개선

(1) 연구실 운영경비 불인정 문제

○ 에어컨, 책상, 의자, 컴퓨터 등 연구실 운영에 필수적인 비품구입 등의 경비를 연구비에서 지급할 수 없도록 규정함으로써 연구비 전용의 원인 제공

➞ 연구실 운영경비의 실비를 연구비(수용비)로 처리 가능하도록 『국가연구개발공동관리규정』 개정 완료('05.3.8) 후 6월1일부터 기 실시

(2) 참여연구원의 인건비 재분배 문제

○ 실제 대학 연구실은 여러 부처로부터 연구과제를 수주하여 대학원생들이 공동연구를 수행하고 있으나, 인건비 지급방식은 개별과제의 개별 참여 연구원에게 매월 일정액을 통장에 직접 입금하도록 되어 있음

- 대학원생의 등록금 지원 등을 위해 개별학생에게 입금된 인건비를 회수하여 등록금과 월급으로 나누어 재분배하는 관행 발생
- 연구비 전용으로 지적되는 가장 큰 원인이 됨

➞ 『연구수당 풀링제』를 도입하여 인건비 전용의 원인을 원천적으로 차단하기 위한 제도개선을 목표로 '05년 하반기에 시범사업 실시 예정

- 인건비를 연구책임자의 구좌로 풀링(pooling) 한 후 필요시 교수가 대학본부에 연구수당을 지급요청하고, 대학본부가 학생에게 직접 지급

(3) 연구기자재 구입 시 허위영수증 제출문제

○ 정부 및 기업의 연구비로 기자재를 구입할 때 검수 확인 없이 영수증 제출만으로 처리하기 때문에 허위영수증 제출의 여지가 발생

➞ 대학이 연구기자재 구입 시 자체적으로 검수하고, 정부는 관리시스템을 확인해주는 『연구비관리인증제도』('05.3.8 규정 개정) 도입

- 기관 인증 시 기자재 구입의 구매부서 경유, 자산관리등록 유무 등을 평가하여 기자재 허위영수증 제출 원인을 원천적으로 해소

(4) 연구수행 교수에 대한 인센티브 미흡 문제

○ 연구비 관리 규정상 월급을 받는 교수는 연구비에서 추가로 인건비를 지급받을 수 없음

※ 국립대 교수의 경우 인건비를 인정하게 되면 인건비 이중지급에 해당됨

※ 미국 대학의 경우 교수 월급이 9개월로 책정되어 있어 3개월은 연구과제에서 인건비 지급 가능

➞ 연구수행에 따른 인센티브와 필요경비를 충당하도록 연구활동 진흥비를 7%에서 15%로 상향조정('05.3.8 규정 개정)하여 6월1일부터 기 실시

(5) 연구비 잔액 처리문제

○ 연구 종료 후 연구비 잔액을 전액 회수하고 있으므로 연구비가 없을 경우를 대비하여, 대학원생의 인건비를 재분배하는 과정이나 혹은 허위영수증을 활용하여 연구비를 비축하는 사례 발생

➞ 대학원생의 지속적인 연구수당 지원을 위해 인건비에 한해 지급기간을 6개월 혹은 1년 정도 연장 필요

> 기간 연장 문제는 기획예산처의 회계제도상 불가능하다는 입장이지만, 연구비 중 인건비 잔액은 연구책임자가 소진할 수 있도록 허용하는 방안을 관리제도에 반영할 필요

기획의 도구들

현황, 문제점, 해결 방안을 도출하는 데 연장처럼 쓰이는 기획의 도구, 즉 카테고리와 프레임을 살펴보겠습니다. 카테고리와 프레임을 사용하면 보고자가 수월하게 문제와 해법을 정의하고 피보고자 역시 익숙한 '생각의 그물'이기 때문에 쉽게 그것을 이해할 수 있습니다.

개념의 분류

아리스토텔레스의 범주	실체, 성질, 분량, 관계, 장소, 시간, 위치, 양상, 능동, 수동
칸트의 범주	양(단일성, 다수성, 전체성), 성질(실재성, 부정성, 제한성), 관계(실체·속성, 원인·결과, 상호작용), 양상(가능·불가능, 현존·부재, 필연성·우연성)
분야	정치, 경제, 사회, 문화, 과학, 기술 / 전체, 부분
공간	국내, 해외 / 인바운드, 아웃바운드 / 내부, 외부 / 아시아, 유럽, 북아메리카, 남아메리카, 아프리카, 오세아니아 / 농촌, 산촌, 어촌 / 대도시, 중소도시 / 도로, 도시철도, 해운항만, 항공공항, 대중교통, 물류 / 수자원, 지역 및 도시, 산업단지
시간	과거, 현재, 미래 / 근대, 현대, 탈현대 / 장기, 중기, 단기
사람 직업	남성, 여성 / 유년, 소년, 청년, 장년, 노년 / 개인, 법인 / 저가, 고가 / 전문직, 영업직, 엔지니어, 사무직, 기능직 / 사원, 대리, 팀장, 과장, 부장 / 일반직, 계약직, 별정직
평가	긍정, 부정 / 비관, 낙관 / 상위, 중위, 하위 / 장점, 단점

경제 산업 마케팅	생산, 소비 / 수요, 공급 / 비용, 효과 / 수입, 지출 / 수입, 수출 / 소비자, 공급자, 경쟁자 / 기획, 생산, 판매 / 브랜드, 제품, 유통, 커뮤니케이션 / 4C / 4P / 거시, 미시 / 소기업, 중기업, 대기업 / 경제성장률, 1인당 GDP, 환율, 실업율, 소득분배 / 금융, 경쟁, 노동, 외환 / 전기전자, 자동차, 조선, 철강, 석유화학, 섬유 / 농업, 공업, 상업, 서비스업 / 연구, 개발, 조달, 생산, 판매, 물류, AS / 산업금융지원, 산업기술지원, 무역 및 투자유치, 산업진흥 고도화, 에너지 및 자원개발
정치 행정	입법, 사법, 행정 / 지방행정, 일반행정, 선거관리, 재정관리 / 경찰, 재난방재, 민방위 / 중앙, 지방 / 정치, 언론, 시민사회 / 법, 규제, 세제
사회 교육 환경	기초생활보장, 취약계층지원, 보육, 가족, 여성, 노인, 청소년, 노동, 보훈, 주택 / 보건의료, 식품 / 유아, 초등, 중등, 고등, 대학, 평생 / 여성, 교육, 복지, 환경 / 학교, 교사, 학생, 학부모, 지역사회 / 프로그램, 시설, 강사, 수강생 / 상하수도, 수질, 폐기물, 대기, 자연, 해양
문화 체육	문화예술, 관광, 체육, 문화재 / 문학, 영화, 미술, 음악, 무용 / 스포츠, 게임
과학 기술	IT, BT, NT, CT / 물리, 화학, 생물, 지구과학, 천문학 / 기술개발, 과학기술연구지원
기타	패러다임, 문화, 제도 / 개인, 조직, 제도 / 의제, 회의, 장소, 시간, 참석자
대립개념	상하 / 좌우 / 대소 / 고저 / 경중 / 출입 / 주객 / 증감 / 정동 / 공수 / 승패 / 인풋, 아웃풋 / 플러스, 마이너스 / 형식, 내용 / 보수, 혁신 / 정성, 정량 / 하드웨어, 소프트웨어 / 아날로그, 디지털

분석 프레임

3~4C	고객Customer, 자사Company, 경쟁사Competitor, 채널Channel	사업 환경(내부, 외부 요인)
4P	가격Price, 제품Product, 유통경로Place, 판매촉진Promotion	마케팅 과제
5Forces	기존 기업 간의 경쟁 정도, 신규 기업의 진입 위협, 대체재의 위협, 구매자의 협상력, 공급자의 협상력	기업 외부 분석
7S	전략Strategy, 시스템System, 구조Structure, 스타일Style, 능력Skill, 직원Staff, 공유가치Shared values	기업 내부 분석
AIDMA	주의Attention, 흥미Interest, 욕망Desire, 기억Memory, 구매행동Action	소비자 구매 행동
AISAS	주의Attention, 흥미Interest, 검색Search, 구매행동Action, 정보공유Share	소비자 구매 행동
BCG 매트릭스	Star, Question mark, Cash Cow, Dog	기업의 경영 전략 수립을 위한 사업 포트폴리오 분석기법
ERRC	제거Eliminate, 증가Raise, 감소Reduce, 창조Create	개선사항, 어젠다 탐색
PEST	정치Politics, 경제Economic, 사회Society, 기술Technology	거시환경 분석
SWOT	강점Strength과 약점Weakness, 기회Opportunity와 위협Threat	주체적 역량과 외부 환경

기대 효과와 조치 사항 : 실행을 위해 결정하라

기대 효과: 사업의 결과를 미리 보여줘라

개요부터 추진 배경, 현황, 문제점, 해결 방안을 통해 의사결정권자를 설득하고 충분한 설명을 했습니다. 이제 의사결정권자는 결정과 판단의 순간만을 남겨놓고 있습니다. 이럴 때 결정과 판단을 돕는 가장 좋은 방법은 그 사업의 결과를 예측해 보여주는 것입니다. 기대 효과는 그 사업을 실행했을 때 어떤 결과가 나타날지를 의사결정권자에게 미리 보여주는 것입니다.

기대 효과를 생생하고 실감 나게 전달해야 보고자가 의사결정권자로부터 원하는 결과를 얻을 수 있습니다. 그렇다고 너무 과장되거나 허무맹랑한 예측을 해서는 곤란합니다. 사실에 바탕을 두되 이익과 편익을 잘 드러내는 것이 현명합니다.

기대 효과는 정량적, 정성적 2가지 형태로 나타낼 수 있습니다. 매출액, 이용률, 점유율, 이익, 판매율, 출산율 등 수치로 표현할 수 있는 것은 정량적 기대 효과입니다. 〈고부가가치 해상물류 허브화 전략〉 보고서의 기대 효과는 모두 정량적 기대 효과에 해당합니다.

정성적 기대 효과는 가치 실현, 기업 이미지, 평판, 만족감 등 수치로 표현하기 어려운 것들입니다. 물론 설문조사 등의 방법을 통하면 정량화할 수 있습니다. 〈어린이 건강 대책〉 보고서엔 정량과 정성 2가지 형태의 기대 효과가 함께 등장하고 있습니다.

기대 효과를 몇 개의 카테고리로 나눠 표현하기도 합니다. 〈서비스업 보고서〉는 거시경제/국민 삶/기업·산업 측면으로, 〈장년고용 종합대책〉은 평생 현역 준비/재직/재취업/점진적 은퇴/인프라 강화로 기대 효과를 분류하고 있습니다.

Ⅲ. 기대 효과

□ 2011년 기준 총 1,129만TEU의 환적화물 신규 처리
  ○ 단순 환적 941만TEU, 부가가치 환적 188만TEU 발생 예상
    - 항만 물동량 증가로 물류 허브화 기반 강화 및 지역경제 활성화 기여
    * 고부가가치 환적화물(224만원)은 단순환적(20만원)보다 TEU당 약 11배의 경제적 효과 발생

□ 항만 배후부지 기업유치로 연간 약 8조 4천억원의 직·간접적인 부가가치 창출
  ○ 이밖에도 해운 운임과 항만 하역 등 부대수입으로 약 9천 2백억원이 추가로 발생할 것으로 기대

□ 물류기업 유치 및 물류센터 운영 등으로 약 5만 2천명의 새로운 일자리 창출
  ○ 항만 자유무역지역 등에 외국 기업을 유치하게 되므로 신규 일자리 마련 가능

□ 국내물류기업을 향후 10년내에 세계 10위권 이내의 기업으로 육성

고부가가치 해상물류 허브화 전략

Ⅴ. 기대 효과

□ 어린이 건강 국가종합계획 수립 등을 통해 어린이 건강대책을 국가 차원에서 체계적으로 추진하는 계기 마련
  ○ 보건복지부, 환경부 등 부처별 정책 우선순위 및 투자 제고
  ○ 5년 단위 계획 수립, 부처별 추진 상황 점검·평가, 지표 개발 및 통계 관리체계 구축

□ 학부모가 체감할 수 있는 눈높이 건강대책 마련으로 국민 기대 욕구 충족
  ○ 아토피·천식 기타 환경성질환에 대한 국가 관리 체계 확보로 응급조치, 질환 전문 상담, 정확한 정보제공 등 수요자 중심의 연계 서비스 가능
    ※ 환경성질환 연구센터 9개소('09년), 콜센터 1개소('08년, 단계적 확대) 등
  ○ 학교·보육시설의 실내공기질·식수 등 보건 환경 개선으로 안전한 어린이 생활공간 확보 및 학부모 불안감 해소
    ※ 실내공기질 개선: 초등 500개, 보육시설 500개(' 12), 지하수 사용학교수: 1,151개(초등 '05년) → 566개('10년)
  ○ 안전하고 우수한 급식 식재료 공급, 학교중심의 비만·체력관리로 어린이 건강·체력의 실질적 개선을 유도
    ※ 식중독발생비율: 급식10만건당 4건('06년)→1건('11년), 고도비만 학생수: 학생 1,000명당 8명('06년)→8명('11년, 현 수준 유지)
  ○ 게임 중독(과몰입) 예방과 건전 게임문화 육성을 위한 학부모, 시민단체, 산업계, 정부 공동 대책 수립 토대 마련

□ 국가비전 2030, 국민건강 2010, 환경보건10개년 종합계획 등 국민 건강증진 국가계획 목표 달성에 기여
  ○ '30년 건강수명 75세, '10년 소아비만율 현 수준 유지, '20년 환경 오염 위험인구수 1/2 감소 등

어린이 건강 대책

Ⅴ. 기대 효과

측면	구분	기대 효과
거시 경제 측면	성장	▶ '20년까지 연간 경제성장률 0.1~0.2%p 제고 ▶ 서비스산업 부가가치 비중: ('15년) 60% → ('20년) 65%
	고용	▶ 서비스산업 고용비중: ('15년) 70% → ('20년) 73% ▶ 유망서비스 분야 일자리 25만개 추가 창출
	수출	▶ 서비스 수출액: ('15년) 978억불 → ('20년) 1,500억불 ▶ 서비스 수지: ('15년) △157억불 → ('20년) 균형
국민 삶 측면	서비스	▶ 새로운 융복합 서비스 창출 - 원격의료·정밀의료, 디지털교과서, 스마트주거관리, 로보어드바이저, 드론택배 등
	일자리	▶ 유망서비스 분야의 신규 일자리 창출로 취업기회 확대 - U-헬스케어 코디네이터, 클라우드 전문가, 가상현실 전문가, 이러닝 콘텐츠 개발자, 핀테크 기술개발자 등
	국민편익	▶ 서비스 접근성 제고로 국민의 후생 제고 - 의료·관광·교육·금융 분야 등의 서비스 다양화와 맞춤형 서비스 확대
기업·산업 측면	생산성	▶ 서비스 R&D 투자확대를 통해 서비스 생산성 제고 - 정부 서비스 R&D 확대: ('16년) 3% → ('21년) 6% - 민간 서비스 R&D 확대: ('13년) 8.5% → ('20년) 12.5%
	투자	▶ 차별해소, 진입·행위 규제완화로 기업의 투자 확대 ▶ 서비스분야정책금융확대: ('15년) 39조원→('20년) 54조원
	신시장 개척	▶ 수출금융·무역보험 지원확대로 해외진출 활성화 ▶ 융복합·신서비스 분야에 대한 창업·공공조달 확대

서비스업보고서

Ⅳ. 기대 효과

장년 인력의 생산적 활용으로 삶의 질 및 경제활력 제고

평생 경력 설계·관리 | 고용안정성 제고 | 신속한 재취업 | 노후소득 강화

유형	주요대책	기대 효과('17년까지 추진목표)
평생 현역 준비	▶ 생애경력설계 지원 • 장년나침반 프로젝트 • 온라인 생애경력카드	▶ 장년층 생애설계 기회 제공 ▶ 50세이상 재취업시 활용(60만명)
	▶ 인생 이모작 준비 • 전직지원제도 신설 • 전직지원서비스 의무화 • 평생 직업능력 향상	▶ 퇴직예정자의 원활한 전직지원(1만명) ▶ 대기업의 전직지원 책임 강화(38만명) ▶ 내일배움카드제 등 참여 확대(6만명)
재직	▶ 60세+ 정년 의무화 • 60세이상 정년제 • 임금피크제 도입 지원 • 인사제도 개편	▶ 정년연장으로 근로자 고용안정(3.5~5.3만명) ▶ 임금피크제 도입 사업장 비율 증가(16%) ▶ 직급·승진제도, 인사경로 다양화(150개소)
	▶ 근무형태 다양화 • 대·중소기업 인재교류 • 근로시간 단축 제도	▶ 근로자 경력개발 및 중소기업 경쟁력 제고 ▶ 장년기 자기계발, 이모작 준비 활성화
재취업	▶ 취업애로계층 • 빈일자리 지원 훈련 • 인턴쉽 등 취업기회 확대	▶ 중소기업 인력부족 해소 및 취업 촉진 ▶ 장년인턴(2.5만명), 취업성공패키지(3.8만명)
	▶ 중견전문인력 • 경력·기술 활용 일자리 • 업종별 지원체계 • 해외진출 활성화	▶ 부처별 전문인력 지원사업 단계적 확충 ▶ 동일업종 내 신속한 재취업 지원 ▶ 장년전문인력의 해외취업 확대(2천명)
	▶ 생계형 자영업자 • 임금근로자 전환	▶ 영세자영업자의 재취업 촉진(1.5만명)
점진적 은퇴	▶ 공공 일자리 확충	▶ 사회공헌·재정지원일자리 단계적 확대
	▶퇴직·국민연금 개선	▶ 노후소득 보장 강화
인프라 강화	▶안전·건강일터 조성	▶ 장년층 재해자 수 연간 증가율 감소(6.9→5%)
	▶장년 일자리기관 확충	▶ 특화된 취업지원서비스 강화
	▶장년고용 인식 개선	▶ 장년친화적 고용문화 확산

장년고용 종합대책

조치 사항: 의사결정권자가 결정할 것들

해결 방안에서 제시된 내용을 실행에 옮기기 위해 의사결정권자가 결정하고 판단할 사항을 정리한 것이 바로 조치 사항입니다. 공공 영역에서는 행정 사항이라 부르기도 합니다. 향후일정, 추진 계획이라는 이름 아래 일정만 나타내는 경우도 있습니다.

조치 사항에는 추진 일정, 추진 체계(주체 및 업무분장), 인력 및 예산, 홍보 및 위기 관리, 모니터링 계획 등이 포함됩니다. 실행을 전제로 한 내용이기 때문에 실현 가능성이 있어야 하고, 행정적 기준과 합치돼야 합니다.

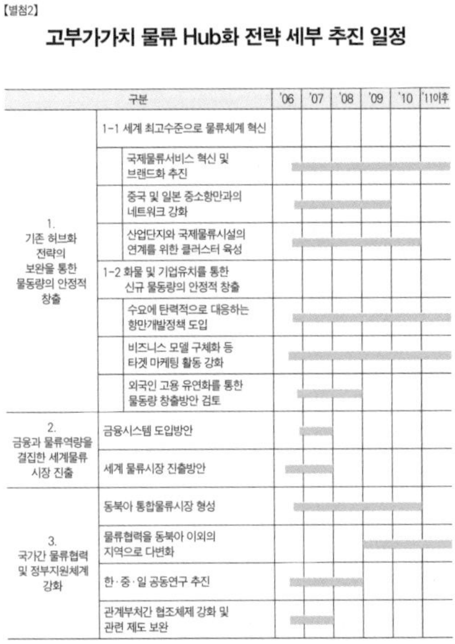

【별첨2】

고부가가치 물류 Hub화 전략 세부 추진 일정

구분			'06	'07	'08	'09	'10	'11이후
1. 기존 허브화 전략의 보완을 통한 물동량의 안정적 창출	1-1 세계 최고수준으로 물류체계 혁신							
		국제물류서비스 혁신 및 브랜드화 추진						
		중국 및 일본 중소항만과의 네트워크 강화						
		산업단지와 국제물류시설의 연계를 위한 클러스터 육성						
	1-2 화물 및 기업유치를 통한 신규 물동량의 안정적 창출							
		수요에 탄력적으로 대응하는 항만개발정책 도입						
		비즈니스 모델 구체화 등 타겟 마케팅 활동 강화						
		외국인 고용 유연화를 통한 물동량 창출방안 검토						
2. 금융과 물류역량을 결집한 세계물류 시장 진출	금융시스템 도입방안							
	세계 물류시장 진출방안							
3. 국가간 물류협력 및 정부지원체계 강화	동북아 통합물류시장 형성							
	물류협력을 동북아 이외의 지역으로 다변화							
	한·중·일 공동연구 추진							
	관계부처간 협조체제 강화 및 관련 제도 보완							

고부가가치 해상물류 허브화 전략

(2006.9.19, 서면보고자료, 민원·제도혁신비서관실)

4. 홍보방안(고충위·군·경찰 홍보협의회 주관)

□ 일반국민 대상

○ '06.10월 말 시행령개정안 국무회의 통과 전, 관계기관 합동 브리핑 실시

- 고충위(위원장), 경찰청(차장), 국방부(차관) 합동으로 정부종합청사 합동브리핑 룸에서 도입취지와 주요 내용 등 홍보

○ '06.11.~'07.3 인쇄물, 일간신문(전문가기고, 정책광고), 방송(K-TV), 온라인(온라인신문, 정책블로그 운영) 등 다양한 미디어 매체를 활용한 동시다발적 홍보 실시

□ 군·경찰 내부구성원 대상

○ 인쇄물 배포(리플릿), 자체 방송(국군방송, 경찰청 인터넷방송), 자체 일간지(국방일보), 기관 홈페이지, 교육 및 설명회 개최 등을 통해 군사·경찰 옴부즈만 취지 및 이용방법 등 소개

5. 향후 추진 계획

□ 9월 말까지 직제령개정(안) 행자부 협의완료

○ 9월 3주 시행령개정(안) 법제처·규제개혁위원회 심사 완료

□ 10월 2주까지 시행령개정(안) 차관회의 심의 통과

○ 10월 2주 직제령개정(안) 기획예산처 협의 완료

○ 10월 2주 고충위 인력채용 계획 확정

□ 10월 4주까지 시행령개정(안) 국무회의 심의통과

○ 10월 1주 예비비 산정

○ 10월 3주 직제령개정(안) 법제처 심사 통과

□ 11월 말까지 인력채용절차 완료 후 군사·경찰 옴부즈만 출범

○ 11월 1주 직제령개정(안) 차관회의·국무회의 심의 통과

○ 11월 3주 예비비 기획예산처와 협의 완료

군사·경찰 옴부즈만 제도 시행 추진

4장

보고서 종류별 작성 요령

보고서의 분류 체계

보고서의 분류 체계는 다양합니다. 여기선 청와대가 〈대통령 보고서〉에서 정립한 내용을 바탕으로 삼고 실제 직장 내에서 유통되는 문서의 실태를 감안해 새로운 분류 체계를 만들었습니다.

공문서, 기획보고서, 상황보고서, 요약보고서, 회의보고서 5개로 대분류하고 그 아래 2~3개로 소분류했습니다. 소분류로 따지면 그 종류가 13개가 넘습니다. 이 모든 보고서의 양식을 기억하고 체화하긴 어렵습니다. 굳이 그럴 필요도 없습니다.

앞서 설명한 기획보고서의 구성 항목을 중심으로 보고서의 기본 논리 체계를 이해하고, 다른 종류의 보고서에서는 그 특징에 맞게 응용하면 됩니다. 기획보고서가 모든 보고서의 표준 역할을 하는 셈입니다.

기획보고서의 각 구성 항목이 공문서, 상황보고서, 요약보고서, 회의보고서에서 어떻게 변하는지 유의해 살펴보기 바랍니다. 기획보고서의 논리 구조가 각 보고서의 특징에 맞게 다양하게 변주된다는 사실을 알 수 있습니다.

<table>
<tr><td rowspan="3">기안</td><td>기안서</td><td rowspan="3">두문 – 본문(제목 – 전문 – 주문) – 결문</td></tr>
<tr><td>품의서</td></tr>
<tr><td>공문</td></tr>
<tr><td rowspan="3">기획
보고서</td><td>사업기획보고서</td><td rowspan="2">제목 – 개요 – 추진 배경 – 현황 – 문제점 – 해결 방안 – 기대 효과 – 조치 사항</td></tr>
<tr><td>정책기획보고서</td></tr>
<tr><td>행사기획보고서</td><td>제목 – (행사)개요 – 추진 배경 – 행사 진행내용 – 조치 사항(홍보 등)</td></tr>
<tr><td rowspan="2">상황
보고서</td><td>상황보고서</td><td>제목 – 개요 – 추진 배경 – 추진 상황(주요 상황) – 시사점 – (조치 사항)</td></tr>
<tr><td>결과보고서</td><td>제목 – 개요 – 추진 배경 – 현황 – 문제점 – 추진 결과 – 기대 효과 – (조치 사항)</td></tr>
<tr><td rowspan="3">요약
보고서</td><td>자료요약보고서</td><td rowspan="3">제목 – 개요 – 추진 배경 – 주요 내용 – 시사점 – (조치 사항)</td></tr>
<tr><td>참고자료보고서</td></tr>
<tr><td>정보보고서,
연구보고서</td></tr>
<tr><td rowspan="2">회의
보고서</td><td>회의자료보고서</td><td>제목 – (회의)개요 – 추진 배경 – 회의 안건(회의 내용) – (조치 사항)</td></tr>
<tr><td>회의 결과보고서</td><td>제목 – 개요 – 회의 결과 – 주요발언 – 시사점 – (조치 사항)</td></tr>
</table>

기안서, 품의서, 공문

공문서는 공적으로 작성한 모든 문서를 가리킵니다. 그러나 여기서는 본격 보고서와 구분하기 위해 좁은 의미로 사용하겠습니다. 즉 공문서는 본격 보고서로 발전하기 전 단계의 약식 보고서라 할 수 있습니다.

공문서의 종류는 크게 기안서, 품의서, 공문으로 나눕니다. 기안서는 결재를 얻기 위해 사무 처리 내용의 초안을 담은 문서입니다. 어떤 사업이나 조치에 관한 의사결정이 이루어지기 위해 실무자가 최초로 작성하는 문서입니다. 품의서는 주로 이미 결정이 내려진 내용을 실행하기 위해 물품 구매, 예산 집행 등 조치 및 집행의 동의를 구하는 문서입니다. 기안서와 품의서 결재가 끝나면 두 문서는 곧 시행문으로 회사 내에 회람됩니다.

공문은 최종 결재를 마치고 회사 외부, 혹은 회사 내부의 다른 부서에 발송하는 문서입니다. 회사나 부서를 대표해 회사 외부 혹은 회사 내부의 다른 부서에 협조를 구하거나 어떤 조치를 취해주기를 요청하는 문서입니다.

기안서, 품의서, 공문서 뒤에는 본격 보고서가 붙기도 합니다. 이럴 경우 기안서, 품의서, 공문서는 의사결정 내용과 의사결정 절차를 간단하게 알리는 부전지 역할을 하기도 합니다. 세 문서는 조금씩 양식이 다르지만 구성 항목은 동일합니다.

공문서의 구성 항목은 전체적으로 두문, 본문, 결문으로 구분됩니다. 두문에는 기관명, 수신자, 경유자 등을 표시합니다. 본문은 제목, 전문, 주문으로 구성됩니다. 결문에는 발신명의, 기안자·검토자·협조자·결재권자의 직위 또는 직급 및 서명, 접수 등록 번호와 접수 일자, 기관의 우편번호와 주소, 홈페이지, 전화번호, 모사전송번호, 전자우편 주소, 공개 구분 등을 표시합니다.

공문서의 중요한 내용은 결국 본문에 있습니다. 제목에는 공문서에서 궁극적으로 전달하고자 하는 용건, 결론, 사업 내용을 담습니다. 제목만으로도 무엇을 하고자 하는지 직관적으로 알 수 있게 해야 합니다. 의사결정권자가 관심과 흥미를 가질 수 있도록 짧고 강렬하게 만들면 좋습니다.

전문은 이 사업을 하는 취지, 이유, 목적, 기대 효과 등입니다. 대부분 구두로 사업을 결정하고 공문서는 결재를 위한 요식 행위에 그칠 때가 많습니다. 그러다 보니 전문에 하나 마나 한 얘기만 적혀 있을 때가 많습니다. 이렇게 하면 일을 한 경험과 과정이 남지 않습니다. 결재권자를 설득하기 위해, 이 사업의 필요성과 정당성을 역설하기 위해 근거, 논리, 권위 등을 최대한 동원해야 합니다.

주문은 이 사업을 판단하고 실행하는 데 필요한 검토 사항입니다. 이 사업에 대해 결재권자와 시행자, 수요자들이 갖게 될 의문, 즉 자주 묻는 질문Frequently Asked Questions(FAQ)에 대한 답변을 망라해야 합니다. 그렇게 하지 않으면 시행문으로 공개된 뒤 문의전화가 폭주할 것입니다.

기획보고서

기획보고서는 사업의 추진 방향과 사업의 내용, 추진 계획을 담은 문서입니다. 민간 차원의 기획보고서는 사업기획보고서, 정부 차원의 기획보고서는 정책기획보고서로 구분합니다.

참여정부 대통령 비서실이 편찬한 〈보고서 작성 매뉴얼〉은 정책보고서를 이렇게 정의하고 있습니다.

◦ 정책에 대한 계획, 진행 사항, 또는 집행 결과를 보고하거나 재가를 받기 위한 보고서
  - 정책 추진 배경, 주요 검토 사항 및 추진 결과 등 상세하고 깊이 있는 내용을 취급하는 것이 특징임

정책결정자가 정책보고서를 통해 얻고자 하는 것은 다음과 같습니다.

◦ 왜 의제화되었는가: 사회적으로 다양하고 많은 이슈 중 왜 이 의제를 공적인 문제public problem로 취급해야 하는지에 대한 판단(배경)
◦ 문제가 무엇인가: 현재 직면해 있는 문제가 무엇이며, 바람직한 미래 상태와 어떻게 다른지에 대한 정확한 정보(현황과 문제점)
◦ 문제를 해결하기 위해서 정책결정자가 무엇을 해야 하는가: 정책 목표를 달성하고 문제를 해결하기 위해 정책결정권자가 선택할 수 있는 최선·최적의 행동 대안 및 정책 수단(개선 방안, 조치 사항)
◦ 향후 어떻게 관리되는가: 정책 결정이 이루어지면 향후 어떻게 진행·관리되는가에 대한 계획(향후 추진 계획)

정책을 사업으로, 정책결정권자를 의사결정권자로 바꾸면 사업기획에도 그대로 적용되는 매뉴얼입니다.

기획보고서는 제목-개요-추진 배경-현황-문제점-해결 방안-기대효과-조치 사항의 구성 항목을 갖습니다.

〈군 고충처리제도 개선 방안〉은 제목 아래 상자가 개요와 추진 배경, 1번이 현황, 2번이 문제점, 3번이 해결 방안, 4번이 조치 사항입니다.

군 고충처리제도 개선방안

◇ 대통령님께서 군 내부의 고충민원 제기를 좀 더 자유롭게 할 수 있도록 하고 내부고발자 보호정신에 맞춰 제도적으로 개선할 수 있는 방안을 검토할 것을 지시('05.10.31 수보회의, 같은 날 민원성과 보고대회)

◇ 추진경과

○ 국방부 민원담당 공무원과 간담회('05.11.8)

○ 군(육 · 해 · 공군, 해병대) 예하부대 고충담당관과 간담회('05.11.17)

○ 독일 군사옴부즈만과 방문 간담회('05.12.19 독일 출장, 별첨1 참조)

○ BH 제도개선 · 민원 · 법무, NSC 전략기획 등 관계비서관회의('06.1.27)

1. 군 고충처리제도 운영현황

□ 현황

○ 현재 군 고충처리제도는 국방부에서 운영하는 군인고충심사위원회, 국방신고센터, 국방부 공익신고센터와 각 군의 사단급 부대 단위로 운용하는 각 군 내부공익신고센터 등이 있음 (별첨 2 참조)

※ 국방부
군인고충심사위원회 (인사, 신상문제)
국방신고센터 (구타, 가혹행위)
공익신고센터 (부조리, 부패사건)

※ 각 군 사단
내부공익신고센터 (각종 고충사항)
소원수리함

○ 인터넷 접수 가능한 국방신고센터 외에는 신원보장 미흡, 불이익 우려 등 신뢰성 부족으로 활성화 거의 안 되고 있음

- 국방신고센터'는 '02(703건), '03(1,004건), '04(877건), '05(874건) 등 이용실적 있으나, 대부분 전역이후에 신고되어 시의성 떨어짐

※ 국방부 공익신고센터
('04년 30건→'05년 46건),
사단 내부공익신고센터
(연간 10건 미만)

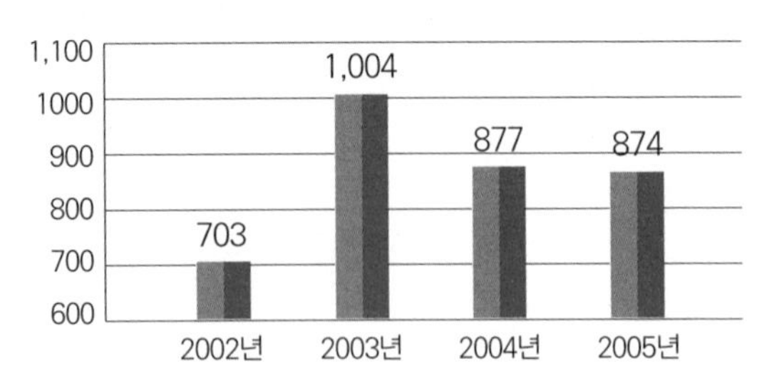

2. 군 고충처리제도의 문제점 및 평가

□ 제도 신뢰성 부족으로 이용도 저조

○ 신원 비밀보장 불확실 및 불이익 우려, 후속조치 난망 등으로 고충제기 회피

- 특히 지휘관 중심 처리방식은 고충해결의 장애요소로 작용

※ 국방부 병영문화개선추진단 설문조사 결과, 응답 장병들의 85%가 민간 전문가에 의한 고충상담 희망

□ 처리 방식의 폐쇄성, 신원보장 미흡 등 법적 장애

○ 제도적으로 군 외부기관(고충위, 인권위 등) 통한 고충처리 원천적 봉쇄(군인복무규율 제25조 제4항)

- 최근 심모 특공여단장의 상습 폭행을 인터넷 제보한 피해 당번병도 위 조항 위반을 이유로 중징계 받음

※ 군인복무규율 제25조 제4항: 군인은 복무와 관련된 고충사항을 진정, 집단서명 기타 법령이 정하지 아니한 방법을 통하여 군 외부에 그 해결을 요청하여서는 아니 됨

○ 고충처리 과정상 고충인 신원누설 빈번

- 누설자에 대한 제재조항 미비

□ 고충처리 제도에 대한 일반 사병의 접근성 취약

○ 인트라넷, 인터넷, 상담전화 등 고충호소 수단의 절대적 부족

- 육군의 경우 인트라넷은 연대급 이상 부대부터 보급, 인터넷PC는 초급간부(부사관) 이상부터 접근 가능

※ 사병들이 이용하는 사이버 지식정보방(일명 PC방)의 경우 '05년 현재 육군은 58개 중대에 406대, 해군은 9개 중대에 63대, 공군은 8개 중대에 56대 설치 운영 중(육군의 경우 인터넷PC 1대당 평균 이용자 수 71명)

□ 외부기관의 조사 한계

○ 고충위, 인권위는 군시설·군부대에 대한 방문조사권 없어 자체 조사에 애로

3. 군 고충처리제도의 개선방안

◇ 기본방향은

① 독립적 고충처리기구 설치로 고충처리를 활성화하는 방안을 모색하고

② 군의 업무와 지휘권을 저해하지 않는 조화로운 개선방안을 도출하는 것

□ 군 고충처리제도 설치방안(상세는 별첨 3 참조)

○ 국방부내 설치안(1안)

- 국방부 장관 직속으로 설치하되 민간위원장, 민간위원으로 구성된 독립된 군 고충위원회 신설(대통령이 임명, 임기제, 조직과 활동면에서 국방부장관으로부터 독립, 처리결과는 장관에 사후보고)
- 조사 및 구제조치의 신속성·실효성과 군 내부 수용성면에서 장점있고 군 지휘체계 침해 우려 적음
- 반면 조사·결정의 독립성 침해 우려 있고 고충제기 기피 가능성 높음

○ 국가인권위 설치안(2안)

- 전원위원회 아래 침해구제·차별시정 위원회 외 별도로 군 인권위원회 신설
- 인권업무의 축적된 전문성 활용 가능하고 독립성·대외인지도 높아 군고충접수 활성화 기대
- 반면 인권·차별시정 위주의 기능상 전반적인 고충처리에 한계가 있음

○ 국민고충위 설치안(3안)

- 전원위원회 아래 별도의 군고충소위원회 신설
- 인권침해·제도개선을 포함한 다양한 고충사항 처리가능하고 근거 법률이 탄력적으로 규정되어 있어 포괄적 활동 가능
- 고충위 위상과 역할이 확고하게 정립되지 않아 부처의 수용율이 상대적으로 저조하다는 우려

《종합검토의견》

○ 각 안이 모두 장·단점이 있으나 군고충업무의 독립성, 군관련 포괄적·종합적 업무처리가능성, 근거법령의 탄력성, 군과의 원활한 협조여부 등을 종합적으로 고려할 때 고충위 설치안(3안)이 가장 현실적인 대안으로 평가됨

- 고충위 군고충업무와 인권위 군인권업무의 중복문제가 발생할 수) 있으나 사병들이 양 기관 중 택일하여 고충제기 할 수 있게 개방적 경쟁구조로 운영

○ 다만, 어느 안이 채택되더라도 신설되는 군사 옴부즈만의 활성화를 위해서는 현장조사·서면자료제출요구·출석요구 등의 조사권, 권고 및 의견 표명권, 징계 및 고발의뢰권, 공표권 등의 실질적 권한이 보장되어야 하며, 이를 위해 군 옴부즈만의 기능과 권한을 규정하는 보완입법이 필요

☞ 국방부의견: 국방부 장관 직속으로 군고충처리위원회를 설치하되 위원장(장관급)은 민간인, 부위원장은 예비역 장군, 전문위원은 예비역군인과 민간인 각 50%로 임명

⇒ 국방부의견은 기존 군고충처리제도의 문제점인 독립성·신뢰성 확보가 담보되지 않아 고충처리 활성화가 가능할 지가 미지수

□ 제도활성화를 위한 추가보완방안

○ 관련법 개정 통해 고충위, 인권위 군고충 관련 관할·권한 확대

- 조사대상에 군부대 등 군특별권력관계 추가로 조사영역 확대
- 예방교육, 군실태조사권 등 사전적 조치권한 신설
- 군시설·군부대 방문조사권, 진정함 설치 등 군 내부 접근권한 강화
- 군수사의뢰 및 징계요구권, 군재판절차 참석권 등 사법참여권한 강화

○ 고충민원인 불이익 제도적 금지 추진

- 신고자 색출, 후속조치 등 불이익의 제도적 금지 명문화(군인복무규율 제25조의2 신설)
- 고충신청에 따른 징계 금지 및 본인의사에 따라 타 부대재배치 보장

○ 고충민원인 신원보장 강화

- 신고자 신분 및 신고내용 누설시 관련자 처벌조항 신설(군인사법 관련조항 신설)

○ 외부기관 고충호소 허용 및 내부 접근성 강화

- 필요한 경우 직접 군사 옴부즈만 또는 여타 국가기관에 고충 해결 요청할 수 있도록 군인복무규율 제25조 개정 추진
- 인터넷, 인트라넷, 자동응답전화기 보급 확충하여 고충제도 접근성 강화

4. 향후 처리계획

□ 대통령님 지시를 받아 혁신수석실 주관으로 '06.4월 B/H, 국방부·고충위 관계자, 시민사회 등이 참여하는 T/F팀 발족시키고 이를 점검·관리

행사기획보고서

행사기획보고서는 행사를 기획하고 진행하기 위한 보고서입니다. 의사결정권자, 행사 주최자, 행사 참석자가 행사의 방향과 성격, 내용과 분위기를 알 수 있도록 작성해야 합니다. 제목-(행사) 개요-추진 배경－행사 진행 내용－조치 사항 등이 옵니다.

개요에 행사 명칭, 주관자, 일시, 장소, 참석자 등의 정보가, 추진 배경에 행사의 성격과 목적이 들어가는 것이 좋습니다. 행사에 필요한 각종 참고자료, 말씀자료, 참석자 프로필, 예상 발언 등은 첨부자료로 처리합니다.

〈2012 여수세계박람회 유치 추진 상황 보고회〉는 1~3번이 (행사) 개요와 추진 배경입니다. 4~5번이 행사 진행 내용, 6~7번이 조치 사항입니다. 추진 상황과 참석자 발언 요지가 첨부자료로 붙었습니다.

('06.11.13, 행사보고자료, 산업정책비서관실)

2012 여수세계박람회 유치 추진 상황 보고회

- 2006. 11.15(수), 15:00~16:00, 영빈관 1층 -

1. 행사성격 및 목적

2012 여수세계박람회의 성공적 유치를 위해 관계자들이 적극 활동할 수 있도록 격려하고 범정부적 지원의지 천명 및 국내외 홍보 강화

2. 주관

산업정책비서관실(해양부, 2012여수세계박람회유치위원회)

3. 참석인원 : 130명

구분	인원	주요 참석자
정부·국회	18	• 국무총리, 해양부장관, 행자부장관, 농림부장관, 건교부장관, 법무부장관, 노동부장관, 정통부장관, 기예처장관, 국조실장, 국정홍보처장, 외교부차관 등 정부유치지원위원(16) • 국회 유치특별위원회 위원장 및 간사(2)
유치위원회	48	• 위원장, 부위원장, 집행위원, 기타 유치위원 등(41) • 유치위사무처 사무총장, 본부장 등(7)
관계부처	5	• 외교부, 해양부, 국조실 등 관계자
BH	30	• 비서실장, 정책실장, 경호실장, 경제정책·홍보수석 등
전라남도	14	• 전남지사, 도의회 의장, 도의회 유치특위 위원장 도 유치위원회 위원장·집행위원장 및 위원
여수시	15	• 여수시장, 시의회 의장, 시의회 유치특위 위원장 시 준비위원회("가칭") 대표공동위원장·집행위원장등

4. 행사진행

○ 오프닝 영상(2분)
○ 유치위원장 인사말(3분)
○ 영상물 상영(5분)
○ 주요 유치 추진상황 보고(12분) ※ 유치위부위원장, 외교부차관, 해양부장관, 전남지사
○ 참석자 발언(10분)
○ 대통령님 말씀(20분)
○ 대통령님 유치지지 요청서한 서명식(4분)

('06.11.13, 행사보고자료, 산업정책비서관실)

5. 핵심 메시지

□ 2012 여수세계박람회 유치활동 관계자 노고 치하

□ 여수세계박람회 유치는 전남지역뿐만 아니라 남해안 발전에 기여

□ 2010 유치 실패 경험을 바탕으로 차질 없는 준비 및 각계(특히 재계)의 적극적인 유치활동 당부

6. 홍보계획

□ 해양부 및 유치위원회 보도자료 배포(11.15)

□ K-TV 녹화중계(향후 국제행사 홍보영상으로 활용)

□ 해양부 출입기자단 및 전남지역 지방지 기자단 참석 · 취재(20명)

□ 신문 기고(행사 후 유치위원장 명의로 중앙지 기고)

7. 세부 진행순서 및 시간계획

시간	소요	내용	비고
15:00		• 대통령님 보고회장 입장	영접: 총리, 해양장관
15:00~15:02	2분	• 오프닝 영상물 상영('꿈을 향한 비상')	
15:02~15:03	1분	• 개회	사회자: 진양혜
15:03~15:06	3분	• 인사말	김재철 유치위원장
15:06~15:11	5분	• 영상물 상영('새로운 시작! 새로운 도전!')	
15:11~15:23	12분	• 주요 유치 추진 상황 보고 - 유치활동 추진 상황 - 유치교섭 추진 상황 - 정부 지원사항 - 지자체 추진 상황	정찬용 부위원장 이규형 차관 김성진 장관 박준영 지사
15:33~15:53	20분	• 대통령님 말씀	
15:53~15:57	4분	• 대통령님 유치지지 요청서한 서명식 - 해양부장관, 유치위원장의 안내로 서명테이블로 이동 - 국문서한 1부 서명 후 유치위원장에게 전달 - 배석(6명) : 국무총리, 해양부장관, 유치위원장, 국회유치특위위원장, 전남지사, 여수시장	※ 서명서한 및 서명 영상을 유치교섭 활동에 활용
15:57~	3분	• 폐회 및 참석자 격려	전송: 영접인사

('06.11.13, 행사보고자료, 산업정책비서관실)

여수세계박람회 유치 추진상황 보고자료

□ 보고자
○ 유치활동 추진상황 보고 : 정찬용 유치위원회 부위원장
○ 유치교섭 추진상황 보고 : 이규형 외교통상부 제2차관
○ 정부 지원사항 보고 : 김성진 해양수산부 장관
○ 지방자치단체 추진상황 보고 : 박준영 전남 도지사

보고자	보고 내용
유치 활동 추진 상황 보고 (유치위 부위원장)	□ **국제적 수준의 기본계획 수립** ○ 회원국의 관심과 지지를 유도할 수 있도록 기본계획 수립('06.12) ○ BIE 실사('07.4) 1개월전 제출 예정 □ **효율적인 유치활동 전개** ○ 유치효과 선점을 위해 경쟁국에 앞서 박람회 유치 신청 ○ BIE 회원국에 단계적으로 유치사절단 파견 추진 □ **BIE 현지 실사 적극 대처** ○ 유관기관 합동 대책반 구성(반장 : 유치위 사무총장, '07.1) ○ 주요인사 면담 및 기본계획 PT 등 실사대비 계획 마련('07.1) □ **차별화된 홍보 추진** ○ 회원국의 관심과 지지를 얻을 수 있는 차별화된 PT 실시 ○ 주한 외교사절단 초청행사, 국제세미나 등 홍보 활동 전개
유치교섭 추진 상황 보고 (외교부 제2차관)	□ **효과적인 유치 교섭체제 마련** ○ 2012 여수세계박람회 대외교섭 총괄체제 구축 - 외교부 유치지원본부 구성(본부장 : 외교부 제2차관) ○ 유치활동 기본방향 및 유치교섭전략 마련, 재외공관에 시달 ○ 정상회담, 장관급회담, 국제회의 등을 활용, 유치활동 전개 □ **유치 성공을 위한 적극적인 외교활동 전개** ○ 공관장의 능동적인 활동을 유도하기 위한 재외공관 활동 평가 ○ 교섭활동 진전에 따라 주불 대사관 유치대책반을 전면 확대 ○ 재외 공관간 네트워크를 통한 유치전략 공조 ○ 대외지원과 주요 외교사안 등을 유치지지 확보와 연계하여 추진

('06.11.13, 행사보고자료, 산업정책비서관실)

참석자 발언 요지

발언자	발 언 요 지
오현섭	**〈인적사항〉** ○ 직위: 여수시장 ○ 경력: 전라남도 행정부지사
	〈요지〉 ○ 유치지원위원회의 여수 현지 개최에 대하여 감사 ○ 대통령님의 여수세계박람회에 대한 지속적 관심 희망
	〈발언내용〉 ○ 2010 세계박람회 유치 실패를 거울삼아 반드시 유치한다는 의지를 가지고 준비하고 있음 ○ 특히, 금년 9월 정부 유치지원위원회를 여수에서 열어 정부의 적극적인 지원의지를 보여 주셔서 시민들을 대신하여 감사드림 ○ 대통령님의 여수세계박람회에 대한 지속적인 관심을 희망함
허동수	**〈인적사항〉** ○ 직위 : GS 칼텍스 회장 ○ 경력 : 대통령직속 지속가능발전위원회 위원
	〈요지〉 ○ 여수지역 대표기업으로 유치지원에 최선
	〈발언내용〉 ○ 여수시민들은 2012세계박람회 여수유치를 통해 S○C 조기확충은 물론 막대한 생산유발 및 고용창출을 기대하고 있음 ○ 평창동계올림픽 유치 추진에 비해 대국민 홍보가 상대적으로 미흡하다는 점을 아쉬워하던 시점에 대통령님을 모시고 하는 이번 행사는 매우 시의적절하다고 봄 ○ 여수지역 대표기업으로서 다른 회사와 힘을 합쳐 열심히 지원하겠음

상황보고서

상황보고서는 업무와 관련한 내부와 외부의 상황을 공유하기 위해 작성됩니다. 사업의 추진 상황, 회사나 사업과 관련한 외부의 변화, 국내외 정세, 재난재해, 위기 관리 상황 등이 여기에 포함됩니다. 참여정부 대통령 비서실이 편찬한 〈보고서 작성 매뉴얼〉은 상황보고서를 이렇게 정의합니다.

◦ 특정한 상황이나 사안, 추진 동향(정책동향 포함) 등에 관한 보고서
  - 통상 정기 보고의 형태를 띠며, 진행 중인 사안에 대한 현황 및 시사적 정보를 적시·적절하게 함축적으로 제공하는 것이 중요
◦ 구체적인 사실관계(fact), 현황 등의 정황적 상황이나 체계적으로 분석·종합한 정보를 담은 보고서를 총칭
  - 신속·정확·간결성을 특히 중시하며 통상 일정한 형식을 갖추고 있음

◦ 정확한 상황·사실관계·정보를 신속히 제공하는 것을 목적으로 하며 시간이 지남에 따라 동태적으로 변화하는 특징이 있음

상황보고서는 상황을 신속하게 정리하는 것이 관건이기 때문에 짧으면서도 정확한 것이 생명입니다. 별도의 추가적인 자료나 설명을 하지 않고도 상황의 핵심을 파악할 수 있도록 정리해야 합니다. 상황만 단순하게 전달할 수 있고 그에 대한 분석과 대책까지 내놓을 수도 있습니다.

상황보고서는 논증적 엄밀함보다는 상황의 특징을 육하원칙에 따라 포착해내는 것이 중요합니다. 신문 기사처럼 보고서의 앞부분인 개요와 추진 배경에 사실을 적고, 뒤에 부연 설명을 해나가는 방식이 적절합니다. 제목만 보고도 상황의 본질과 심각성을 알 수 있도록 표현해야 합니다.

상황보고서는 제목 – 개요 – 추진 배경 – 추진 상황(주요 상황)–시사점 – (조치 사항)의 구성 항목으로 이뤄집니다.

짧은 내용의 경우 개요와 추진 배경을 모두 생략하고 추진 상황만 전달하기도 합니다. 〈집중호우관련 상황보고〉와 〈주요국정상황〉이 그런 경우입니다.

〈조류인플루엔자 인체감염 및 대유행 대비체계 사전점검〉은 추진 배경을 언급하고 주요 상황을 전달하고 있습니다. 대응 체계, 향후 점검 사항 및 추진 방향 등 조치 사항을 통해 대책까지 내놓고 있습니다.

집중호우관련 상황보고

[2005.8.4(목) OOO OOO]

□ **호우상황**

○ 8월 2일~ 3일 사이 북태평양 고기압의 가장자리가 전라북도에 위치하면서 태풍으로부터 뜨겁고 습한공기가 유입돼 집중호우 발생

※누적강수량

- 줄포(부안) 354.5 전주279.5, 임실 248정읍170.0, 합천113, 장수125.5, 금산 128.5

□ **주요 피해현황** (8.4 06:00 중앙재해대책본부 공식집계)

○ 인명피해 : 사망 7명(산사태매몰 5, 건물붕괴 2), 부상 6명

○ 공공시설 : 도로 9, 교량 1, 하천 82, 사방 23, 기타 41개소

※ 전북 진안 · 전주 · 무주 · 장수, 전남 영광, 충북 영동

○ 사유시설 : 주택(파손 28동, 침수 1,874동), 차량 53대, 가축 97,178마리

○ 교통통제 : 국도 2개소(전북 진안 · 장수), 대전 - 통영간고속도로 05:00 개통

□ **향후 조치계획**

○ 침수 주택 및 농작물 등 방제작업 실시 및 수해 쓰레기 처리

○ 이재민 응급구호 및 피해시설 응급복구

○ 공공시설 및 사유시설 정밀 피해조사

主要國政狀況

[2005. 8. 22(月) 16:00]

대통령비서실 국정상황실　　　　　　　　　　　　　　　　　　일반 770-2739, 자동 2739

- 經濟指標 - 株價 1116.68p(↑26.80p),코스닥 518.34p(↑9.13p)/換率($)1022.60원
- 내일날씨 - 구름 많음 (최저21℃/최고29℃)

○ **與, '진실규명과 화해를 위한 당정 공동특위' 등 발족**

열린우리당은 오늘 상임중앙위원회의를 열어 '진실규명과 화해를 위한 당정 공동특별위원회', '양극화해소 당정 공동기획단', '지역구도 극복과 선거제도 개편을 위한 정치개혁특위'를 각 구성, 발족

○ **檢察, X파일 관련 안기부 차·부장 3~4명 금주 소환 예정**

서울중앙지검 도청수사팀은 오늘 불법도청조직 미림팀 활동 당시 안기부 국내담당 차장이나 안기부장을 지낸 인사 3~4명을 이번 주중 소환 조사할 예정이라고 밝힘(연합뉴스 등)

○ **사법제도개혁추진위, 영장단계 조건부 석방제도 도입 추진**

사법제도개혁추진위원회는 오후 '인신구속제도 개선을 위한 공청회'를 열어 구속영장 심사단계에서 조건부 석방제도를 도입하고 영장심사 및 석방제도를 통합하는 등 인신구속제도 개선방안 발표

※ 9.5 차관급 실무위, 9.12 장관급 전체회의를 거쳐 최종안 마련 방침

○ **국무총리실 비상기획위, '재난·위기관리 통합기구' 설립 추진**

국무총리실 산하 비상기획위원회는 오늘 "소방방재청, 행정자치부, 비상기획위원회 등 재난 및 전시대비 기능을 담당하는 기관들을 하나로 통합하는 방안을 추진 중"이라며 밝힘

○ **부산시 구·군의장협의회, 기초의원 정당공천제 폐지 촉구**

회원 500여명은 14:10~14:55 부산시청 녹음광장에서 「기초의원 정당공천제 폐지 궐기대회」 개최 후 해산

〈끝〉

조류인플루엔자 인체감염 및 대유행 대비체계 사전점검

□ **검토배경**

○ 조류독감 인체감염 확산시 '21C 흑사병'이 될 수도 있다는 학자들의 연구에 따라 각국에서 이에 대한 대응책 마련 준비

○ 조류독감은 1차적으로 조류사이에 발생하나, 돌연변이를 일으킬 경우 인체감염이 가능하고 사람간 전파(대유행 인플루엔자)될 경우 많은 사망자 발생 가능

⇒ 20세기에 '18년(4천만명 사망), '58년(2백만명 사망), '68년(1백만명 사망) 3차례 대유행 인플루엔자가 있었음

○ 현재까지 예방백신이 없는 상태이고 치료제도 국제독점 생산하는 1품목(타미플루)뿐이어서 대유행 발생시 사망자 대량 발생 가능

○ 외국과의 인적교류가 활발한 우리나라의 경우도 질병의 확산이 우려되므로 관련 대응체계 사전 점검 및 국제 정보교류 대응 필요

☞ '05.9월 UN정상회의에서 미국 대통령이 「조류 및 대유행 인플루엔자 국제파트너쉽(The International Partnership on Avian and Pandemic Influenza, IPAPI)」구성 주장

⇒ 미국, 일본, 호주, 카나다 등 주요 선진국은 대유행 인플루엔자가 21세기 당면 최대 위협으로 보고 적극적인 대응체계 마련에 나서는 것으로 판단

※ 호주 총리(John Howard)는 '대유행 인플루엔자에 대한 국제협력 강화와 호주 개최 고위급 회의에 책임있는 한국대표 참석 요청'의 친서 전달 예정

□ **조류독감(조류인플루엔자) 인체감염 발생현황 및 전망**

〈발생현황〉

○ '04.1월 이후 조류독감 인체감염 사례 지속적으로 발생, 중국 및 동남아지역에서는 조류 풍토병화

· 인도네시아, 베트남, 태국, 캄보디아에서 '03.12-'05.9월까지 116명의 인체감염, 60명 사망

○ 우리나라의 경우 '03.12월 전국적으로 조류독감이 발생하였으나 인체 감염 사례는 없음

〈전망〉

○ 철새를 매개로 한 조류인플루엔자는 시베리아, 카자흐스탄, 몽골, 일본으로 확대
  - WHO(세계보건기구), FAO(식량농업기구), OIE(국제수역사무소)는 유럽으로 확산 가능성 경고
○ 현재까지 사람간의 전파는 일어나지 않고 있으나, 발생될 경우 WHO는 전세계적으로 740만명 사망 추정

□ 조류인플루엔자 및 대유행 인플루엔자 발생시 대응체계

① 사전 대비 체계 구축 : 보건복지부, 농림부, 산업자원부 협조

○ 항바이러스제제(현재까지 70만명분 비축) 등 필요물자 비축
○ WHO에 전문가 파견, 인국 국가와 Hot-line 설치, APEC · ASEAN 등과 국제공조체계 강화
○ 해외 발생국의 여행자 · 체류자에 대한 체온감시 등 검역 실시
○ 인플루엔자백신 원료 국내 생산기반 구축(산업자원부 추진중)

② 국내 조류독감 가금 감염(의심)시 : 농림부, 보건복지부 협조

○ 해당 농장 주변 가금에 대한 살처분 및 환경제독
○ 가금 주변 관계자 항바이러스제제 복용, 인플루엔자 예방접종 실시
○ 감염여부 정밀검사(인후도찰물, 혈청검사 등), 의료기관 일일감시

③ 조류 → 인체감염(의심) 사례 발생시 : 보건복지부

○ 질병관리본부에 24시간 상황실 운영
○ 환자 격리치료, 접촉자 치료제 예방투약 등 인체 간 전파 차단

④ 사람간 전파시 (대유행 단계) : 보건복지부, 국방부, 행자부, NSC 협조

○ 대량환자 관리시스템 가동
○ 임시휴교, 공중생활 자제 권고 등 사회적 공황상태 관리

결과보고서

결과보고서는 의사결정권자에게 완료된 사업의 결과를 알리기 위해 작성합니다. 진행 과정에 따라 구분하면 기획보고서는 시작, 상황보고서는 중간, 결과보고서는 마무리라 할 수 있습니다.

구성 항목은 기획보고서와 유사합니다. 해결 방안을 추진 결과로 바꾸면 됩니다. 제목 - 개요 - 추진 배경 - 현황 - 문제점 - 추진 결과 - 기대 효과 - (조치 사항). 〈'06년 비정규직 통계 조사 결과 분석 보고〉는 상자와 요약이 개요, 1번과 2번이 현황, 3번이 문제점, 4번이 추진 결과에 해당합니다. 〈'07 쌀 예상 생산량 조사결과 보고〉와 〈2007년 IMD 교육부문 국제경쟁력 결과 보고〉는 개요와 결과만 정리하고 있습니다.

('06.11.24, 금(金), '06년 비정규직 통계 조사 결과 분석 보고, 노동고용정책비서관실)

'06년 비정규직 통계 조사 결과 분석 보고

◇ 선택 동기(자발적·비자발적)에 따른 비정규직 실태를 조사·분석하고 그 결과와 정책적 시사점을 정리

〈 요약 〉

○ 비정규직은 전체 임금근로자의 35.5%(5,457천명)로 작년 동기 대비 26천명 감소 ('01년 이래 비정규직 첫 감소)
 - 고용구조의 개선보다는 경기적 요인이 주로 작용
 - 기간제가 감소하고 공공 및 사회서비스업종 중심의 시간제·용역 증가

○ 비정규직 중 자발적 선택은 51.5%, 비자발적 선택은 48.5%
 - 비자발적 비정규직의 시간당 임금은 정규직의 54%, 자발적 비정규직의 62% 수준, 사회보험 가입률도 정규직 및 자발적 비정규직자의 1/3
 - 비자발적 비정규직은 40대(27.9%), 고졸이하(86%), 단순노무·기능직(58.4%), 건설·도소매음식숙박업(46.2%), 30인 미만 사업장(81.2%) 등 취약계층이 다수

○ 비정규직 선택동기에 따른 차별화된 정책 선택과 집중
 - 자발적 비정규직 선택여건 조성: 비정규직 보호입법, 비정규직 종합대책, 공공부문 비정규직 대책 등의 가시적 성과 거양(차별해소)
 - 비자발·비정규직 함정 탈출 지원: 체계적인 고용지원서비스 및 직업훈련 프로그램 개발, 근로감독행정 혁신, 최저임금 현실화 등 추진

1. '06년 비정규직 일반 동향

o 금년도 비정규직 근로자수는 5,457천명, 임금근로자의 35.5%로 작년 동기 대비 26천명 감소(통계청, 경제활동인구부가조사, '06년 8월)
 - '01년 조사개시 이래 처음으로 비정규직 규모 감소(비정규직 비중도 2년 연속 감소)

〈 비정규직 근로자 증가 추이 〉 (단위: 천명, %)

년도	'01. 8월	'02. 8월	'03. 8월	'04. 8월	'05. 8월	'06. 8월
비정규직	3,635 (26.8)	3,839 (27.4)	4,606 (32.6)	5,394 (37.0)	5,483 (36.6)	5,457 (35.5)

* ( )은 전체 임금근로자 중 비정규직 비중

○ 증가하던 기간제(△6천명)와 일일근로(△51천명) 등 감소, 파견근로(13천명), 용역근로(68천명), 시간제 근로자(91천명) 등은 크게 증가

- 서면근로계약 체결이 증가하는 상황에서 기간제가 줄고 공공행정 및 사업지원서비스(인력공급, 경비, 청소 등) 중심의 시간제, 용역 등 증가

○ 임금, 근로복지 수혜율 등에서 정규직과의 격차 지속(별첨 1 참조)

2. 선택 동기에 따른 비정규직 특성

선택 동기

○ 전체 비정규직 중 자발적1) 취업 규모는 51.5%, 비자발적 규모는 48.5%

〈 고용형태별 자발적 및 비자발적 취업선택 구성 〉 (단위: 구성비, %)

	임금근로자	정규	비정규	한시적	기간제	시간제	비전형	파견	용역	특고	가정내	일일
계	100.0	100.0	100.0	100.0	100.0	100.0	100.0	100.0	100.0	100.0	100.0	100.0
자발적	68.3	77.6	51.5	57.3	56.8	47.1	37.1	58.4	46.7	51.5	34.6	8.3
비자발적	31.7	22.4	48.5	42.7	43.2	52.9	62.9	41.6	53.3	48.5	65.4	91.7

○ 자발적 비정규직 선택사유는 근로조건에 만족(42.1%), 안정적인 일자리(28.0%) 등의 순

- 자발적 비중이 높은 한시적(57.3%), 파견(58.4%)의 경우 '근로조건 만족'이, 특수고용형태(51.5%)의 경우 '노력한 만큼 수입 보장'이 제 1사유

○ 비자발적 비정규직은 당장 수입이 필요(65.2%), 원하는 분야의 일자리 없음(15.5%), 전공·경력에 맞는 일자리 없음(3.9%) 등의 순

- '경력을 쌓아 다음 직장으로 이동', '학업, 교육훈련, 취업준비 위해' 등 경력개발·상승형 동기가 6.9%에 불과하여 막다른 일자리 가능성 시사

근로조건 격차

○ 자발적 비정규직 시간당 임금은 정규직의 87.1%; 비자발적 비정규직은 정규직의 54%, 자발적 비정규직의 62%

〈 시간당 임금 비교 〉 (단위: 원, %)

	정규직	비정규직		
		평균	자발적	비자발적
시간당 임금	9,590(100)	6,810(71.0)	8,353(87.1)	5.172(53.9)

1) 금년 경활부가조사부터 비정규직 선택동기 조사 개시 : 지난주 일자리 형태로 일한 것이 자발적인지 비자발적인지 확인하고 근로조건 만족, 당장수입이 필요해서 등 10가지 중 주된 사유를 선택

○ 근로복지 수혜율은 자발적 및 비자발적 비정규직 사이에 6~7배의 차이가 있음

구분	정규직(%)	비정규직(%)		
		전체	자발적	비자발적
퇴직금	67.9	30.3	51.1	8.2
상여금	67.5	27.7	47.2	6.9
시간외수당	53.9	21.5	35.8	6.4
유급휴가	55.0	23.1	38.6	6.7

○ 사회보험가입율도 자발적과 비자발적 비정규직 간 3배 이상 차이

구분	정규직(%)	비정규직(%)		
		평균	자발적	비자발적
고용보험	64.7	36.3	56.3	15.1
국민연금	76.1	38.2	59.3	15.8
건강보험	76.1	40.0	61.3	17.4

□ **비자발적 비정규직의 주요 특성**

○ 일일(91.7%), 용역근로(53.3%), 시간(52.9%) 등에서 비자발적 비중 높음

○ 규모 : 비자발적은 30인 미만 사업장에 81.2% 집중, 자발적은 54.0%

〈 사업장 규모별 자발적, 비자발적 비정규 비중 〉 (단위: 천명, %)

	전체	5인 미만	5~9인	10~29인	30~99인	100~299인	300인 이상
비정규직 전체	5,457 (100.0)	1,436 (26.3)	992 (18.2)	1,235 (22.6)	992 (18.2)	432 (7.9)	369 (6.8)
자발적	2,809 (100.0)	482 (17.2)	371 (13.2)	663 (23.6)	671 (23.9)	325 (11.6)	297 (10.6)
비자발적	2,647 (100.0)	954 (36.1)	621 (23.5)	572 (21.6)	321 (12.1)	107 (4.0)	72 (2.7)

○ 성별 : 비자발적은 남성 52.4%, 여성 47.6%, 자발적은 남성 46.9%, 여성 53.1%

○ 학력 : 비자발적은 고졸이하가 85.9%, 자발적은 57.5% 차지

○ 연령 : 비자발적은 40대(27.9%), 30대(20.0%), 50대(19.9%) 등의 비중 순, 자발적은 30대(30.4%), 20대(26.8%), 40대(20.9%)의 순

○ 직종 : 비자발적은 단순노무(38.0%), 기능원(20.4%), 서비스 종사자(13.0%)가 대부분, 자발적은 사무 종사자(20.7%), 단순노무(16.4%), 기술공(13.7%), 전문가(12.3%) 등의 비중 순

○ 업종 : 비자발적은 건설업(24.7%), 도소매음식숙박(21.5%) 사업서비스업(12.9%) 등의 순, 자발적은 도소매음식숙박업(17.1%), 사업서비스업(16.9%), 제조업(14.5%) 등의 순

3. 정책적 시사점

①조사 이래 비정규직 규모가 처음으로 감소한 것은 도·소매·음식·숙박업(141천명), 건설업(52천명) 등에서의 감소에 주로 기인

- 고용구조의 개선보다는 경기적 요인에 의한 것으로 판단
- 기간제 감소, 공공 및 사업지원서비스 중심의 시간제·용역 등 증가는 고용의 외부화(직접고용감소·하청 등 간접고용확대) 확산추세 반영(추가적인 패널조사 및 분석 예정)
- 여성·고령자·저학력·단순기능 등에 비정규직 집중, 정규직과의 근로조건 및 복지수혜율 등 격차 지속은 여전

  * 최근 일부에서 비정규직보호대책의 강화가 정부의 일자리 정책목표달성의 장애 요인으로 작용하고 있다고 주장하나 근거 부족 (별첨 2 검토자료 참조)

② 비자발적 비정규직의 근로조건 격차 및 인적 특성(경향성) 확인

- 40대, 고졸이하, 일용·용역·시간제, 건설·도소매음숙업, 소규모 사업장 등

  * 비자발성 및 근로조건 격차는 연령, 학력, 사업장 규모 등과 상당한 인과관계가 있는 것으로 보이고 비자발·비정규직은 근로빈곤층(working poor) 형성 가능성

③ 차별화된 비자발적 비정규직 정책의 개발 및 체계화 필요

4. 향후 대응 방향

○ 고용형태 다양화 및 자발적 비정규직 선택 여건 조성·촉진

- 비정규직 보호입법 조속처리, 비정규직 종합대책 및 공공부문 비정규 대책 등의 차질 없는 시행(차별해소·남용방지)
- 불법파견·위장도급 확대 억제를 위한 파견 및 도급 판별 기준 명확화

  * 법원판례, 검찰 판정기준 등을 참조하여 사례중심의 판별 기준 구체화 작업 추진

○ 비자발·비정규 함정 탈출 및 유입방지 대책의 체계화

- 저학력·중고령자·소규모사업장 등을 위한 특화된 고용지원서비스 제공 및 차별화된 직업훈련 프로그램 개발
- 취약계층 중심의 근로감독행정 혁신 완료, 4인 이하 사업장 근로기준법 조기 적용, 최저임금 현실화, 4대 보험 징수통합 등 대책 추진 시급

(2007.10.8, '07 쌀 예상 생산량 조사결과 보고, 농어촌비서관실)

'07 쌀 예상 생산량 조사결과 보고

금년 쌀 예상생산량은 전년보다 3.8%, 평년보다 1.9% 감소한 4,502천톤으로 전망
- 10a당 수량은 476kg으로 전년(493kg)과 평년(485kg)보다 감소

* 매년 9.15일 시점으로 전국 4,500개 표본필지에서 조사실시

□ 예상 생산량 감소 이유

○ 재배면적이 전년보다 0.5% 감소

○ 10a당 수량이 전년보다 3.4%, 평년보다 1.9% 감소

- 6월~7월 중순 분얼기(가지 치는 시기)의 적당한 강수량과 기온으로 포기당 이삭수는 증가하였으나,
- 이삭이 패는 시기인 8월부터 등숙기까지 잦은 비로 일조시간이 부족
  ⇒ 난알 형성 부진으로 이삭당 난알수 감소 및 쭉정이 비율 증가

	평년	'02	'03	'04	'05	'06	'07p	전년비 (%)	평년비 (%)
재배면적(천ha)	-	1,053	1,016	1,001	980	955	950	△0.5	-
10a당수량(kg)	485	471	441	504	490	493	476	△3.4	△1.9
생산량(천톤)	4,590	4,927	4,451	5,000	4,768	4,680	4,502	△3.8	△1.9

※ 전년대비 178천톤 감소

▲ 최종 생산량은 벼 수확이 완료되는 11월 중순에 확정, 발표 예정

□ 예상 생산량을 감안한 국가 전체 쌀 재고 전망

○ '07.10월말 기준 73만톤, ''08.10월말 기준 70만톤 수준으로 예상

○ '08.10월말 기준 정부재고는 약 60만톤으로 이는 우리국민의 약 2개월분 식량 수요량에 해당

* '08년 1인당 연간소비량 약 75.5kg 감안시 FAO(세계식량농업기구) 권장 적정 재고(2개월분)는 61만톤임

('07.7.16., 2007년 IMD 교육부문 국제경쟁력 결과 보고, 교육문화비서관실)

2007년 IMD 교육부문 국제경쟁력 결과 보고

스위스 국제경영개발원(IMD)에서 발표한 교육부문 국제경쟁력 순위가 지난해 42위에서 올해 29위로 크게 상승하여 이에 대한 세부 지표별 현황, 분석 및 대책을 보고드림.

1. 평가 결과

○ 교육부문 순위 : 44위('04) → 40위('05) → 42위('06) → 29위('07)

※ 국가 전체 순위 : 31위('04) → 27위('05) → 32위('06) → 29위('07)

구분		2006		2007		전년 대비
		산출값	순위	산출값	순위	
통계 지표 (7개)	1. GDP 대비 교육관련 공공지출(%)	4.0	48	4.6	29	19↑
	2. 초등학교 교사 1인당 학생수(명)	30.2	56	29.10	52	4↑
	3. 중·고교 교사 1인당 학생수(명)	17.80	41	17.90	44	3↓
	4. 중등학교 취학률(%)	87	33	88.3	27	6↑
	5. 25~34세 인구의 고등교육 이수율(%)	47.0	4	49.0	4	-
	6. PISA 성적(' 03) : 수학, 과학(점)	542/538	3,4	542/538	3,4	-
	7. 15세 이상 문맹률(%)	2.1	34	2.0	32	2↑
설문 지표 (7개)	1. 교육제도(경쟁사회의 요구에 부합여부)	4.47	38	4.22	32	6↑
	2. 대학교육(경쟁사회의 요구에 부합여부)	4.29	50	4.46	40	10↑
	3. 시민의 경제지식 수준	5.64	22	6.57	12	10↑
	4. 경제교육(기업의 요구에 부합여부)	4.86	46	5.47	28	18↑
	5. 언어능력(기업의 요구에 부합여부)	4.65	35	3.93	44	9↓
	6. 수준급 엔지니어의 공급여부	4.73	54	6.83	13	41↑
	7. 기업과 대학간 지식이전의 충분한 정도	4.55	32	5.37	21	11↑
국가 수(개)		61		55		

* 통계지표의 ( )안은 산출값의 단위이며, 설문지표 항목의 산출값은 10점 만점 기준

○ 교육부문 국가별 순위

- 아이슬란드 1위, 덴마크 2위, 이스라엘 3위로 10위권 내 유럽 국가가 8개가 포함되어 유럽권 강세
- 아시아권에서는 싱가폴, 타이완, 일본, 홍콩, 한국 순서

요약보고서

요약보고서는 다른 말로 요약전이라고 합니다. 전체 내용을 한두 장에 담은 한 장짜리 보고서(OPR)입니다. 일반적으로 민간 회사에서는 'Executive Summary'라고 부릅니다.

('07. 5. 31, '87년 전후 우리나라의 국제위상 비교, 정책조정비서관실)

87년 전후 우리나라의 국제위상 비교

87년을 전후하여 GDP, 1인당 GNI 등 우리 사회의 발전 지표를 국제적 순위를 기준으로 비교 · 분석하여 보고드림

〈 요약 〉

① '87년 이후 GDP, 1인당 GNI 등은 절대치의 증가뿐 아니라 국제 순위도 지속적으로 개선

* GDP : ('70) 39위 → ('79) 27위 → ('87) 19위 → ('05) 12위
* 1인당 GNI : ('70) 114위 → ('79) 75위 → ('87) 63위 → ('05) 48위

○ 순위상승속도는 경제 성숙 · IMF위기에 따라 산업화시대보다 다소 둔화되었지만, 선진국보다는 여전히 빠른 성장세 지속

② 수출도 지속 성장했으나, 순위는 '87년 13위에서 2단계 상승

○ 중계무역국가를 제외하고는 G7국가 · 중국 다음의 최상위 수준

	'79	'87	'92	'97	'02	'06
수출 (순위)	15 (27)	47 (13)	77 (13)	136 (12)	162 (12)	326 (11)

③ 철강 · 자동차 · 조선 등 산업관련 지표도 순위 대폭 상승

* 선박 ('87) 2 → ('05) 1위, 조강 ('87) 11 → ('05) 5위, 자동차 ('87) 10 → ('05) 5위

④ 삶의 질을 나타내는 인간개발지수(HDI)도 선진국수준으로 진입

* ('85) 0.712, 37위/111개국 → ('04) 0.912, 26위/175개국

⑤ 정치 · 사회 등 주요지표도 선진국 수준으로 진입하였으나, 관련 지표의 미비로 인해 국제순위 비교에는 한계

○ 프리덤 하우스 '정치적 자유도 · 시민적 권리'는 선진국 수준 진입

⑥ 재정관련 순위는 재정의 역할강화에 따라 약간 변동되었으나, 여전히 OECD국가중 가장 건전한 수준

* 국가채무 : ('87) 17/17 → ('05) 25/28, 재정규모 ('87) 22/22 → ('05) 28/28
* 조세부담률 : ('87) 24/26 → ('05) 26/30, 국민부담률 ('87) 26/26 → ('05) 29/30

Executive Summary

○ 불확실한 경기 여건에도 불구하고 정부와 민간의 R&D 투자는 지속 증가 추세이나 질적 측면의 성과 창출은 미흡

- 2014년도 R&D 투자규모는 $63B으로 세계 5위, 국내 총생산(GDP) 대비 R&D 투자비는 3.6%로 세계 2위 수준
- 세계 수준의 R&D 투자에 따라 논문 수, 특허 수 등 양적 측면은 비약적으로 증가하였으나(세계 3위 수준) 기술 이전, 사업화를 통한 부가가치 창출 등 질적 측면에서는 여전히 미흡(지식효과 부문 43위, 지식확산 부문 20위)
- R&D 투자가 사업화로 연계되고 이를 토대로 R&D 투자가 확대되는 선순환 시스템이 정착되기 위해서는 글로벌 R&D 고성과 창출기업의 성공 비결에 대한 고찰이 필요

○ 글로벌 R&D 고성과 창출 기업은 경쟁사보다 한발 앞서 새로운 가치를 창출하기 위해 Solution 역량 및 Core Platform 확보 등에 주력 추세. R&D 고성과 창출기업의 성공 비결은 다음의 세 가지로 분석 가능

1. 선택과 집중을 위한 기획단계 강화 : R&D 기획단계에서부터 해당 사업분야의 미래예측과 기술 센싱을 강화, 이를 기반으로 전략분야 선정 후 집중 투자
   · IBM은 기초과학분야에 R&D 역량을 분산 투입하던 방식에서 전략을 전환, GTO(Global Technology Outlook), GIO(Global Innovation Outlook) 등을 통해 초기 기획을 강화하고 이를 통해 선정된 전략기술 분야에 집중 투자
   · Siemens는 고유의 미래예측 연구기법인 PoF(Picture of the Future)를 활용해 사업 및 기술개발 기회 도출 후, 사업 구조 변화를 지속 추진
2. 사업화 연계 강화를 위한 R&D 프로세스 고도화 : R&D 포트폴리오를 지속적으로 관리함과 동시에 R&D 사업화 프로세스의 혁신을 통해 효율 제고
   · 듀폰은 R&D 사업화 프로세스인 APEX와 R&D Pipeline을 통해 사업화율을 제고하고 다수의 혁신 제품 사업화 (Pre사업화 R&D 과제 중 약 15%만이 최종적으로 사업화, 최근 4년 내 출시된 신제품이 매출의 약 30% 차지)
   · Philips, Siemens, HP 등은 기술 부문 또는 연구소 內 신사업 기획/마케팅을 위한 Incubation 조직을 운영, 기술사업화율 제고
3. R&D 자원의 효율적 활용 및 관리 : 내부 R&D 시너지 제고와 외부자원 활용 극대화를 통해 연구기간 단축, 투자 리스크 감소 및 비용 절감 추구
   · Philips는 InnoHub 등을 통한 내부 기술의 융복합화를 추진함과 동시에, Global Open Innovation Campus 등 외부 리소스를 R&D 성과 창출에 적극 활용

○ R&D 고성과 창출기업에 대한 고찰을 바탕으로 국내 기업들도 연구과제의 二元化 관리체계, 사업-기술개발 연계 프로세스, Inter-Lab 융복합 협력 과제 등을 적용하는 것이 필요

자료요약보고서

자료요약보고서는 의사결정권자에게 보고서, 자료, 책, 방송 등을 요약해 전달하는 것입니다. 의사결정권자가 정책적, 사업적 판단과 결정을 하는 데 참고할 수 있도록 핵심을 요약해야 합니다.

자료요약보고서, 참고자료보고서, 정보보고서, 연구보고서가 모두 이 범주에 해당합니다. 요약만 하는 경우도 있고 시사점과 조치 사항까지 포함하는 경우도 있습니다. 구성 항목은 제목 – 개요 – 추진 배경 – 주요 내용 – 시사점 – (조치 사항)입니다.

〈KBS 특집 『한국경제 제3의 길』 주요 쟁점별 평가〉는 방송 시사프로그램을, 〈IMF 구제금융 8년의 평가〉는 신문 특집 기사를 요약한 것입니다. 두 보고서는 별도의 개요는 없고 추진 배경과 주요 내용을 정리하고 있습니다. 〈평생학습 참여실태 분석보고〉 〈미국 청정발전 계획 발표내용〉은 각각 보고서와 자료를 요약한 것입니다. 〈미국 청정발전계획 발표 내용〉은 시사점을 통해 대책의 방향까지 언급하고 있습니다.

KBS 특집『한국경제 제3의 길』주요 쟁점별 평가

※ 이 자료는 지난 2004.7.27~30일중 연속 방송된 KBS특집「한국경제 제3의 길」에서 제기된 주요 쟁점에 대하여 평가한 보고서로서, 국민경제자문회의 사무처가 KDI, 한국은행, 금융연구원 등 연구기관의 의견을 수렴하여 작성한 것입니다.

제1편: 대한민국은 외국투기자본의 천국인가?

1. 외국자본이 과도한 상태이며, 금융주권 상실을 우려할 상황인가?

가. 방송내용

□ 외환위기 이후 외국자본의 국내 금융시장에 대한 지배력은 높아지고 있어, 이에 따라 금융주권 상실이 우려됨

○ 외국인이 국내 주식의 43%, 은행의 30%를 차지, 주요 선진국이나 아시아 국가들에 비해 높음

나. 평가

□ 국내 주식시장의 외국인 지분율은 40%를 상회하여 높은 수준

* 헝가리(72.6%), 핀란드(55.7%), 멕시코(46.4%)에 이어 세계 4위(03년말 기준)

○ GDP 대비 외국인 주식보유 비중은 선진국 보다는 다소 높으나, 아시아 경쟁국에 비해서는 낮으며, 이는 우리 주식시장 규모가 적기 때문

〈 국가별 외국인주식보유비중 비교 〉

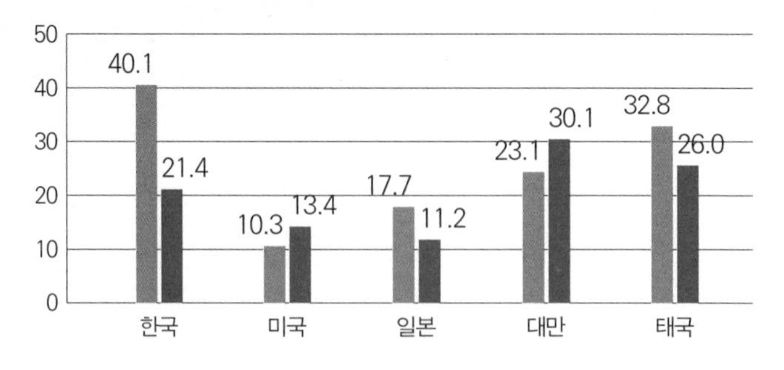

IMF 구제금융 8년의 평가

1. 검토배경

□ 05.12.3일은 IMF로부터 구제금융을 받는 합의서를 체결한지 8주년 되는 날

○ 한겨레 신문은 IMF 사태가 야기한 후유증이 심각하다는 인식 아래 05.12.1~3일간 "IMF 구제금융 8년 뭘 남겼나"라는 기획기사를 연재

- IMF의 개혁프로그램으로 인해 경제전체의 효율성이 높아지는 성과가 있었으나 잠재성장률 저하, 기업투자 위축, 외국자본의 금융지배, 주주자본주의 심화, 양극화 심화 등의 부작용을 낳았다는 지적

- 각각의 주장에 대한 검토의견 및 향후 정책방향을 보고드림

2. 한겨레 기획기사가 지적하는 IMF 경제개혁의 공과

[1] 경제의 효율성 제고 vs. 잠재성장률 저하

○ 功: 관치경제 해소, 노동시장 유연화, 시장경제 기본원리 정착

○ 過: 단기실적주의로 인한 투자 위축, 투자자금 조달의 양극화, 고용불안, 소득 양극화로 인적자본에 대한 투자 감소, 급격한 개방으로 인한 경제불확실성 증대 등으로 성장잠재력이 훼손

[2] 수익중시 경영 vs. 기업투자 위축

○ 功: 재벌의 문어발식 과잉투자 해소, 수익중시 경영 정착

○ 過: 단기 실적주의 · 보수적 경영행태 확산 및 기업가 정신 후퇴

⇒ 경제시스템이 '저위험 저수익' 구조로 변화, 정부-은행-재벌의 위험 분담 시스템* 붕괴

* 과거 정부주도의 개발연대에는 재벌의 과감한 투자를 정부가 관치금융을 통해 지원해주고 투자 손실에 대해서도 정부가 암묵적으로 보전(예: 8.3조치, 중화학투자조정, 산업합리화조치 등 과거 3차례의 대규모 부실기업 정리과정에서 차입금 규모가 큰 재벌기업이 결과적으로 혜택을 받음)

평생학습 참여실태 분석 보고

◇ 최근 인적자원정책의 주요한 의제인 평생학습 참여 실태분석 결과가 나옴에 따라 동 결과를 분석, 정책적 시사점을 보고 드림

* 평생학습 참여 실태와 문제점(한국노동연구원, 2005.7)

□ **검토 배경**

○ 지식기반경제에서 변화하는 환경에 대응하기 위해서는 지속적인 학습이 필요하고 최근 인적자원개발에 대한 관심과 투자도 증가추세

- 다만, 평생학습이 지식기반경제의 만병통치약으로 제시되거나 평생학습 기회는 많을수록 좋다는 식의 과잉투자 우려도 존재

○ 정확한 실태분석 결과를 토대로 우리나라 평생학습 참여 현황과 문제점을 분석하고 정책적 시사점을 도출

* '04년 통계청 사회통계조사(3만3천 표본가구의 15세이상 가구원 조사) 및 경제활동인구조사('04.6) 결과 분석

□ **우리나라의 평생학습 참여 실태**

① 정규교육단계에서의 지나친 투자

○ 최근 고등교육기관 진학률은 81.3%('04년)에 이르고 있고 대학졸업생 수도 '80년에 비해 5배나 증가

- 젊은 세대에 대한 교육투자가 집중됨에 따라 세대간 교육수준의 현저한 차이

* GNP 대비 공교육비(공공부담+민간부담) 비중은 8.2%로 사교육비를 제외하고 미국의 7.3%, OECD 평균 6.2%에 비해 월등히 높음(OECD, 2004)

* 25~34세의 고졸이상 학력자가 차지하는 비중은 95%로 OECD 회원국 중 최고이며 55~64세 계층의 고졸이상 학력자 비중 31%의 3배를 넘고 있음

○ 청소년기 집중된 교육투자는 과도한 입시경쟁·사교육비 부담과 노동시장 진입 후 학습참여 저해로 나타남

* 우리나라 성인의 교육 등록율은 30대가 1.7%, 40대가 0.4%로 OECD 평균 5.4%, 1.5%와 큰 차이

미국 청정발전계획(Clean Power Plan) 발표 내용

◇ '14.6.2일(월) US EPA에서 '청정발전계획(Clean Power Plan)'을 발표함에 따라 그 주요 내용을 요약하여 보고드림

□ **발표 배경**

○ "Climate Action Plan"('13.6)에 따라 오바마 대통령은 EPA에 발전소에 대한 탄소 배출 기준을 수립할 수 있도록 지시하였으며('13.6.25),

- 이에 따라 EPA가 각 州의 향후 탄소 배출 기준 달성을 위한 이행 계획을 수립하도록 가이드라인(안)을 작성 · 발표('14.6.2)

□ **Clean Power Plan의 주요 내용**

○ (감축목표) '30년까지 화석연료 발전소(1,000개 대상)의 온실가스 배출량을 '05년대비 30%, 대기오염물질(soot, smog 등)은 25% 감축

* 주정부는 '16.6.30일까지 이행 계획 제출(불가피시 '17년 또는 '18.6월까지 제출)

- 동 계획은 △州별 발전시설의 감축목표와 △각 州들의 목표달성을 지원하는 가이드라인의 2개 파트로 구성되어 있음

○ (감축 방법) 9가지 방법*을 제시, 州정부 단독 또는 연합으로 적합한 방법을 선택하여 온실가스 감축방안을 제시하도록 요구

* 수요관리 프로그램, 신재생에너지기준, 발전소의 효율 개선, 연료 변경, 에너지전환 효율 개선, 에너지 저장기술, 폐쇄, 재생에너지 증대, 배출권 거래제, 에너지 보존 프로그램 등 제시

○ (기대 효과) 1,200억달러~1,500억달러의 기후 · 건강 개선, 2,700~6,600명의 조기사망자 예방, 140,000~150,000회의 어린이 천식 발작 저감 등

○ (미국내 반응) 환경단체는 대대적 환영, 석탄업계는 과도한 행정행위라 비난, 공화당 지지그룹은 올 가을 중간선거시 민주당 공격 선언, 미국 상공회의소는 매년 GDP가 500억불 감소할 것이라고 경고

○ (향후 일정) 향후 120일간 국민의견 수렴, 7월 하순에 4회의 공청회 이후 'Clean Power Plan'의 최종안은 '15.6월 마련

□ **시사점**

○ 셰일가스 기반 경제체계 개편, 차기대선을 고려한 사전포석, 기후변화 협상에서의 주도권 및 영향력 행사 등의 의도 예상

- 국내 배출권 거래제 시행에는 긍정적 효과, 올 하반기 기후변화협상에는 상당한 부담으로 작용 예상

회의보고서

회의보고서는 회의 전후에 작성합니다. 회의에서 다룰 안건을 정리한 회의자료보고서와 회의가 끝난 뒤 그 내용을 정리한 회의결과보고서로 나뉩니다. 두 보고서의 구성 항목은 다음과 같습니다. 회의자료보고서는 제목 - (회의)개요 - 추진 배경 - 회의 안건(회의 내용) - (조치 사항), 회의결과보고서는 제목 - 개요 - 회의 결과 - 주요발언 - 시사점 - (조치 사항)입니다.

회의자료보고서는 참석자들이 회의를 여는 취지와 목적을 잘 알 수 있도록 추진 배경을 충분히 설명하는 것이 중요합니다. 회의결과보고서는 회의 결과의 핵심 내용을 간략하게 전달하면서 상세 발언 요지나 녹취록을 첨부로 붙이는 게 좋습니다. 녹취록은 핵심 내용만으로 이해되지 않을 경우 참고할 수 있고 기록으로 남길 가치도 있습니다.

〈『중장기 조세개혁』방안 마련 추진 상황 보고〉는 회의자료보고서, 〈제8기 제2차 과학기술자문회의 보고 결과〉는 회의결과보고서입니다.

1. 『중장기 조세개혁』방안 마련 추진 상황 보고

□ **추진 경과**

○ 정부혁신위의 세제개혁방안 보고('05. 1.24)시 대통령께서 '조세개혁을 위한 추진 체계 구축'을 지시

○ '05. 3. 22 조세개혁특별위원회(위원장 곽태원 교수, 위원 25명) 및 조세개혁실무기획단 발족

○ 중장기 조세개혁방안 연구용역 추진: 조세연구원 주관으로 학계·연구원 등 다양한 외부전문가 참여(집필진 12개 분야 35명, 자문위원 86명)

○ 조세개혁특별위원회 심의: 3월 이후 4회 개최

□ **「중장기 조세개혁 방안」 대통령님 중간보고 (국정과제회의 개최)**

○ 일시: 7.26(화), 15:00~16:30, 세종실

○ 참석: 특별위원회 위원장 및 위원 일부, 재경부, 행자부, 예산처 등 관계부처 장관, 정책실장, 관련수석·보좌관, 국정과제위원장 등

○ 주요 보고 내용

- 향후 재정수요증가와 조세부담율의 조화문제
- 소득세 기능 정상화(자영사업자 소득파악 강화, 소득세 과세자 비율 제고 등)
- 세부담의 형평성 제고(자본소득 과세확대 등)
- 성실 중소사업자 간편납세제도 도입
- 기업하기 좋은 조세환경 조성
- 미래 사회를 대비한 세제 개선
- 지방재원 확충, 국가균형 발전 지원 방안

○ 회의 내용은 비공개로 하되, 향후 개편방향을 중심으로 간략히 보도

□ **향후 추진 일정**

○ '05. 8 중순: 조세개혁 12개 분야별 공청회 개최(조세연구원, K-TV 중계추진)

○ '05. 8말: 세제발전심의위원회 보고(정기국회 법안제출 사안 중심)

○ '05. 9: 조기추진 가능과제(간편납세제도와 같은 단기과제 등) 정기국회 법안 제출

○ '05.12: 대통령님 주재 국정과제회의 개최: 조세개혁방안 확정

제8기 제2차 과학기술자문회의 보고 결과

1. 회의개요

□ 일 시: 2005. 3. 29(화) 15:00-16:40

□ 장 소: 청와대 세종실

□ 참석자

○ 대통령(의장)

○ 민간위촉 자문위원 28인, 오 명 과기부총리(부의장), 박기영 정보과학기술보좌관(간사위원)

○ 국무총리, 교육·산자·정통부 장관

○ 비서실장, 정책실장, 경제정책수석, 사회정책수석, 정책기획위원회 위원장

□ 보고 안건

○ 『창조적 인재강국』실현을 위한 과학기술인력 육성 전략

- 보고자: 윤대희 위원(연세대 공대학장)

□ 보고 내용

○ 『창조적 인재강국』실현을 위한 과학기술인력 육성을 위해 3대 분야 10대 전략의 효율적 추진

가. 대학운영 혁신 분야

- 이공계 대학의 특성화 발전 유도
- 대학간·대학내 경쟁 촉진 및 자율성 강화
- 교육과정 혁신을 통한 이공계 인력의 질적 제고

나. 세계적 수준의 핵심연구인력 양성 분야

- 세계 수준의 연구중심대학 육성
- 이공계 교육과 연구의 국제화를 위한 기반 구축
- 이공계 대학원생의 연구능력 제고

다. 산학연계를 통한 수요지향형 인재 양성 분야

- 산·학 연계 촉진을 위한 기반 조성
- 산·학 협력 유형별 인력양성체계 확립
- 이공계 인력의 재교육·계속교육 강화
- 산·학 연계에 의한 개발기술의 사업화 촉진

2. 회의 결과(요지)

지정토론

① 김선화 위원
- 인재 양성 외에 취업과 연계하여 교수들에게 동기부여를 위한 평가시스템 개선 필요
- 대학 평가 기준에 산업평가지수를 도입하여 우수한 성과를 얻은 대학에게 인센티브 부여

② 백원장 위원
- 공학교육인증제도는 교육품질을 구체적 수준으로 끌어올릴 수 있도록 하는 제도로, 정착을 위해서는 과감한 당근과 채찍이 필요
- 한국공학교육인증원의 위상 제고와 인증평가의 품질 확보
  - 한국공학교육인증원을 민간교육평가 기관으로 인정
  - 인증평가위원회에 산업체 인사 참여로 현장의 목소리 반영

③ 오세정 위원
- 창의적 인재양성을 위해서는 대학의 자체 혁신 노력이 더 중요
- 우리 대학이 세계적인 우수집단으로 성장하기 위해서는 경쟁력 있는 분야를 대학별로 특성화/전문화 시켜야 함

④ 신미남 위원
- 산학 협력에서 인센티브를 느낄 수 있는 평가와 보상시스템 구축 필요(특히 대학)
- 산업체 유형별로 대기업과 중소기업이 필요로 하는 인력이 상이하므로 차별화 된 산학협력 방식 구축 필요

자유토론

① 이진애 위원
- 산·학협력단에 직·간접 투자를 통한 사업화 기능을 부여해서 산·학 협력 기술 지주 회사로 확대 운영
  - 제도적 장치와 보완책을 마련하여 기술지주회사를 설립하고 다양한 수익 기회 제공

② 이현순 위원
- 산학협력 특별세액 공제 제도 도입
- 산학협력 투자비의 일정부문 세액 공제
  - 산학연구개발비외 장학금, 교육비, 강의료, 연구기자재 기증 비용 등

④ 이영숙 위원

- 우리의 대학원생과 우수한 연구인력에게 인건비 수준을 제고하여 이공계 대학원생들이 학비, 생활비 걱정없이 연구에 전념하도록 지원 요망

⑤ 김병식 위원

- 연구·개발 프로젝트 수행과 인력 양성 정책간 효율적인 연계 방안이 마련 필요
- "국가과학기술위원회"와 추진되고 있는 "국가인적자원위원회"의 긴밀한 협의체계 구축 필요

⑥ 윤송이 위원

- 자발적으로 지식을 획득하고 문제해결 능력이 있는 인재가 보다 중요
- 대학학부와 대학원이 다르게 교육이 되어야 하는 바

3. 대통령 말씀 (요지)

○ 오늘 제안된 내용은 보고된 대로 정부정책으로 채택하겠음.

○ 참여정부 출범이후 과학기술발전정책, 혁신정책, 제도화 속도, 현장 적용속도, 성과 등에 대해 평가해 주기 바람.

○ 과학기술혁신본부는 오늘 채택된 정책의 추진대책, 제도화가 필요한 부분, 입법계획, 부처간 역할분담 등에 대한 세부전략 지도(map)를 작성하여 적정시기에 부처보고와 관계없이 보고 바람

○ 중소기업 현장인력 수요에 맞는 대책수립 보완이 필요한 바, 산자부, 정통부는 과기부와 협의하여 이공계 인력양성 정책이 통합적 전략하에 추진되도록 준비하여 주기 바람

○ 인적자원위와 국과위간 중복이나 이견 조정을 위해 합동회의나 실무조정회의는 좋다고 봄. 다만, 합동회의를 통한 실무조정보다, 일반정책과 특별정책으로 구분 추진되는 게 바람직함

○ 이공계는 인력은 정확한 현장 수요가 제대로 반영되어야 하므로 과학기술혁신본부에서 적극적인 정책수립 및 추진 바람. 특별법 우선의 원칙에 준하여 이공계 부문은 신속히 책임을 갖고 추진될 수 있기 바람

※ 별첨: 1. 회의자료l
2. 회의 녹취록

기타

그 밖에 다양한 양식의 보고서가 있습니다. 〈대통령비서실 기록관리시스템 구축 완료보고〉는 기록관리시스템의 매뉴얼을 담은 사용설명보고서입니다. 그밖에 분석보고서(〈부품·소재 발전과정 조사·분석 결과〉), 연구보고서(〈정부혁신에 대한 이론연구 보고〉 등이 있습니다.

('06.7.7, 대통령비서실 기록관리시스템 구축 완료보고, 기록관리비서관실)

□ **기록관리시스템의 기능개요**

○ 기록관리 기준 제공

보존기간, 정보공개, 비밀등급 등 기록관리의 기준을 유형화(템플릿 형태)하고 이를 단위과제 생성과 문서관리카드 작성 등 기록의 생산단계에서 적용토록 하였음

○ 기록물 인수

e지원 업무관리시스템과 신전자문서시스템에서 생산된 전자기록물, 개별업무시스템에서 생산된 전자기록물과 그 외 비전자 기록물을 인수하여 업무분류체계에 따라 통합관리

○ 기록물 평가

기록물의 보존기간이 경과하였거나, 비공개 사유가 소멸되었을 때 재분류하는 기능을 기록물 생산시스템(e지원)과 기록물 관리시스템에서 구현

* e지원에서는 기록인계시 공개여부에 대한 재분류 실시, 대통령기록물 관리시스템에서는 보존기간 경과된 기록물에 대하여 재분류

○ 기록물 활용

기록물의 주제어·본문 등을 통한 다양한 검색 방법으로 기록물을 활용하고 업무분류체계를 이용한 기록철(단위과제) 단위별로 검색, 활용토록 기능 구현

〈대통령비서실 기록관리시스템 기능 구성도〉

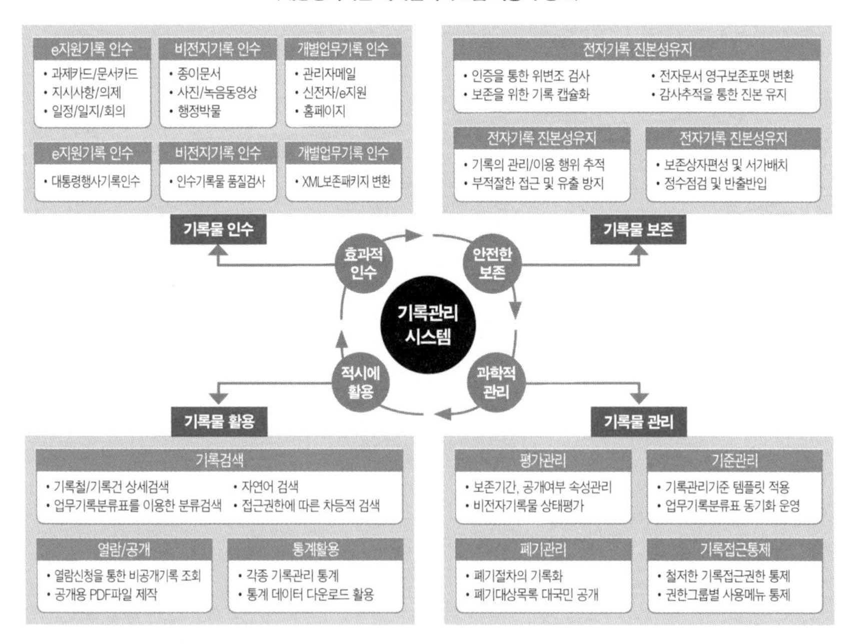

2. 기록관리시스템의 사용자 기능

※ 기록관리시스템에는 전자기록 진본유지와 기록관리에 있어서 관리자 영역과 일반사용자(기록생산자) 영역이 있음. 본 보고서에서는 일반사용자들이 e지원시스템에서 사용하는 기능을 중심으로 보고드림.

- 일반사용자들은 과제관리카드 및 문서관리카드의 생산 시 기록관리 기준에 의하여 보존기간과 공개여부를 설정하는 기능과 업무가 종료된 과제(기록)의 재분류와 기록관리시스템으로 인계하는 기능이 있음.

〈기록의 생산단계와 기록물 인계과정〉

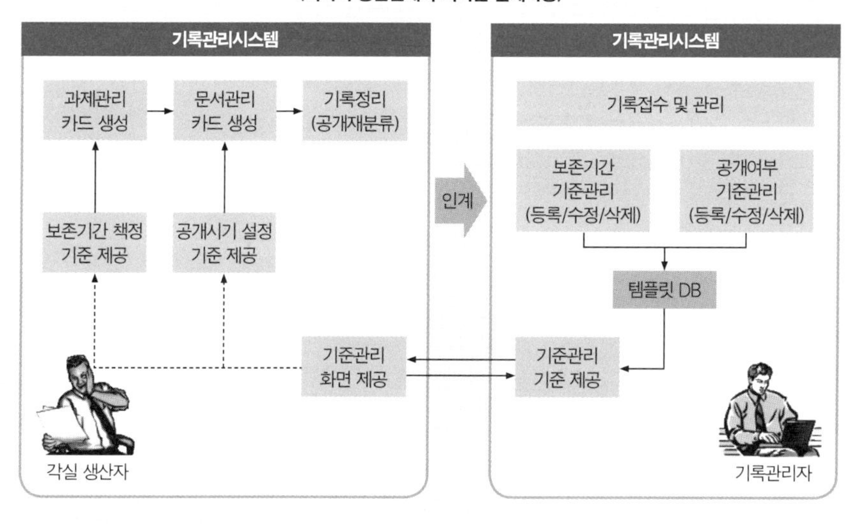

부품·소재 발전과정 조사 ·분석 결과

1. 추진 배경

○「부품·소재 발전과정을 추적·분석하여 정책자료로 활용토록 하라」는 대통령님 지시 ('05.3.31)

※ "원천기술이 포함된 부품·소재는 관련기술 도입기에는 수입에 의존하나 상용화 단계(성장기)에서 국산화를 이룬 후 성숙기에 제3국으로 수출하는 형태로 성장·발전하는 것으로 보임"

○ 부품·소재산업의 발전형태에 대한 조사·분석을 통해 성공사례를 도출하여 이를 적극 홍보하고 향후 발전전략 수립을 위한 기초자료 제공 필요

2. 추진 결과

○ 관련부처·기관 회의를 통해 정책연구 추진 방향 협의('05.4.14)

※ 과기보좌관 주재로 산자부, 정통부, 부품소재산업진흥원, 전자·자동차부품연구원, 기계산업진흥회 등 관련기관 회의를 통해 관련부처 공동 정책연구로 추진 합의

○ 대상품목 선정과 분석방법 협의를 위한 실무회의 수차례 개최('05.5~7)

※ 분석대상 5대 완제품 선정: 디지털 TV, 휴대폰, 자동차, 에어컨, 공작기계(선정사유는 [별첨 1] 참조)

○ 산자부·정통부·과학기술자문회의가 지원하고 전문연구기관과 관련단체가 참여하여 정책연구 수행('05.7~12,부품소재산업진흥원 주관)

- '05년 5월~9월까지 총 10회의 실무회의, 9월 중간결과보고회, 10~11월 6회의 검토·보완 회의를 통해 부품·소재발전과정을 심층 조사·분석

  ※ 부품소재산업진흥원, 전자부품(연), 전자통신(연), 자동차부품(연), 기계(연), 전자산업진흥회, 자동차공업협회, 기계산업진흥회, LG전자, 현대자동차 등 참여

○ 정책연구 결과에 대한 중간 보고('05.9.8) 및 최종 결과에 대한 관련 전문가 검토회의('05.11~12, 수차)를 거쳐 최종 보고서 작성

('07. 2. 8, 정부혁신에 대한 이론연구 보고, 혁신관리비서관실)

1. 혁신이론연구 추진 배경 및 경위

□ 정부혁신의 논리구조를 제시한 연구결과를 대통령님께 보고(05.12.19)

  ○ 대통령님께서 연구를 보완·발전시킬 것을 지시하심(05.12.24)

  ○ 05년 연구를 보완·발전시키기 위해 혁신의 변화관리 관점에서 혁신의 특징과 성과를 정리

□ 대통령님께서 참여정부 4년의 성과를 정리한 책자발간과 관련하여,

  ○ 정부혁신의 논리적 구조와 특징, 성과 정리를 지시(07.1.17, 07.1.24)

□ 지난 4년의 성과정리에 관한 대통령님의 지시를 수행하기 위해,

  ○ 정부혁신의 성과를 혁신목표별, 전략별로 분류하는 기준을 마련

2. 정부혁신 이론의 기본 개념

(1) 정부혁신의 개념

□ 혁신의 일반적 개념

  ○ 혁신은 '창조적 파괴' 개념으로 기술분야에서 처음 사용되어 경영 분야로 확산, 최근에는 정부혁신·지역혁신 등 광범위하게 사용

  ○ 혁신은 크게 기술혁신(공정혁신, 제품혁신)과 관리혁신으로 구분

분류		혁신의 개념	사례
기술 혁신	공정 혁신	생산성을 높이기 위하여 새로운 작업 방법, 장비, 작업 흐름을 도입하여 실용화	대량생산방식 (Ford 생산방식)
	제품 혁신	새로운 제품·서비스를 개발하거나 기존의 제품·서비스를 개선	DMB폰 개발 등
관리혁신		조직의 관리기법, 지식, 수단들이나 서비스 공급 및 개선기법 등 을 도입하여 실용화	품질관리, 벤치마킹 도입

※ 자료 : 행자부, 정부혁신 이론연구 보고서, p.48

보고서의 법칙

초판 1쇄 발행 2018년 12월 14일
초판 18쇄 발행 2024년 12월 16일

지은이 백승권
책임편집 정일웅 나희영
디자인 주수현 김수미

펴낸곳 (주)바다출판사
주소 서울시 마포구 성지1길 30 3층
전화 322-3885(편집), 322-3575(마케팅)
팩스 322-3858
E-mail badabooks@daum.net
홈페이지 www.badabooks.co.kr

ISBN 979-11-965173-1-1 13320